建设工程资料管理与填写范例丛书

市政工程资料管理与表格填写范例

顾少华　张红良　赵海波　主　编
孔　豪　张　盟　宋忠财　副主编

中国建材工业出版社

图书在版编目（CIP）数据

市政工程资料管理与表格填写范例／顾少华，张红良，赵海波主编；孔豪，张盟，宋忠财副主编．－－北京：中国建材工业出版社，2023.10

（建设工程资料管理与填写范例丛书）

ISBN 978-7-5160-3824-6

Ⅰ．①市… Ⅱ．①顾… ②张… ③区… ④孔… ⑤张… ⑥宋… Ⅲ．①市政工程－技术档案－档案管理 Ⅳ．①G275.3

中国国家版本馆 CIP 数据核字（2023）第 171924 号

市政工程资料管理与表格填写范例
SHIZHENG GONGCHENG ZILIAO GUANLI YU BIAOGE TIANXIE FANLI
顾少华　张红良　赵海波　主　编
孔　豪　张　盟　宋忠财　副主编

出版发行：	中国建材工业出版社
地　　址：	北京市海淀区三里河路 11 号
邮政编码：	100831
经　　销：	全国各地新华书店
印　　刷：	北京雁林吉兆印刷有限公司
开　　本：	787mm×1092mm　1/16
印　　张：	26.25
字　　数：	672 千字
版　　次：	2023 年 10 月第 1 版
印　　次：	2023 年 10 月第 1 次
定　　价：	**98.00 元**

本社网址：www.jccbs.com，微信公众号：zgjcgycbs
请选用正版图书，采购、销售盗版图书属违法行为
版权专有，盗版必究。本社法律顾问：北京天驰君泰律师事务所，张杰律师
举报信箱：zhangjie@tiantailaw.com　**举报电话：**（010）57811389
本书如有印装质量问题，由我社市场营销部负责调换，联系电话：（010）57811387

前　言

工程建设是一个技术性强、涉及的学科领域相当广泛的行业。这就要求工程建设从业人员必须熟练地掌握各学科基本理论和专业技术知识。只有具备了完善的专业知识,才能在工程建设领域进行相关的研究、规划、设计、施工等工作。

本丛书编写的目的,是明确不同岗位技术人员在工程建设过程中的工程资料管理职责和权限,切实提高建设工程技术资料的管理水平,促进资料管理系统化、程序化、规范化和制度化的落实。为保证本丛书出版特成立了《建设工程资料管理与填写范例丛书》编委会,编委会由长期在一线从事施工技术工作且具有丰富施工经验的技术骨干和专家组成。

本丛书共分四个分册,包括:《建设工程监理资料管理与表格填写范例》《建筑工程资料管理与表格填写范例》《建筑施工安全资料管理与表格填写范例》《市政工程资料管理与表格填写范例》。

《建设工程监理资料管理与表格填写范例》依据《建筑工程施工质量验收统一标准》(GB 50300—2013)、《建设工程监理规范》(GB/T 50319—2013)、《建设工程文件归档规范》(GB/T 50328—2014)、《建筑工程资料管理规程》(JGJ/T 185—2009)等进行编写。

《建筑工程资料管理与表格填写范例》依据《建筑工程施工质量验收统一标准》(GB 50300—2013)、《建设工程文件归档规范》(GB/T 50328—2014)、《建筑工程资料管理规程》(JGJ/T 185—2009)和《建筑工程资料管理规程》(DB11/T 695—2017)等进行编写。

《建筑施工安全资料管理与表格填写范例》以《建设工程施工现场安全资料管理规程》(CECS 266—2009)为指导思想,依据《建筑施工安全检查标准》(JGJ 59—2011)、《建设工程施工现场安全资料管理规程》(DB11/383—2017)等进行编写。

《市政工程资料管理与表格填写范例》主要依据原建设部颁发的城建〔2002〕221号文件《市政基础设施工程施工技术文件管理规定》《建设工程文件归档规范》(GB/T 50328—2014)、《市政基础设施工程资料管理规程》(DB11/T 808—2020)等进行编写。

本丛书主要对工程资料管理基础知识、资料编制、资料归档等内容进行了详细的阐述,书中还对资料表格进行示范性的填写,以方便技术人员的使用。由于本丛书编写时间较短,涉及专业较多,错漏之处敬请读者提出宝贵意见。

编　者

2023年8月

目 录

第1章 概 述 ... 1
- 1.1 基础知识 ... 1
- 1.2 工程资料管理 ... 35

第2章 施工管理资料表格填写范例及说明 ... 44
- 工程概况表 ... 44
- 项目大事记 ... 46
- 施工日志 ... 47
- 工程质量事故记录 ... 49
- 工程质量事故调(勘)查记录 ... 50
- 工程质量事故处理记录 ... 51
- 施工现场质量管理检查记录 ... 53

第3章 施工技术资料表格填写范例及说明 ... 56
- 施工组织设计审批表 ... 56
- 图纸审查记录 ... 58
- 图纸会审记录 ... 59
- 技术交底记录 ... 61
- 工程洽商记录 ... 64
- 工程设计变更、洽商一览表 ... 65

第4章 工程物资资料表格填写范例及说明 ... 67
- 工程物资选样送审表 ... 67
- 主要设备、原材料、构配件质量证明文件及复试报告汇总表 ... 68
- 半成品钢筋出厂合格证 ... 69
- 预拌混凝土出厂合格证 ... 71
- 预制钢筋混凝土构件、管材出厂合格证 ... 73
- 钢构件出厂合格证 ... 75
- 沥青混合料出厂合格证 ... 77
- 石灰粉煤灰砂砾出厂合格证 ... 79
- 产品合格证粘贴衬纸 ... 81
- 设备、配(备)件开箱检查记录 ... 82
- 材料、配件检验记录汇总表 ... 84
- 预制混凝土构件、管材进场抽检记录 ... 85
- 材料试验报告(通用) ... 86
- 水泥试验报告 ... 88
- 砂试验报告 ... 91
- 碎(卵)石试验报告 ... 94
- 外加剂试验报告 ... 96
- 掺合料试验报告 ... 99

钢材试验报告	103
钢绞线力学性能试验报告	106
防水卷材试验报告	111
防水涂料试验报告	114
环氧煤沥青涂料性能试验报告	119
止水带试验报告	120
砖(砌块)试验报告	122
轻集料试验报告	123
石灰(水泥)剂量试验报告	125
沥青试验报告	126
沥青胶结材料试验报告	127
沥青混合料试验报告	128
锚具检验报告	129
阀门试验记录	130
见证试验汇总表	131

第5章 施工测量监测资料表格填写范例及说明　132

测量复核记录	132
初期支护净空测量记录	133
隧道净空测量记录	134
结构收敛观测成果记录	136
地中位移观测记录	137
拱顶下沉观测成果表	138

第6章 施工记录表格填写范例及说明　139

施工通用记录	139
隐蔽工程检查记录	140
中间检查交接记录	143
地基验槽检查记录	144
地基处理记录	145
地基钎探记录	147
地下连续墙挖槽施工记录	149
地下连续墙护壁泥浆质量检查记录	151
地下连续墙混凝土浇筑记录	153
沉井(泵站)工程施工记录	155
桩基施工记录(通用)	156
钻孔桩钻进记录(冲击钻机)	158
钻孔桩钻进记录(旋转钻)	159
钻孔桩混凝土灌注前检查记录	160
钻孔桩水下混凝土浇筑记录	162
沉入桩检查记录	164
混凝土开盘鉴定	165

条目	页码
混凝土浇筑记录	166
混凝土养护测温记录	167
预应力张拉数据记录	168
预应力筋张拉记录(一)	169
预应力筋张拉记录(二)	170
预应力张拉孔道压浆记录	172
构件吊装施工记录	174
圆形钢筋混凝土构筑物缠绕钢丝应力测定记录	176
防水工程施工记录	177
沥青混凝土进场、摊铺测温记录	179
碾压沥青混凝土测温记录	181
箱涵顶进施工记录	183
焊缝综合质量检查汇总记录	185
焊缝排位记录及示意图	188
聚乙烯管道连接记录	189
聚乙烯管道焊接工作汇总表	191
钢管变形检查记录	193
管架(固、支、吊、滑)安装调整记录	195
补偿器安装记录	197
防腐层施工质量检查记录	199
牺牲阳极埋设记录	201
顶管施工记录	203
浅埋暗挖法施工检查记录	205
盾构法施工记录	208
小导管施工记录	210
大管棚施工记录	211
隧道支护施工记录	213
注浆检查记录	215
设备基础检查验收记录	217
钢制平台/钢架制作安装检查记录	219
设备安装检查记录(通用)	220
设备联轴器对中检查记录	222
容器安装检查记录	225
安全附件安装检查记录	228
软化水处理设备安装调试记录	230
燃烧器及燃料管道安装检查记录	231
管道/设备保温施工检查记录	232
净水厂水处理工艺系统调试记录	233
加药、加氯工艺系统调试记录	236
水处理工艺管线验收记录	238

污泥处理工艺系统调试记录 ·· 243
电缆敷设检查记录 ·· 244
电气照明装置安装检查记录 ·· 245
电线(缆)钢导管安装检查记录 ··· 249
成套开关柜(盘)安装检查记录 ··· 251
盘、柜安装及二次结线检查记录 ·· 252
避雷装置安装检查记录 ·· 257
起重机电气安装检查记录 ··· 259
电机安装检查记录 ·· 260
变压器安装检查记录 ··· 263
高压隔离开关、负荷开关及熔断器安装检查记录 ························· 267
电缆头(中间接头)制作记录 ·· 269
自动扶梯安装记录 ·· 271

第7章 施工试验记录表格填写范例及说明 ······························· 273

施工试验记录(通用) ··· 273
最大干密度与最佳含水率试验报告 ··· 274
土壤压实度试验报告(环刀法) ··· 275
土壤(或道路基层材料)压实度检验报告 ····································· 276
砂浆配合比申请单 ·· 278
砂浆配合比通知单 ·· 278
砂浆抗压强度试验报告 ·· 280
砂浆试块强度统计、评定记录 ··· 282
混凝土配合比申请单 ··· 284
混凝土配合比通知单 ··· 284
混凝土抗压强度试验报告 ··· 286
混凝土试块强度统计、评定记录 ·· 288
混凝土抗渗试验报告 ··· 291
混凝土抗折强度试验报告 ··· 293
钢筋连接试验报告 ·· 294
超声波检测报告 ··· 298
喷射混凝土配合比申请单 ··· 299
喷射混凝土配合比通知单 ··· 299
道路基层材料压实度试验报告(灌砂法) ····································· 302
沥青混合料压实度试验报告 ·· 303
沥青混凝土路面厚度检测报告 ··· 306
路面平整度检测报告 ··· 309
桥梁功能性试验委托书 ·· 315
给水管道水压试验记录 ·· 316
PE给水管道水压试验记录 ·· 321
给水、供热管网冲洗记录 ··· 322

供热管道水压试验记录	324
供热管网(场站)热运行记录	327
补偿器冷拉记录	330
管道通球试验记录	331
燃气管道强度试验验收单	332
燃气管道严密性试验验收单	334
燃气管道气压严密性试验记录(一)	336
燃气管道严密性试验记录(二)	337
埋地钢质管道防腐层完整性检测报告	338
管道系统吹洗(脱脂)记录	339
阴极保护系统验收测试记录	341
污水管道闭水试验记录	343
调试记录(通用)	346
设备单机试运转记录(通用)	347
起重机试运转试验记录	348
设备负荷联动(系统)试运行记录	352
安全阀调试记录	353
水池满水试验记录	355
消化池气密性试验记录	357
防水工程试水记录	359
电气绝缘电阻测试记录	363
电气照明全负荷试运行记录	365
电机试运行记录	366

第8章 其他表格填写范例及说明 368

8.1 施工单位报审、报验用表 368

表 B.0.1	施工组织设计/(专项)施工方案报审表	368
表 B.0.2	工程开工报审表	370
表 B.0.3	工程复工报审表	371
表 B.0.4	分包单位资格报审表	372
表 B.0.5	施工控制测量成果报验表	373
表 B.0.6	工程材料、构配件、设备报审表	374
表 B.0.7	_____报审、报验表	375
表 B.0.8	分部工程报验表	376
表 B.0.9	监理通知回复单	377
表 B.0.10	单位工程竣工验收报审表	378
表 B.0.11	工程款支付报审表	379
表 B.0.12	施工进度计划报审表	380
表 B.0.13	费用索赔报审表	382
表 B.0.14	工程临时/最终延期报审表	384

8.2 验收表格填写范例及说明 386

施工现场质量管理检查记录 …………………………………………………… 386
检验批质量验收记录(例表) ………………………………………………… 388
单位(子单位)工程质量竣工验收记录 ……………………………………… 390
道路基层分部(子分部)工程质量验收记录 ………………………………… 393
石灰土基层分项工程质量验收记录 ………………………………………… 396
单位(子单位)工程质量控制资料核查记录 ………………………………… 398
单位(子单位)工程安全和功能检验资料核查及主要功能抽查记录表 …… 400
单位(子单位)工程安全和功能检验资料核查及主要功能抽查记录表 …… 401
单位(子单位)工程结构安全和使用功能性检测记录表 …………………… 402
单位(子单位)工程外观质量检查记录表 …………………………………… 404
桥梁工程单位(子单位)工程观感质量检查记录表 ………………………… 405
管道工程单位(子单位)工程观感质量检查记录表 ………………………… 406
参考文献 ……………………………………………………………………………… 408

第1章 概 述

1.1 基础知识

1.1.1 工程资料分类和编码

1. 工程资料分类

(1)市政基础设施工程分类及代码：
1)基建文件：A类。
2)监理资料：B类。
3)施工资料：C类。
4)竣工图：D类。
5)立卷、归档等资料：E类。
(2)基建文件宜按《工程资料分类表》(表1-1)分为八类。
(3)监理资料宜按《工程资料分类表》(表1-1)进行分类。
(4)施工资料宜按下列规定分类：
1)市政基础设施工程施工资料分类，应根据工程类别和专业项目进行划分。
2)施工资料宜分为施工管理资料(C1)、施工技术资料(C2)、工程物资资料(C3)、施工测量监测资料(C4)、施工记录(C5)、施工试验记录及检测报告(C6)、施工质量验收资料(C7)和工程竣工验收资料(C8)等八类，见表1-1。

2. 工程资料分类表

市政基础设施工程工程资料分类、整理及保存单位宜按表1-1规定执行。
1)表1-1规定各种资料的保存单位，可依据合同、协议约定或资料编制、组卷、移交的实际情况，增加相应的保存单位。
2)表1-1保存单位栏中的"档案馆"包括：市城建档案管理部门和各区县的城建档案管理部门。

3. 工程资料编码的填写

(1)基建文件由建设单位宜参考表1-1中的类别，按资料形成时间的先后，顺序编号。
(2)监理资料由监理单位宜参考表1-1中的类别，按资料形成时间的先后，顺序编号。
(3)施工资料编号应按以下规定执行：
1)分部、子分部工程资料的代号可按照本节1.1.2的规定确定；
2)施工资料右上角可采用9位数编号；9位数编号是由四组编号组成，每组代表意义各不相同，组与组之间用横线隔开。
3)施工资料按以下形式编号：

$$\underset{①}{\times\times}-\underset{②}{\times\times}-\underset{③}{\times\times}-\underset{④}{\times\times\times}$$

注：①为分部工程代号(2位)，按本节1.1.2规定的代号填写；

②为子分部工程代号(2位),按本节1.1.2规定的代号填写;

③为资料的类别编号(2位),按表1-1规定的类别编号填写;

④为顺序号(共3位),按资料形成时间的先后顺序从001开始逐张编号。

(4)编号规则:

1)对按单位工程管理形成的资料(包含多个分部工程内容,不能体现分部、子分部工程代号的资料,例如施工组织设计等),其编号中的分部、子分部工程代号用"00"代替。

2)同一品种、同一批次的施工物资用在两个分部、子分部工程中时,其资料编号中的分部、子分部工程代号可按物资主要使用部位的分部、子分部工程代号填写;但结构工程用的主要材料应保证可追溯。

3)不同分部、子分部工程中的同类别资料应分别顺序编号。

4)施工资料表格编号应填写在表格右上角的编号栏中,编号应与资料内容同步进行。

5)未附表格或由专业施工单位提供的工程资料(无统一表式的施工资料、质量证明文件)参照表1-1的分类办法和本节"3.工程资料编码的填写"规定,在资料右上角的适当位置进行资料编号。

6)由施工单位形成的资料,其编号应与施工资料形成同步产生;由施工单位收集的资料,其编号应在收集同时进行编制。

7)本节"1.1.2分部、分项工程划分"中未包含的项目,施工单位应按相应类别自行编码,并在总目录卷中予以说明。

(5)资料管理目录:

类别与属性相同的施工资料,数量较多时宜建立资料管理目录。管理目录可分为通用管理目录和专用管理目录。

(6)资料管理目录的填写:

1)工程名称:单位或子单位(单体)工程名称;

2)资料类别:资料项目名称,如工程洽商记录、钢筋连接技术交底等;

3)序号:按时间形成的先后顺序用阿拉伯数字从1开始依次编写;

4)内容摘要:用精练语言提示资料内容;

5)编制单位:资料形成单位名称;

6)日期:资料形成的时间;

7)资料编号:施工资料右上角资料编号中的顺序号;

8)备注:填写需要说明的其他问题。

表1-1 工程资料分类表

类别编码	资料名称	资料来源及 DB11/T695—2009 附表	保存单位			
			施工单位	监理单位	建设单位	档案馆
A类	基建文件					
A1	决策立项文件					
A1-1	项目建议书	建设单位			●	●

续表

类别编码	资料名称	资料来源及 DB11/T695－2009附表	保存单位			
			施工单位	监理单位	建设单位	档案馆
A1-2	项目建议书的批复文件	建设主管部门			•	•
A1-3	可行性研究报告	工程咨询单位			•	•
A1-4	可行性报告的批复文件	有关主管部门			•	•
A1-5	关于立项的会议纪要、领导批示	组织单位			•	•
A1-6	专家对项目的有关建议文件	建设单位			•	•
A1-7	项目评估研究资料	建设单位		•	•	•
A2	建设用地、征地、拆迁文件					
A2-1	国有土地使用证	国土主管部门			•	•
A2-2	拆迁安置意见及批复文件	政府有关部门			•	•
A2-3	规划意见书及附图或规划意见复函	规划主管部门			•	•
A2-4	建设用地规划许可证、附件及附图	规划主管部门			•	•
A2-5	掘路占路审批文件、移伐树木审批文件、工程项目统计登记文件、向人防备案（施工图）文件、非政府投资项目备案文件	政府有关部门		•		
A3	勘察、测绘、设计文件					
A3-1	工程地质勘察报告	勘察单位		•	•	•
A3-2	水文地质勘察报告	勘察单位		•	•	•
A3-3	测量交线、交桩通知书	规划行政主管部门			•	•
A3-4	规划验线合格通知书	规划行政主管部门			•	•
A3-5	审定设计批复文件及附图	规划行政主管部门			•	•
A3-6	审定设计方案通知书	规划行政主管部门			•	
A3-7	审定设计方案通知书要求征求有关人防、环保、消防、交通、园林、市政、文物、通讯、保密、河湖、教育等部门的审查意见和要求取得的有关协议	有关部门			•	
A3-8	市政基础设施工程施工图设计文件审查通知书	有关单位			•	•
A3-9	消防设计审核意见	有关部门			•	•
A3-10	初步设计审核文件	有关部门			•	•
A3-11	对设计文件的审查意见设计咨询审查单位				•	•
A4	工程招投标及承包合同文件					
A4-1	招投标文件					
A4-1-1	勘察招投标文件	建设、勘察单位			•	

续表

类别编码	资料名称	资料来源及 DB11/T695−2009 附表	保存单位			档案馆
			施工单位	监理单位	建设单位	
A4-1-2	设计招投标文件	建设、设计单位			•	
A4-1-3	拆迁招投标文件	建设、拆迁单位			•	
A4-1-4	施工招投标文件	建设、施工单位	•		•	
A4-1-5	监理招投标文件	建设、监理单位		•	•	
A4-1-6	设备、材料招投标文件	建设、中标单位	•		•	
A4-2	合同文件					
A4-2-1	勘察合同	建设、勘察单位			•	
A4-2-2	设计合同	建设、设计单位			•	
A4-2-3	拆迁合同	建设、拆迁单位			•	
A4-2-4	施工合同	建设、施工单位	•	•	•	
A4-2-5	监理合同	建设、监理单位		•	•	
A4-2-6	材料设备采购合同	建设、中标单位	•		•	
A5	工程开工文件					
A5-1	年度施工任务批准文件	建设行政主管部门			•	•
A5-2	修改工程施工图纸通知书	规划行政主管部门			•	
A5-3	建设工程规划许可证、附件及附图	规划行政主管部门	•		•	
A5-4	固定资产投资许可证	政府主管部门			•	
A5-5	建设工程施工许可或开工审批文件	建设行政主管部门	•		•	
A5-6	工程质量监督注册登记表	质量监督机构	•		•	
A6	商务文件					
A6-1	工程投资估算材料	造价咨询单位			•	
A6-2	工程设计概算	造价咨询单位			•	
A6-3	施工图预算	造价咨询单位	•	•	•	
A6-4	施工预算	施工单位	•	•	•	
A6-5	工程结算	建设、监理、施工单位	•	•	•	
A6-6	交付使用固定资产清单	建设单位			•	
A7	工程竣工验收及备案文件					
A7-1	建设工程竣工档案预验收文件	城建档案管理部门			•	•
A7-2	工程竣工验收备案表	建设单位		•	•	
A7-3	工程竣工验收报告	建设单位			•	•

续表

类别编码	资料名称	资料来源及 DB11/T695—2009 附表	保存单位 施工单位	保存单位 监理单位	保存单位 建设单位	保存单位 档案馆
A7-4	勘察、设计单位质量检查报告	勘察、设计单位			•	•
A7-5	规划、消防、环保、质量技术监督、人防等部门出具的认可(备案)文件或准许使用文件	主管部门	•	•	•	•
A7-6	工程质量保修书	建设、施工单位	•		•	
A7-7	厂站、设备使用说明书	设备供应商或施工单位	•			•
A7-8	市政基础设施有关质量检测和功能性试验资料清单	建设单位			•	
A8	其他文件					
A8-1	合同约定由建设单位采购的材料、构配件和设备的质量证明文件及进场报验文件	建设单位	•	•	•	
A8-2	工程竣工总结	建设单位			•	
A8-3	观测记录(由建设单位委托长期进行的工程观测记录)	观测单位			•	
A8-4	工程开工前的原貌、主要施工过程、竣工新貌照片	建设单位			•	•
A8-5	工程开工、施工、竣工的录音录像资料	建设单位			•	•
A8-6	项目质量管理人员名册	建设单位			•	•
B类	监理资料					
B1	监理管理资料					
B1-1	监理规划、监理实施细则	监理单位		•	•	
B1-2	监理月报	监理单位		•	•	
B1-3	监理会议纪要(涉及工程质量的主要内容)	监理单位		•	•	
B1-4	监理日志	监理单位		•		
B1-5	监理工作总结	监理单位		•	•	•
B2	监理工作记录					
B2-1	监理通知	监理单位		•	•	
B2-2	监理抽检记录	监理单位		•	•	
B2-3	不合格项处置记录	监理单位		•	•	
B2-4	工程暂停令	监理单位		•	•	
B2-5	工程延期审批表	监理单位		•	•	

续表

类别编码	资料名称	资料来源及 DB11/T695－2009 附表	保存单位			
			施工单位	监理单位	建设单位	档案馆
B2-6	费用索赔审批表	监理单位		•	•	
B2-7	工程款支付证书	监理单位		•	•	
B2-8	旁站监理记录	监理单位		•	•	
B2-9	质量事故报告及处理资料	责任单位	•	•	•	•
B2-10	见证取样和送检见证人备案表	监理单位	•	•	•	
B2-11	见证记录	监理单位	•	•	•	
B3	竣工验收监理资料					
B3-1	单位工程竣工预验收报验表	"监规"A8	•	•	•	
B3-2	竣工移交证书	监理单位	•	•	•	•
B3-3	工程质量评估报告	监理单位		•	•	
B4	其他资料					
B4-1	工作联系单	"监规"C1	•	•	•	
B4-2	工程变更单	"监规"C2	•	•	•	
C 类	施工资料					
C1	施工管理资料					
C1-1	工程概况表	DB11/T695－2009 附表	•		•	•
C1-2	项目大事记	DB11/T695－2009 附表	•		•	
C1-3	施工日志	DB11/T695－2009 附表	•			
C1-4	工程质量事故资料					
C1-4-1	工程质量事故记录	DB11/T695－2009 附表	•	•	•	•
C1-4-2	工程质量事故调查(勘查)记录	DB11/T695－2009 附表	•	•	•	•
C1-4-3	工程质量事故处理记录	DB11/T695－2009 附表	•	•	•	•
C1-5	施工现场质量管理检查记录	DB11/T695－2009 附表	•			
C2	施工技术资料					
C2-1	施工组织设计	施工单位	•		•	
C2-2	施工组织设计审批表	DB11/T695－2009 附表	•		•	
C2-3	图纸审查记录	DB11/T695－2009 附表	•			
C2-4	图纸会审记录	DB11/T695－2009 附表	•	•	•	•
C2-5	技术交底记录	DB11/T695－2009 附表	•			
C2-6	工程洽商记录	DB11/T695－2009 附表	•	•	•	•

续表

类别编码	资料名称	资料来源及 DB11/T695－2009 附表	保存单位 施工单位	保存单位 监理单位	保存单位 建设单位	档案馆
C2-7	设计变更通知单	设计单位	●	●	●	●
C2-8	工程设计变更、洽商一览表	DB11/T695－2009 附表	●	●	●	
C3	工程物资资料					
C3-1	工程物资选样送审表	DB11/T695－2009 附表	●	●	●	
C3-2	主要设备、原材料、构配件质量证明文件及复试报告汇总表	DB11/T695－2009 附表	●	●	●	●
C3-3	具有产品技术标准的产品合格证					
C3-3-1	半成品钢筋出厂合格证	DB11/T695－2009 附表	●			
C3-3-2	预拌混凝土出厂合格证	DB11/T695－2009 附表	●			
C3-3-3	预制钢筋混凝土构件、管材（盾构管片等）出厂合格证	DB11/T695－2009 附表或生产厂家	●			
C3-3-4	钢构件出厂合格证	DB11/T695－2009 附表	●		●	
C3-3-5	沥青混合料出厂合格证	DB11/T695－2009 附表	●			
C3-3-6	石灰粉煤灰砂砾出厂合格证	DB11/T695－2009 附表	●			
C3-3-7	产品合格证粘贴衬纸	DB11/T695－2009 附表	●			
C3-3-8	外加工、外购其他材质、其他型式的构件、管材（管片）出厂合格证	生产厂家	●		●	
C3-4	设备、材料进场检验及复验					
C3-4-1	设备、配（备）件开箱检查记录	DB11/T695－2009 附表		●		
C3-4-2	材料、配件检验记录汇总表	DB11/T695－2009 附表	●			
C3-4-3	钢管检查验收（校验性）记录	DB11/T695－2009 附表	●		●	
C3-4-4	预制混凝土构件、管材进场抽检记录	DB11/T695－2009 附表	●			
C3-4-5	材料试验报告（通用）	DB11/T695－2009 附表	●		●	
C3-4-6	水泥试验报告	DB11/T695－2009 附表	●		●	
C3-4-7	砂试验报告	DB11/T695－2009 附表	●		●	
C3-4-8	碎（卵）石试验报告	DB11/T695－2009 附表	●		●	
C3-4-9	外加剂试验报告	DB11/T695－2009 附表	●		●	
C3-4-10	掺和料试验报告	DB11/T695－2009 附表	●		●	
C3-4-11	钢材试验报告	DB11/T695－2009 附表	●		●	
C3-4-12	硬度试验报告	DB11/T695－2009 附表	●		●	

续表

类别编码	资料名称	资料来源及 DB11/T695－2009 附表	施工单位	监理单位	建设单位	档案馆
C3-4-13	静载锚固性能试验报告	DB11/T695－2009 附表	•		•	
C3-4-14	钢绞线力学性能试验报告	DB11/T695－2009 附表	•		•	
C3-4-15	防水卷材试验报告	DB11/T695－2009 附表	•		•	
C3-4-16	防水涂料试验报告	DB11/T695－2009 附表	•		•	
C3-4-17	环氧煤沥青涂料性能试验报告	DB11/T695－2009 附表	•		•	
C3-4-18	止水带试验报告	DB11/T695－2009 附表	•		•	
C3-4-19	伸缩缝密封填料试验报告	DB11/T695－2009 附表	•		•	
C3-4-20	砖(砌块)试验报告	DB11/T695－2009 附表	•		•	
C3-4-21	轻集料试验报告	DB11/T695－2009 附表	•		•	
C3-4-22	石灰(水泥)剂量试验报告	DB11/T695－2009 附表	•		•	
C3-4-23	沥青试验报告	DB11/T695－2009 附表	•		•	
C3-4-24	沥青胶结材料试验报告	DB11/T695－2009 附表	•		•	
C3-4-25	沥青混合料试验报告	DB11/T695－2009 附表	•		•	
C3-4-26	锚具检验报告	DB11/T695－2009 附表	•		•	
C3-4-27	阀门试验记录	DB11/T695－2009 附表	•		•	
C3-4-28	见证试验(检测)汇总表	DB11/T695－2009 附表	•		•	•
C3-4-29	钢结构、钢梁焊接工艺评定	制作厂家或检测单位	•		•	
C3-4-30	高强螺栓抗滑移系数检测报告	检测单位	•		•	
C4	施工测量监测资料		•			
C4-1	工程定位测量记录	施工单位	•	•		
C4-2	测量复核记录	DB11/T695－2009 附表	•	•	•	•
C4-3	沉降观测记录	观测单位				
C4-4	初期支护净空测量记录	DB11/T695－2009 附表	•		•	
C4-5	隧道净空测量记录	DB11/T695－2009 附表	•		•	
C4-6	结构收敛观测成果记录	DB11/T695－2009 附表	•		•	
C4-7	地中位移观测记录	DB11/T695－2009 附表	•		•	
C4-8	拱顶下沉观测成果表	DB11/T695－2009 附表	•		•	
C5	施工记录					
C5-1	通用记录					
C5-1-1	施工通用记录	DB11/T695－2009 附表	•		•	

续表

类别编码	资料名称	资料来源及DB11/T695－2009附表	保存单位 施工单位	监理单位	建设单位	档案馆
C5-1-2	隐蔽工程检查记录	DB11/T695－2009附表	•		•	
C5-1-3	中间检查交接记录	DB11/T695－2009附表	•		•	
C5-1-4	数字图文记录	DB11/T695－2009附表	•		•	
C5-2	基础/主体结构工程通用施工记录					
C5-2-1	地基验槽检查记录	DB11/T695－2009附表	•		•	•
C5-2-2	地基处理记录	DB11/T695－2009附表	•		•	•
C5-2-3	地基钎探记录	DB11/T695－2009附表	•		•	•
C5-2-4	地下连续墙挖槽施工记录	DB11/T695－2009附表	•		•	
C5-2-5	地下连续墙护壁泥浆质量检查记录	DB11/T695－2009附表		•		
C5-2-6	地下连续墙混凝土浇筑记录	DB11/T695－2009附表	•		•	
C5-2-7	沉井(泵站)工程施工记录	DB11/T695－2009附表	•		•	
C5-2-8	桩基础施工记录(通用)	DB11/T695－2009附表	•		•	
C5-2-9	钻孔桩钻进记录(冲击钻)	DB11/T695－2009附表	•			
C5-2-10	钻孔桩钻进记录(旋转钻)	DB11/T695－2009附表	•			
C5-2-11	钻孔桩混凝土灌注前检查记录	DB11/T695－2009附表	•			
C5-2-12	钻孔桩水下混凝土浇筑记录	DB11/T695－2009附表	•			
C5-2-13	沉入桩检查记录	DB11/T695－2009附表	•			
C5-2-14	土层锚杆成孔记录	专业施工单位	•		•	
C5-2-15	土层锚杆注浆记录	专业施工单位	•		•	
C5-2-16	土层锚杆张拉锁定记录	专业施工单位	•		•	
C5-2-17	混凝土浇筑申请书	施工单位	•			
C5-2-18	混凝土开盘鉴定	DB11/T695－2009附表	•			
C5-2-19	混凝土浇筑记录	DB11/T695－2009附表	•			
C5-2-20	混凝土养护测温记录	DB11/T695－2009附表	•			
C5-2-21	预应力张拉数据记录	DB11/T695－2009附表	•		•	
C5-2-22	预应力筋张拉记录(一)	DB11/T695－2009附表	•		•	
C5-2-23	预应力筋张拉记录(二)	DB11/T695－2009附表	•		•	
C5-2-24	预应力张拉孔道压浆记录	DB11/T695－2009附表	•		•	
C5-2-25	构件吊装施工记录	DB11/T695－2009附表	•		•	
C5-2-26	圆形钢筋混凝土构筑物缠绕钢丝应力测定记录	DB11/T695－2009附表	•		•	•

续表

类别编码	资料名称	资料来源及 DB11/T695－2009 附表	施工单位	监理单位	建设单位	档案馆
C5-2-27	网架安装检查记录	专业施工单位	●		●	
C5-2-28	防水工程施工记录	DB11/T695－2009 附表	●		●	
C5-2-29	桩检测报告	检测单位	●		●	●
C5-3	道路、桥梁工程施工记录					
C5-3-1	沥青混凝土进场、摊铺测温记录	DB11/T695－2009 附表	●			
C5-3-2	碾压沥青混凝土测温记录	DB11/T695－2009 附表	●			
C5-3-3	钢箱梁安装检查记录	专业施工单位提供	●		●	●
C5-3-4	高强螺栓连接检查记录	专业施工单位提供	●		●	●
C5-3-5	箱涵顶进施工记录	专业施工单位提供	●		●	
C5-3-6	桥梁支座安装记录	DB11/T695－2009 附表	●		●	
C5-4	管(隧)道工程施工记录					
C5-4-1	焊工资格备案表	施工单位提供	●		●	
C5-4-2	焊缝综合质量检查汇总记录	DB11/T695－2009 附表	●		●	●
C5-4-3	焊缝排位记录及示意图	DB11/T695－2009 附表	●		●	
C5-4-4	聚乙烯管道连接记录	DB11/T695－2009 附表	●	●		
C5-4-5	聚乙烯管道焊接工作汇总表	DB11/T695－2009 附表	●			
C5-4-6	钢(聚乙烯)管变形检查记录	DB11/T695－2009 附表	●			
C5-4-7	管架(固、支、吊、滑等)安装调整记录	DB11/T695－2009 附表	●			
C5-4-8	补偿器安装记录	DB11/T695－2009 附表	●			
C5-4-9	防腐层施工质量检查记录	DB11/T695－2009 附表	●			●
C5-4-10	牺牲阳极埋设记录	DB11/T695－2009 附表	●		●	●
C5-4-11	顶管施工记录	DB11/T695－2009 附表	●			
C5-4-12	浅埋暗挖法施工检查记录	DB11/T695－2009 附表	●			
C5-4-13	盾构法施工记录	DB11/T695－2009 附表	●			
C5-4-14	盾构管片拼装记录	DB11/T695－2009 附表	●			
C5-4-15	小导管施工记录	DB11/T695－2009 附表	●			
C5-4-16	大管棚施工记录	DB11/T695－2009 附表	●			
C5-4-17	隧道支护施工记录	DB11/T695－2009 附表	●			
C5-4-18	注浆检查记录	DB11/T695－2009 附表	●		●	
C5-4-19	水平定向钻导向孔钻进施工记录	DB11/T695－2009 附表	●		●	

续表

类别编码	资料名称	资料来源及 DB11/T695－2009 附表	施工单位	监理单位	建设单位	档案馆
C5-4-20	水平定向钻回扩(拖)记录	DB11/T695－2009 附表	●		●	
C5-5	厂(场)、站设备安装工程施工记录					
C5-5-1	设备基础检查验收记录	DB11/T695－2009 附表	●	●	●	
C5-5-2	钢制平台/钢架制作安装检查记录	DB11/T695－2009 附表	●		●	
C5-5-3	设备安装检查记录(通用)	DB11/T695－2009 附表	●		●	
C5-5-4	设备联轴器对中检查记录	DB11/T695－2009 附表	●		●	
C5-5-5	容器安装检查记录	DB11/T695－2009 附表	●		●	
C5-5-6	安全附件安装检查记录	DB11/T695－2009 附表	●		●	
C5-5-7	锅炉安装(整装)施工记录	安全监察部门表格	●		●	
C5-5-8	锅炉安装(散装)施工记录	安全监察部门表格	●		●	
C5-5-9	软化水处理设备安装调试记录	DB11/T695－2009 附表	●		●	
C5-5-10	燃烧器及燃料管路安装记录	DB11/T695－2009 附表	●		●	
C5-5-11	管道/设备保温施工检查记录	DB11/T695－2009 附表	●		●	
C5-5-12	净水厂水处理工艺系统调试记录	DB11/T695－2009 附表	●		●	●
C5-5-13	加药、加氯工艺系统调试记录	DB11/T695－2009 附表	●		●	
C5-5-14	水处理工艺管线验收记录	DB11/T695－2009 附表	●		●	
C5-5-15	污泥处理工艺系统调试记录	DB11/T695－2009 附表	●		●	
C5-5-16	自控系统调试记录	DB11/T695－2009 附表	●		●	
C5-5-17	自控设备单台安装记录	DB11/T695－2009 附表	●		●	
C5-5-18	污水处理工艺系统调试记录	调试单位	●		●	●
C5-5-19	污泥消化工艺系统调试记录	调试单位	●		●	●
C5-6	电气安装工程施工记录					
C5-6-1	电缆敷设检查记录	DB11/T695－2009 附表	●		●	
C5-6-2	电气照明装置安装检查记录	DB11/T695－2009 附表	●		●	
C5-6-3	电线(缆)钢导管安装检查记录	DB11/T695－2009 附表	●		●	
C5-6-4	成套开关柜(盘)安装检查记录	DB11/T695－2009 附表	●		●	
C5-6-5	盘、柜安装及二次结线检查记录	DB11/T695－2009 附表	●		●	
C5-6-6	避雷装置安装检查记录	DB11/T695－2009 附表	●		●	
C5-6-7	起重设备电气安装检查记录	DB11/T695－2009 附表	●		●	
C5-6-8	电机安装检查记录	DB11/T695－2009 附表	●		●	

续表

类别编码	资料名称	资料来源及 DB11/T695－2009 附表	保存单位			
			施工单位	监理单位	建设单位	档案馆
C5-6-9	变压器安装检查记录	DB11/T695－2009 附表	•		•	
C5-6-10	高压隔离开关、负荷开关及熔断器安装检查记录	DB11/T695－2009 附表	•		•	
C5-6-11	电缆头(中间接头)制作记录	DB11/T695－2009 附表	•		•	
C5-6-12	厂区供水(给水)设备、供电系统调试记录	DB11/T695－2009 附表	•		•	•
C5-6-13	自动扶梯安装记录	DB11/T695－2009 附表	•		•	
C6	施工试验记录及检测报告					
C6-1	施工试验记录(通用)	DB11/T695－2009 附表	•		•	
C6-2-1	最大干密度与最佳含水率试验报告	DB11/T695－2009 附表	•		•	
C6-2-2	土壤压实度试验记录(环刀法)	DB11/T695－2009 附表	•		•	
C6-2-3	土壤(或道路基层材料)压实度检验报告	DB11/T695－2009 附表	•		•	
C6-2-4	砂浆配合比申请单、通知单	DB11/T695－2009 附表	•		•	
C6-2-5	砂浆抗压强度试验报告	DB11/T695－2009 附表	•		•	
C6-2-6	砂浆试块强度统计、评定记录	DB11/T695－2009 附表	•		•	
C6-2-7	混凝土配合比申请单、通知单	DB11/T695－2009 附表	•		•	
C6-2-8	混凝土抗压强度试验报告	DB11/T695－2009 附表	•		•	
C6-2-9	混凝土试块强度统计、评定记录	DB11/T695－2009 附表	•		•	
C6-2-10	混凝土抗渗试验报告	DB11/T695－2009 附表	•		•	
C6-2-11	混凝土抗冻试验报告(慢冻法)	DB11/T695－2009 附表	•		•	
C6-2-12	混凝土抗冻试验报告(快冻法)	DB11/T695－2009 附表	•		•	
C6-2-13	混凝土抗折强度试验报告	DB11/T695－2009 附表	•		•	
C6-2-14	钢筋连接试验报告	竣工测量单位	•		•	
C6-2-15	射线检测报告	DB11/T695－2009 附表	•		•	•
C6-2-16	射线检测报告底片评定记录	DB11/T695－2009 附表	•		•	
C6-2-17	超声波检测报告	DB11/T695－2009 附表	•		•	•
C6-2-18	超声波检测报告评定记录	DB11/T695－2009 附表	•		•	
C6-2-19	磁粉检测报告	DB11/T695－2009 附表	•		•	•
C6-2-20	渗透检测报告	DB11/T695－2009 附表	•		•	•
C6-2-21	无损检测委托单	DB11/T695－2009 附表	•		•	
C6-2-22	喷射混凝土配合比申请单、通知单	DB11/T695－2009 附表	•		•	

续表

类别编码	资料名称	资料来源及DB11/T695－2009附表	保存单位 施工单位	保存单位 监理单位	保存单位 建设单位	保存单位 档案馆
C6-3	道路、桥梁工程试验记录					
C6-3-1	无侧限抗压强度试验报告	DB11/T695－2009附表	•	•	•	
C6-3-2	道路基层材料压实度试验报告（灌砂法）	DB11/T695－2009附表	•	•	•	
C6-3-3	沥青混合料压实度试验报告	DB11/T695－2009附表	•	•	•	
C6-3-4	沥青混凝土路面厚度检测报告	DB11/T695－2009附表	•	•	•	
C6-3-5	弯沉检测报告	DB11/T695－2009附表	•	•	•	•
C6-3-6	路面平整度检测报告	DB11/T695－2009附表	•	•	•	
C6-3-7	路面抗滑性能检测报告	DB11/T695－2009附表	•	•	•	
C6-3-8	路面渗水系数检测报告	DB11/T695－2009附表	•	•	•	
C6-3-9	混凝土路面砖试验报告	DB11/T695－2009附表	•	•	•	
C6-3-10	桥梁功能性试验委托书	DB11/T695－2009附表	•		•	
C6-3-11	桥梁功能性试验报告	检测单位提供	•	•	•	•
C6-4	管（隧）道工程试验记录					
C6-4-1	给水管道水压试验记录	DB11/T695－2009附表	•	•	•	•
C6-4-2	PE给水管道水压试验记录	DB11/T695－2009附表	•	•	•	
C6-4-3	给水、供热管网冲洗记录	DB11/T695－2009附表	•	•	•	
C6-4-4	供热管道水压试验记录	DB11/T695－2009附表	•	•	•	
C6-4-5	供热管网（场站）热运行记录	DB11/T695－2009附表	•	•	•	•
C6-4-6	补偿器冷拉记录	DB11/T695－2009附表	•	•	•	
C6-4-7	管道通球试验记录	DB11/T695－2009附表	•	•	•	
C6-4-8	燃气管道强度试验验收单	DB11/T695－2009附表	•	•	•	•
C6-4-9	燃气管道严密性试验验收单	DB11/T695－2009附表	•	•	•	•
C6-4-10	燃气管道气压严密性试验记录（一）	DB11/T695－2009附表	•	•	•	
C6-4-11	燃气管道气压严密性试验记录（二）	DB11/T695－2009附表	•	•	•	
C6-4-12	埋地钢质管道防腐层完整性检测报告	DB11/T695－2009附表	•	•	•	
C6-4-13	管道系统吹洗（脱脂）记录	DB11/T695－2009附表	•	•	•	
C6-4-14	阴极保护系统验收测试记录	DB11/T695－2009附表	•	•	•	•
C6-4-15	污水管道闭水试验记录	DB11/T695－2009附表	•	•	•	
C6-5	厂（场）、站工程试验记录		•			
C6-5-1	调试记录（通用）	DB11/T695－2009附表	•	•	•	•

续表

类别编码	资料名称	资料来源及 DB11/T695－2009 附表	保存单位			
			施工单位	监理单位	建设单位	档案馆
C6-5-2	设备单机试运转记录(通用)	DB11/T695－2009 附表	•		•	
C6-5-3	设备强度/严密性试验记录	DB11/T695－2009 附表	•		•	•
C6-5-4	起重机试运转试验记录	DB11/T695－2009 附表	•	•		•
C6-5-5	设备负荷联动(系统)试运行记录	DB11/T695－2009 附表	•		•	•
C6-5-6	安全阀调试记录	DB11/T695－2009 附表	•		•	•
C6-5-7	水池满水试验记录	DB11/T695－2009 附表	•		•	•
C6-5-8	消化池气密性试验记录	DB11/T695－2009 附表	•		•	•
C6-5-9	曝气均匀性试验记录	DB11/T695－2009 附表	•		•	•
C6-5-10	防水工程试水记录	DB11/T695－2009 附表	•		•	
C6-6	电气工程施工试验记录					
C6-6-1	电气绝缘电阻测试记录	DB11/T695－2009 附表	•		•	
C6-6-2	电气照明全负荷试运行记录	DB11/T695－2009 附表	•		•	
C6-6-3	电机试运行记录	DB11/T695－2009 附表	•		•	
C6-6-4	电气接地装置隐检/测试记录	DB11/T695－2009 附表	•		•	•
C6-6-5	变压器试运行检查记录	DB11/T695－2009 附表	•		•	•
C6-6-6	自动扶梯的运行试验记录	试验单位	•		•	
C6-6-7	高压电气绝缘电阻测试记录	试验单位	•		•	•
C6-6-8	高压电气设备交流耐压试验记录	试验单位	•		•	•
C6-6-9	高压电气设备直流耐压、泄漏电流试验记录	试验单位	•		•	•
C7	施工质量验收资料					
C7-1-1	检验批质量验收记录(一)	DB11/T695－2009 附表	•		•	•
C7-1-2	检验批质量验收记录(二)	DB11/T695－2009 附表	•		•	•
C7-2	分项工程质量验收记录	DB11/T695－2009 附表	•		•	•
C7-3	分部(子分部)工程质量验收记录	DB11/T695－2009 附表	•	•	•	•
C7-4	单位工程质量评定记录	DB11/T695－2009 附表	•			
C8	工程竣工验收资料					
C8-1	单位工程质量验收记录	DB11/T695－2009 附表	•	•	•	•
C8-2	工程竣工报告	施工单位	•	•	•	•
C8-3	竣工测量委托书	DB11/T695－2009 附表	•	•	•	
C8-4	竣工测量报告	竣工测量单位	•	•	•	•

续表

类别编码	资料名称	资料来源及 DB11/T695－2009 附表	保存单位			
			施工单位	监理单位	建设单位	档案馆
C8-5	单位(子单位)工程质量控制资料核查记录	DB11/T695－2009 附表	•	•	•	•
C8-6	单位(子单位)工程安全和功能检查资料及主要功能抽查记录	DB11/T695－2009 附表	•	•	•	•
C8-7	单位(子单位)工程观感质量检查记录	DB11/T695－2009 附表	•	•	•	•
D类	竣工图		•		•	•
E类	工程档案封面、目录和其他资料					
E1	工程资料总目录卷					
E1-1	工程资料总目录汇总表				•	•
E1-2	工程资料总目录				•	•
E2	工程资料封面和目录及备考					
E2-1	工程资料案卷封面		•		•	
E2-2	工程资料卷内目录		•			
E2-3	工程资料卷内备考表		•		•	
E3	城市建设档案封面和目录及备考					
E3-1	城市建设档案案卷封面				•	•
E3-2	城建档案卷内目录				•	•
E3-3	城建档案案卷审核人备考表				•	•
E4	工程资料、档案移交书					
E4-1	工程资料移交书				•	
E4-2	城市建设档案移交书				•	•
E4-3	城市建设档案缩微品移交书				•	•
E4-4	城市建设档案移交目录				•	•
E5	建设工程概况					
E5-1	工程概况表:城市管线工程	DB11/T695－2009 附表				•
E5-2	工程概况表:城市道路工程(含广场)	DB11/T695－2009 附表				•
E5-3	工程概况表:桥梁(涵洞、隧道)工程	DB11/T695－2009 附表				•
E5-4	工程概况表:市政公用厂(场)、站工程	DB11/T695－2009 附表				•
E5-5	工程概况表:城市轨道交通工程	DB11/T695－2009 附表				•

注:1. 场站工程中的相关房建工程施工资料可参照《建筑工程资料管理规程》(DB11/T695－2009)执行,其中工艺设备安装及设备电气施工资料按本规程执行;
2. 国家大型、重点、重大工程,城建档案管理部门(城建档案馆)可根据需要增加归档保存的内容。

1.1.2 分部、分项工程划分

1. 城镇道路工程

表1-2 城镇道路工程分部（子分部）工程划分与代号索引表

分部工程代号	分部工程名称	子分部工程代号	子分部工程名称	分项工程名称	备注
01	路基			土方路基	
				石方路基	
				路基处理	
				路肩	
02	基层			石灰土基层	
				石灰粉煤灰稳定砂砾（碎石）基层	
				石灰粉煤灰钢渣基层	
				水泥稳定土类基层	
				级配砂砾（砾石）基层	
				级配碎石（碎砾石）基层	
				沥青碎石料基层	
				沥青贯入式基层	
03	面层	01	沥青混合料面层	透层	
				粘层	
				封层	
				热拌沥青混合料面层	
				冷拌沥青混合料面层	
		02	沥青贯入式与沥青表面处治面层	沥青贯入式面层	
				沥青表面处治面层	
		03	水泥混凝土面层	水泥混凝土面层	
		04	铺砌式面层	料石面层	
				预制混凝土砌块面层	

续表

分部工程代号	分部工程名称	子分部工程代号	子分部工程名称	分项工程名称	备注
04	广场与停车场			料石面层	
				预制混凝土砌块面层	
				沥青混合料面层	
				水泥混凝土面层	
05	人行道			料石人行道铺砌面层（含盲道砖）	
				混凝土预制块铺砌人行道面层（含盲道砖）	
				沥青混合料铺筑面层	
06	人行地道结构	01	现浇钢筋混凝土人行地道结构	地基	
				防水	
				基础（模板、钢筋、混凝土）	
				墙与顶板（模板、钢筋、混凝土）	
		02	预制安装钢筋混凝土人行地道结构	墙与顶部构件预制	
				地基	
				防水	
				基础（模板、钢筋、混凝土）	
				墙板、顶板安装	
		03	砌筑墙体、钢筋混凝土顶板人行地道结构	顶部构件预制	
				地基	
				防水	
				基础（模板、钢筋、混凝土）	
				墙体砌筑	
				顶部构件、顶板安装	
				顶部现浇（模板、钢筋、混凝土）	

续表

分部工程代号	分部工程名称	子分部工程代号	子分部工程名称	分项工程名称	备注
07	挡土墙	01	现浇钢筋混凝土挡土墙	地基	
				基础	
				墙（模板、钢筋、混凝土）	
				滤层、泄水孔	
				回填土	
				帽石	
				栏杆	
		02	装配式钢筋混凝土挡土墙	挡土墙板预制	
				地基	
				基础（模板、钢筋、混凝土）	
				墙板安装（含焊接）	
				滤层、泄水孔	
				回填土	
				帽石	
				栏杆	
		03	砌筑挡土墙	地基	
				基础（砌筑、混凝土）	
				墙体砌筑	
				滤层、泄水孔	
				回填土	
				帽石	
		04	加筋土挡土墙	地基	
				基础（模板、钢筋、混凝土）	
				加筋挡土墙砌块与筋带安装	
				滤层、泄水孔	
				回填土	
				帽石	
				栏杆	
08	附属构筑物工程	01	附属构筑物1	路缘石	
		02	附属构筑物2	雨水支管与雨水口	
		03	附属构筑物3	排（截）水沟	
		04	附属构筑物4	倒虹管及涵洞	
		05	附属构筑物5	护坡	

续表

分部工程代号	分部工程名称	子分部工程代号	子分部工程名称	分项工程名称	备注
08	附属构筑物工程	06	附属构筑物6	隔离墩	
		07	附属构筑物7	隔离栅	
		08	附属构筑物8	护栏	
		09	附属构筑物9	声屏障（砌体、金属）	
		10	附属构筑物10	防眩板	

2. 城市桥梁工程

表1-3 城市桥梁工程分部（子分部）工程划分与代号索引表

分部工程代号	分部工程名称	子分部工程代号	子分部工程名称	分项工程名称	备注
01	地基与基础	01	扩大基础	基坑开挖、地基、土方回填、现浇混凝土（模板与支架、钢筋、混凝土）、砌体	
		02	沉入桩	预制桩（模板、钢筋、混凝土、预应力混凝土）、钢管桩、沉桩	
		03	灌注桩	机械成孔、人工挖孔、钢筋笼制作与安装、混凝土灌注	
		04	沉井	沉井制作（模板与支架、钢筋、混凝土、钢壳）、浮运、下沉就位、清基与填充	
		05	地下连续墙	成槽、钢筋骨架、水下混凝土	
		06	承台	模板与支架、钢筋、混凝土	

续表

分部工程代号	分部工程名称	子分部工程代号	子分部工程名称	分项工程名称	备注
02	墩台	01	砌体墩台	石砌体、砌块砌体	
		02	现浇混凝土墩台	模板与支架、钢筋、混凝土、预应力混凝土	
		03	预制混凝土柱	预制柱（模板、钢筋、混凝土、预应力混凝土）、安装	
		04	台背填土	填土	
03	盖梁	01	盖梁	模板与支架、钢筋、混凝土、预应力混凝土	
04	支座	01	支座	垫石混凝土、支座安装、挡块混凝土	
05	索塔	01	索塔	现浇混凝塔（支架、钢筋、混凝土、预应力混凝土）、钢构件安装	可单独组卷
06	锚锭	01	锚锭	锚固体系制作、锚固体系安装、锚锭混凝土（模板与支架、钢筋、混凝土）、锚索张拉与压浆	可单独组卷
07	桥跨承重结构	01	支架上浇筑混凝土梁（板）	模板与支架、钢筋、混凝土、预应力钢筋	
		02	装配式钢筋混凝土梁（板）	预制梁（板）（模板与支架、钢筋、混凝土、预应力混凝土）、安装梁（板）	
		03	悬臂浇筑预应力混凝土梁	0#段（模板与支架、钢筋、混凝土、预应力混凝土）、悬浇段（挂篮、模板、钢筋、混凝土、预应力混凝土）	
		04	悬臂拼装预应力混凝土梁	0#段（模板与支架、钢筋、混凝土、预应力混凝土）、梁段预制（模板与支架、钢筋、混凝土、预应力混凝土）、拼装梁段、施加预应力	

续表

分部工程代号	分部工程名称	子分部工程代号	子分部工程名称	分项工程名称	备注
07	桥跨承重结构	05	顶推施工混凝土梁	台座系统、导梁、梁段预制（模板与支架、钢筋、混凝土、预应力混凝土）、顶推梁段、施加预应力	
		06	钢梁	钢梁制作、现场安装	
		07	结合梁	钢梁制作、钢梁安装、预应力钢筋混凝土梁制作（支架、钢筋、混凝土、预应力混凝土）、预制梁安装、混凝土结构浇筑（模板与支架、钢筋、混凝土、预应力混凝土）	
		08	拱部与拱上结构	砌筑拱圈、现浇混凝土拱圈、劲性骨架混凝土拱圈、装配式混凝土拱部结构、钢管混凝土拱（拱肋安装、混凝土压注）、吊杆、系杆拱、转体施工、拱上结构	可单独组卷
		09	斜拉桥的主梁与拉索	0#段混凝土浇筑、悬臂浇筑混凝土主梁、支架上浇筑混凝土主梁、悬臂拼装混凝土主梁、悬拼钢箱梁、支架上安装钢箱梁、结合梁、拉索安装	可单独组卷
		10	悬索桥的加劲梁与缆索	索鞍安装、主缆架设、主缆防护、索夹和吊索安装、加劲梁段拼装	可单独组卷
08	顶进箱涵	01	基坑开挖	工作坑、滑板、后背	
		02	箱涵预制	箱涵预制（模板与支架、钢筋、混凝土）	
		03	箱涵顶进	箱涵顶进	
09	桥面系	01	桥面系	排水设施、防水层、桥面铺装层（沥青混合料铺装、混凝土铺装——模板、钢筋、混凝土）、伸缩装置、地袱和缘石与挂板、防护设施、人行道	

续表

分部工程代号	分部工程名称	子分部工程代号	子分部工程名称	分项工程名称	备注
10	附属结构	01	附属结构	隔声与防眩装置、梯道（砌体；混凝土——模板与支架、钢筋、混凝土、钢结构）、桥头搭板（模板、钢筋、混凝土）、防冲刷结构、照明、挡土墙▲	
11	装饰与装修	01	装饰与装修	水泥砂浆抹面、饰面板、饰面砖和涂装	
12	引道	01	引道▲		

注：1. 城市桥梁对于结构多样、工艺复杂的基础、下部结构、桥跨承重结构等亦可根据实际情况分别单独组卷（例：拱桥、斜拉桥、悬索桥和特大桥等）；

2．本表所列的分项工程为常规或常见项目，可根据实际情况增列或删减相应内容；

3．挡土墙和引道等应符合城镇道路工程的划分规定。

3、给水排水管道工程

表1-4 给水排水管道工程分部（子分部）工程划分与代号索引表

分部工程代号	分部工程名称	子分部工程代号	子分部工程名称	分项工程名称	备注
01	土方工程	01	土方工程	沟槽土方（沟槽开挖、沟槽支撑、沟槽回填） 基坑土方（基坑开挖、基坑支护、基坑回填） 排水、降水	
02	管道主体工程	01	预制管开槽施工主体结构	金属类管、混凝土类管、预应力钢筒混凝土管、化学管材	管道基础、管道接口连接、管道铺设、管道防腐层（管道内防腐层、钢管外防腐层）、钢管阴极保护
02		02	管渠（廊）	现浇钢筋混凝土管渠、装配式混凝土管渠、砌筑管渠	管道基础、现浇钢筋混凝土（钢筋、模板、混凝土）、变形缝、装配式混凝土管渠（预制构件安装、变形缝）、砌筑管渠（砖石砌筑、变形缝）、管道内防腐层、管廊内管道安装
02		03	不开槽施工主体结构	工作井	工作井围护结构、工作井

续表

分部工程代号	分部工程名称	子分部工程代号	子分部工程名称		分项工程名称	备注
02	管道主体工程	04	不开槽施工主体结构	顶管	管道接口连接、顶管管道（钢筋混凝土管、钢管）、管道防腐层（管道内防腐层、钢管外防腐层）、钢管阴极保护、垂直顶升	
		05		盾构	管片制作、掘进及管片拼装、二次内衬（钢筋、混凝土）、管道防腐层、垂直顶升	
		06		浅埋暗挖	土层开挖、初期衬砌、防水层、二次内衬、管道防腐层、垂直顶升	
		07		定向钻	管道接口连接、定向钻管道、钢管防腐层（内防腐层、外防腐层）、钢管阴极保护	
		08		夯管	管道接口连接、夯管管道、钢管防腐层（内防腐层、外防腐层）、钢管阴极保护	
		09	沉管	组对拼装沉管	基槽浚挖及管基处理、管道接口连接、管道防腐层、管道沉放、稳管及回填	
		10		预制钢筋混凝土沉管	基槽浚挖及管基处理、预制钢筋混凝土管节制作（钢筋、模板、混凝土）、管节接口预制加工、管道	
		11		桥管	管道接口连接、管道防腐层（内防腐层、外防腐层）、桥管管道	
03	附属构筑物	01	附属构筑物工程		井室（现浇混凝土结构、砖砌结构、预制拼装结构、井内处理）、雨水口及支连管、支墩	
04	给水管道	01	井室设备安装		闸阀、蝶阀、排气阀、消火栓、测流计、自闭式水锤消除器及其附件安装	
		02	水压试验		强度试验、严密性试验	
		03	冲洗消毒		浸泡、冲洗、水质化验	
		04	警示带敷设		敷设警示带	

续表

分部工程代号	分部工程名称	子分部工程代号	子分部工程名称	分项工程名称	备注
05	排水管道	01	污水管道严密性试验	带井闭水	
		02		不带井闭水	
		03		闭气试验	

注：1.给水排水管道工程单位工程、顶管工程、沉管工程、桥管工程和浅埋暗挖管道工程的单位工程划分可参照《给水排水管道工程施工及验收规范》（GB 50268—2008）附录 A 相关规定执行；上述工程可单独组卷；

2. 给水排水管道工程其他项目的划分可参照《给水排水管道工程施工及验收规范》（GB 50268—2008）附录 A 相关规定执行；

3. 本表所列的分项工程为常规或常见项目，可根据实际情况增列或删减相应内容。

4．给水排水构筑物工程

表 1-5 给水排水构筑物工程分部（子分部）工程划分与代号索引表

分部工程代号	分部工程名称	子分部工程代号	子分部工程名称	分项工程名称	备注
01	地基与基础工程	01	土石方	围堰、基坑支护结构（各类围护）、基坑开挖、（无支护基坑开挖、有支护基坑开挖）、基坑回填、排水、降水	
		02	地基基础	地基处理、混凝土基础、桩基础	
02	主体结构工程	01	现浇混凝土结构	底板（钢筋、模板、混凝土）、墙体及内部结构（钢筋、模板、混凝土）、顶板（钢筋、模板、混凝土）、预应力混凝土（后张预应力混凝土）、变形缝、表面层（防腐层、防水层、保温层等的基面处理、涂衬）、各类单体构筑物	
		02	装配式混凝土结构	预制构件现场制作（钢筋、模板、混凝土）、预制构件安装、圆形构筑物缠丝张拉预应力混凝土、变形缝、表面层（防腐层、防水层、保温层等的基面处理、涂衬）、各类单体构筑物	
		03	砌体结构	砌体（砖、石、预制砌块）、变形缝、表面层（防腐层、防水层、保温层等的基面处理、涂衬）、护坡与护坦、各类单体构筑物	
		04	钢结构	钢结构现场制作、钢结构预拼装、钢结构安装（焊接、栓接等）、防腐层（基面处理、涂衬）、各类单体构筑物	

续表

分部工程代号	分部工程名称	子分部工程代号	子分部工程名称	分项工程名称	备注
03	附属构筑物工程	01	细部结构	现浇混凝土结构（钢筋、模板、混凝土）、钢制构件（现场制作、安装、防腐层）、细部结构	
		02	工艺辅助构筑物	混凝土结构（钢筋、模板、混凝土）、砌体结构、钢结构（现场制作、安装、防腐层）、工艺辅助构筑物、预埋件、支架、支墩安装等	
		03	管渠	同主体结构工程的"现浇混凝土结构、装配式混凝土结构、砌体结构"	
04	进、出水管渠	01	混凝土结构	同附属构筑物工程的"管渠"	
		02	预制管铺设	同现行国家标准《给水排水管道工程施工及验收规范》（GB 50268—2008）	

注：1. 给水排水构筑物工程的单位工程划分可参照《给水排水构筑物工程施工及验收规范》（GB 50141—2008）附录 A 相关规定执行；

2. 给水排水管道工程其他项目（验收批）的划分可参照《给水排水构筑物工程施工及验收规范》（GB 50141—2008）附录 A 相关规定执行；

3. 主体结构工程，根据实际情况可单独组卷；

4. 本表所列的分项工程为常规或常见项目，可根据实际情况增列或删减相应内容。

5. 城市供热工程

表1-6 城市供热工程分部（子分部）工程划分与代号索引表

分部工程代号	分部工程名称	子分部工程代号	子分部工程名称	分项工程名称	备注
01	土建工程	01	土方工程	沟槽土方（沟槽开挖、沟槽支撑、沟槽回填）排水、降水	
		02	地基基础	地基处理	
		03	现浇混凝土结构	底板（钢筋、模板、混凝土）、墙体及内部结构（钢筋、模板、混凝土）、顶板（钢筋、模板、混凝土）、变形缝、防水层等基面处理、预埋件及预制构件安装，各类单体构筑物	

续表

分部工程代号	分部工程名称	子分部工程代号	子分部工程名称	分项工程名称	备注
01	土建工程	04	砌体结构	砌体（砖、预制砌块）、变形缝、表面层、防水层等基面处理、预制盖板、预埋件及预制构件安装	
		05	顶管	管道接口连接、顶管管道（钢筋混凝土管、钢管）、工作井、顶进、注浆	
		06	浅埋暗挖	工作井、初期支护、防水、钢筋混凝土结构（二衬）、预埋件（预留管、洞）	
02	热机工程	01	钢管安装	钢管焊接、支座安装、钢管安装、钢管法兰焊接、螺栓连接	
		02	支架安装	固定支架、滑动支架	
		03	管道附件安装	涨力、套筒、伸缩器等附件安装	
		04	管道系统试验	水压试验、气压试验等严密性试验	
		05	除锈防锈	喷砂除锈、酸洗除锈、清洗、晾干、刷防锈漆	
		06	管道保温	保温层、工厂化树脂保温壳、保护层	
		07	管道冲洗	吹洗管道	
		08	热力井室设备安装	安装热力井室设备及调试	

注：1. 供热管道安装工程的单位工程、分部（子分部）工程和分项工程的划分应符合《城镇供热管网工程施工及验收规范》(CJJ 28—2014)；
2. 城市供热工程的主体结构工程，根据实际情况可单独组卷；
3. 本表所列为城市供热管道安装工程，所列的分项工程为常规或常见项目，可根据实际情况增列或删减相应内容；
4. 热力站、中继泵站的建筑和结构部分等可参照现行国家有关标准规定执行。

6. 城市地下交通工程

表 1-7 城市地下交通工程分部（子分部）工程划分与代号索引表

分部工程代号	分部工程名称	子分部工程代号	子分部工程名称	分项工程名称	备注
01	开槽施工主体结构	01	土方工程	沟槽土方（沟槽开挖、沟槽支撑、沟槽回填）排水、降水	
		02	基础	地基处理、地基加固、垫层、桩基础等	
		03	防水工程	防水材料（防水板等）、缓冲材料（无纺布）、止水带	
		04	现浇混凝土结构	底板（钢筋、模板、混凝土）、墙体及内部结构（钢筋、模板、混凝土）、顶板（钢筋、模板、混凝土）、变形缝、表面层（防腐层、保温层等的基面处理、涂衬）、各类预埋件、预留孔洞	
		05	装配式预制构件安装	侧墙与顶部构件预制	
				地基	
				防水	
				基础（模板、钢筋、混凝土）	
				墙板、顶板安装	
02	不开槽施工主体结构	01	盾构	盾构进出工作井、管片制作、掘进及管片拼装、二次内衬（钢筋、混凝土）、管道防腐层、注浆	
		02	浅埋暗挖	土层开挖、初期衬砌、防水层、二次内衬（混凝土结构）、通道防腐层、预埋件、预留管、洞	
03	附属构筑物工程	01	通讯信号系统	安装通讯信号系统设备	
		02	给排水系统	安装给排水系统设备	

续表

分部工程代号	分部工程名称	子分部工程代号	子分部工程名称	分项工程名称	备注
03	附属构筑物工程	03	电力照明系统	安装电力系统设备	
		04	通风系统	安装通风系统设备	
		05	交通安全设施	安装交通安全设施	
04	道路结构工程参照"城镇道路工程分部（子分部）工程划分"。				

注：1. 城市地下交通工程的单位工程、分部（子分部）工程和分项工程的划分，可参照《城市轨道交通工程质量验收标准 第1部分：土建工程》（DB11/T 311.1—2005）选择相关部分内容；

2. 城市地下交通工程的道路结构参照"城镇道路工程分部（子分部）工程划分"；

3. 本表所列为城市地下交通工程的分项工程，为常规或常见项目，可根据实际情况增列或删减相应内容。

7. 城市供气工程

表1-8 城市供气工程分部（子分部）工程划分与代号索引表

分部工程代号	分部工程名称	子分部工程代号	子分部工程名称	分项工程名称	备注
01	土方工程	01	土方工程	沟槽土方（沟槽开挖、沟槽支撑、沟槽回填）排水、降水	
		02	基础	地基处理、砂垫层	
		03	现浇混凝土结构	底板（钢筋、模板、混凝土）、墙体（钢筋、模板、混凝土）、顶板（钢筋、模板、混凝土）、防水层等基面处理、预埋件及预制构件安装，各类单体构筑物	
		04	砌体结构	砌体（砖、预制砌块）、防水层等基面处理、预制盖板、预埋件及预制构件安装	
		05	顶管	管道接口连接、顶管管道（钢筋混凝土管、钢管）、工作井、顶进、注浆	
02	管道主体工程	01	钢管安装	安管、凝水器制作安装、调压箱安装、支吊架及附件制作与安装、管道清扫、拉膛、通球等	

续表

分部工程代号	分部工程名称	子分部工程代号	子分部工程名称	分项工程名称	备注
02	管道主体工程	02	聚乙烯管铺设	热熔对接连接、电熔连接、钢塑过渡接头金属端与钢管焊接、法兰栓接	
		03	防腐绝缘	管道防腐施工、阴极保护、绝缘板安装等	
		04	闸室设备安装	闸阀、伸缩器、放散管等	
		05	管道附件安装	管道附件安装、安装凝水器及调压箱、抗渗处理等	
		06	管道系统试验	强度试验、管道严密性试验	
		07	警示带敷设	敷设警示带	

注：1. 城市供气工程的单位工程、分部（子分部）工程和分项工程的划分可参照《城镇燃气输配工程施工及验收规范（附条文说明）》（CJJ 33—2005）相关规定执行；

2. 本表所列为城市供气工程的分项工程，为常规或常见项目，可根据实际情况增列或删减相应内容。

8. 城市广场与停车场工程

表1-9 城市广场与停车场工程分部（子分部）工程划分与代号索引表

分部工程代号	分部工程名称	子分部工程代号	子分部工程名称	分项工程名称	备注
01	土石方工程	01	基础1	土方基础	
		02	基础2	石方基础	
		03	基础3	基础处理	
02	基层	01	基层1	石灰土基层	
		02	基层2	石灰粉煤灰稳定砂砾（碎石）基层	
		03	基层3	石灰粉煤灰钢渣基层	
		04	基层4	水泥稳定土类基层	
		05	基层5	级配砂砾（砾石）基层	
		06	基层6	级配碎石（碎砾石）基层	
		07	基层7	沥青碎石料基层	
		08	基层8	沥青贯入式基层	

续表

分部工程代号	分部工程名称	子分部工程代号	子分部工程名称	分项工程名称	备注
03	面层	01	沥青混合料面层	透层	
				粘层	
				封层	
				热拌沥青混合料面层	
				冷拌沥青混合料面层	
		02	沥青贯入式与沥青表面处治面层	沥青贯入式面层	
				沥青表面处治面层	
		03	水泥混凝土面层	水泥混凝土面层	
		04	铺砌式面层	料石面层	
				预制混凝土砌块面层	
04	附属构筑物	01		给水供水系统	
		02		排水系统	
		03		照明工程	
		04		其他	

注：1. 城市广场与停车场工程的单位工程、分部（子分部）工程和分项工程的划分可参照城镇道路工程的划分规定；

2. 城市广场与停车场工程的附属构筑物——供水系统、排水系统、照明工程及其他工程项目的划分可参照相应工程的划分规定。

9. 生活垃圾处理工程

表 1-10　生活垃圾处理工程分部（子分部）工程划分与代号索引表

分部工程代号	分部工程名称	子分部工程代号	子分部工程名称	分项工程名称	备注
01	土方工程	01	土方工程	沟槽土方（沟槽开挖、沟槽支撑、沟槽回填） 基坑、基槽土方（基坑开挖、基坑支护、基坑回填） 排水、降水	
02	主体结构工程	01	护坡工程	锚杆、塑料网、土工布、钢筋、锚喷混凝土	
		02	地下水导排系统设施	卵石导排层、花管卵石导排渠	

续表

分部工程代号	分部工程名称	子分部工程代号	子分部工程名称	分项工程名称	备注
02	主体结构工程	03	防渗层设施	黏土层、彭润土层、高密度聚乙烯膜	
		04	渗沥液导排系统设施	卵石导排层、花管卵石导排渠	
		05	泵房设备安装	泵房设备及阀部件安装调试	
03	附属工程	01	垃圾焚烧发电		
		02	污水处理工程		
		03	其他		

注：生活垃圾处理工程的单位工程、分部（子分部）工程和分项工程的划分，附属工程和供水系统、排水系统、照明工程及其他工程项目的划分可参照相应工程的划分规定。

10. 交通安全设施工程

表1-11 交通安全设施工程分部（子分部）工程划分与代号索引表

分部工程代号	分部工程名称	子分部工程代号	子分部工程名称	分项工程名称	备注
01	土建工程	01	土方工程	基坑土方（基坑开挖、基坑支护、基坑回填），沟槽土方（沟槽开挖、沟槽支撑、沟槽回填）	
		02	混凝土基础	基础（模板、钢筋、混凝土），预制构件基座	
		03	管道与手井	管道铺设、手井施作	
02	交通安全设施主体工程	01	线缆	线缆敷设	
		02	标线	标线施工	
		03	标示系统	标示杆安装、标示牌安装	
		04	警示系统	警示杆安装、警示牌安装、警示设施安装调试	
		05	监控系统	监控设备安装调试	
03	附属工程	01	隔离设施	隔离带、隔离护栏、防眩板安装	
		02	其他		

注：1. 本表所列为交通安全设施工程的安装工程；
2. 本表所列的分项工程为常规或常见项目，可根据实际情况增列或删减相应内容。

11. 市政基础设施厂（场）站工程机电设备安装工程

表1-12 市政基础设施机电设备安装工程分部（子分部）工程划分与代号索引表

分部工程代号	分部工程名称	子分部工程代号	子分部工程名称	分项工程名称	备注
01	水源厂设备安装工程	01	取水厂设备安装	格栅间、泵房、调流阀室、加氯间、地下水深井泵站等设备安装及调试	
		02	配水厂设备安装	配水溢流井、混合反应池、沉淀池、煤、碳滤池、设备间、活性炭再生间、臭氧发生器、加药间、加氯间、加氨间、配水泵房、回流泵房、污泥处理厂等设备安装及调试	
		03	控制、监控系统	控制、监控系统安装调试	
02	热源厂设备安装工程	01	锅炉及辅助设备安装	锅炉钢架及平台扶梯、锅炉及集箱、受热面、本体管道及阀部件、水压试验、烘、煮炉等	
		02	汽轮机及辅助设备安装	汽轮机、辅助设备安装及调试等	
		03	给水处理系统安装	软水设备、除氧设备、管道及阀部件安装及调试	
		04	燃烧系统安装	燃烧设备、管道及阀部件安装及调试	
		05	热水循环系统安装	管道及阀部件安装及系统调试	
		06	检修工艺设备安装	车床、机床等机修设备安装	
		07	燃料输送系统安装	锅炉运煤设备、燃油输送设备、燃气输送设备及附件安装、调试等	
		08	除渣除尘系统安装	锅炉吹灰装置、灰渣排除装置、除尘装置及附件安装、调试等	
		09	防腐保温	防腐保温施工	
03	燃气厂、站设备安装工程	01	天燃气门站（接收站）设备安装	清管系统、气体分析系统、加臭系统、过滤系统、计量系统、调压系统、放散系统等设备安装	
		02	燃气输（储）配厂设备安装	清管系统、处理净化系统、过滤系统、计量系统、调压系统、加压系统、储存系统设备安装	

续表

分部工程代号	分部工程名称	子分部工程代号	子分部工程名称	分项工程名称	备注
03	燃气厂、站设备安装工程	03	燃气调压站设备安装	过滤系统、计量系统、调压系统、放散系统设备安装	
		04	燃气加气站设备安装	处理净化系统、压缩系统、储存、计量系统、放散系统设备安装	
		05	液化储备、罐瓶厂设备安装	接取系统、储存系统、装卸系统、输送系统、灌装系统、倒残系统设备安装	
		06	液化气气化混气站设备安装	装卸系统、储存系统、气化系统、混气系统、调压系统设备安装	
		07	其他		
04	污水处理厂设备安装工程	01	污水预处理设备安装	粗细格栅安装、除渣设备安装	
		02	污水泵房设备安装	进水闸门、粗细格栅、除渣设备、提升水泵、止回阀门安装及调试	
		03	除砂设备安装	轨道、吸砂机、砂水分离器安装调试	
		04	初次沉淀设备安装	轨道、吸泥机、出水堰板安装调试	
		05	曝气设备安装	曝气机（器）安装调试	
		06	二次沉淀设备安装	导轨、刮泥机、出渣斗、堰板安装调试	
		07	污泥浓缩设备安装	导轨、吸泥机、堰板安装调试	
		08	污泥消化设备安装	加热设备、搅拌设备、沼气输出设备安装调试	
		09	污泥脱水及干化设备安装	污泥脱水、污泥加药、污泥冲洗、污泥输送设备安装调试	
		10	沼气收集及储存设备安装	沼气柜、沼气罐安装调试	
		11	中水处理设备安装	加药设备、出水设备、管道安装	
		12	其他设备安装		

续表

分部工程代号	分部工程名称	子分部工程代号	子分部工程名称	分项工程名称	备注
05	设备运行工艺连接管工程	01	给水管线	厂（场）站工程给水管线	
		02	燃气管线	厂（场）站工程燃气管线	
		03	热力管线	厂（场）站工程热力管线	
		04	污水管线	厂（场）站工程污水管线	
		05	污泥管线	厂（场）站工程污泥管线	
		06	处理水资源化再利用管线	厂（场）站工程处理水资源化再利用管线	
		07	空气管线	厂（场）站工程空气管线	
		08	沼气管线	厂（场）站工程沼气管线	
		09	其他管线		
06	电气及控制工程	01	电气动力	电动机、变压器、高低压柜、动力盘柜、控制箱、屏、防雷与接地装置安装调试，电缆（线）敷设接线，架空线路架设	
		02	电气照明	照明灯具、开关、插座、风扇、控制箱、柜安装调试、电缆（线）敷设接线	
		03	自控工程	计算机控制系统、自动化仪表控制系统等安装调试	
		04	视频监控	控制盘、监控设备、监控仪表、报警器、显示屏、终端监控设备、远传夜位显示系统安装调试	
		05	消防自控	火灾探测器、浓度报警器、报警控制器、消防联动控制器、区域显示器、手动报警按钮、模块、消防电源、电话、广播、照明、疏散指示灯安装、系统调试	
		06	其他	电讯、光缆及照明工程、火灾报警等	
07	厂区配套项目工程	01	市政工程	道路、给排水、燃气、热力管道及消防、绿化工程等	
		02	房建工程	锅炉房、站房、办公楼、宿舍楼、维修房、库房、传达室、围墙工程等	
		03	消防工程	水池、循环水池、水泵结合器、水炮、喷淋、水泵、阀门、消防柜等安装	

注：1. 本表所列为市政基础设施机电设备安装工程；
  2. 本表未涉及的机电设备安装前的基础工程（含厂区配套项目工程、房建工程等），可根据实际情况参照相应工程（道路、给排水、供热、供气和房建等工程）内容；
  3. 本表所列的分项工程为常规或常见项目，可根据实际情况增列、删减或调整相应内容。

1.2 工程资料管理

1.2.1 管理职责

工程资料管理应建立岗位责任制,工程资料的收集、整理应有专人负责,资料管理人员应经过相应的培训。

1. 一般要求

(1)工程资料的形成应符合国家相关的法律、法规、施工质量验收标准和规范、工程合同与设计文件等规定。

(2)工程各参建单位应将工程资料的形成和积累纳入工程建设管理的各个环节和有关人员的职责范围。

(3)工程资料应随工程进度同步收集、整理并按规定移交。

(4)工程资料应实行分级管理,由建设、监理、施工单位主管(技术)负责人组织本单位工程资料的全过程管理工作。建设过程中工程资料的收集、整理工作和审核工作应有专人负责,并按规定取得相应的岗位资格。

(5)各工程参建单位应确保各自文件的真实、有效、完整和齐全,对工程资料进行涂改、伪造、随意抽撤或损毁、丢失等的,应按有关规定予以处罚,情节严重的,应追究法律责任。

2. 工程各参建单位职责

(1)建设单位的资料管理职责

1)建设单位负责工程准备阶段文件(基建文件)管理工作,并设专人对工程准备阶段文件(基建文件)进行收集、整理和归档。

2)在工程招标及与勘察、设计、施工、监理等单位签订协议、合同时,应对工程资料和工程档案的编制责任、套数、费用、质量和移交时间等提出明确要求。

3)必须向参与工程建设的勘察、设计、施工、监理等单位提供与工程建设有关的资料。

4)由建设单位采购的建筑材料、构配件和设备,建设单位应保证建筑材料、构配件和设备符合设计文件和合同要求,并保证相关物资文件的完整、真实和有效。

5)应负责监督和检查各参建单位工程资料的形成、积累和立卷工作,也可委托监理单位检查工程资料的形成、积累和立卷工作。

6)应对须建设单位签认的工程资料签署意见。

7)应收集和汇总勘察、设计、监理和施工等单位立卷归档的工程档案。

8)应负责组织竣工图的绘制工作,也可委托施工单位、监理单位或设计单位,并按相关文件规定承担费用。

9)列入城建档案馆接收范围的工程档案,建设单位应在组织工程竣工验收前,提请城建档案馆进行预验收,未取得《建设工程竣工档案预验收意见》的,不得组织工程竣工验收。

10)建设单位应在工程竣工验收后三个月内将工程档案移交城建档案馆。

(2)勘察、设计单位的资料管理职责

1)应按合同和规范要求提供勘察、设计文件。

2)应对须勘察、设计单位签认的工程资料签署意见。

3)工程竣工验收时,应出具工程质量检查报告。

(3)监理单位的资料管理职责

1)应负责监理资料的管理工作,并设专人对监理资料进行收集、整理和归档。

2)应按照合同约定,在勘察、设计阶段,对勘察、设计文件的形成、积累、组卷和归档进行监督、检查;在施工阶段,应对施工资料的形成、积累、组卷和归档工作进行监督、检查,使施工资料的完整性、准确性符合有关要求。

3)列入城建档案馆接收范围的监理资料,监理单位应在工程竣工验收后两个月内移交建设单位。

(4)施工单位的资料管理职责

1)应负责施工资料的管理工作,实行技术负责人负责制,逐级建立健全施工资料管理岗位责任制。

2)应负责汇总各分包单位编制的施工资料,分包单位应负责其分包范围内施工资料的收集和整理,并对施工资料的真实性、完整性和有效性负责。

3)应在工程竣工验收前,完成工程施工资料的整理、汇总。

4)应负责编制两套施工资料,其中,移交建设单位一套,自行保存一套。

3. 城建档案馆的资料管理职责

(1)应负责接收、收集、保管和利用城建档案的日常管理工作。

(2)应负责对城建档案的编制、整理、归档工作进行监督、检查、指导,对国家和省市重点、大型工程项目的工程档案编制、整理、归档工作应指派专业人员进行指导。

(3)应在工程竣工验收前,对列入城建档案馆接收范围的工程档案进行预验收,并出具《建设工程竣工档案预验收意见》。

1.2.2 基建文件管理

(1)基建文件应符合下列规定:

1)基建文件是建设单位从立项申请并依法进行项目申报、审批、开工、竣工及备案全过程所形成的全部资料。按其性质可分为:立项决策、建设用地、勘察设计、招投标及合同、开工、商务、竣工备案及其他文件。

2)基建文件必须按有关行政主管部门的规定和要求进行申报,并保证相关手续及文件完整、齐全、有效。

3)基建文件宜按序分类、按文件形成时间编号。

(2)基建文件的形成,如图1-1基建文件形成流程图所示。

(3)决策立项文件包括:项目建议书(可行性研究报告)及其批复、有关立项的会议纪要及领导批示、项目评估研究资料及专家建议等。

(4)建设用地文件包括:征占用地的批准文件、国有土地使用证、国有土地使用权出让交易文件、规划意见书、建设用地规划许可证等。

(5)勘察设计咨询文件包括:工程地质勘察报告、环境检测报告、建设用地钉桩通知单、验线合格文件、审定设计方案通知书、设计图纸及设计计算书、施工图设计文件审查通知书、咨询报告等。

(6)招投标及合同文件包括:工程建设招标文件、投标文件、中标通知书及相关合同文件。

(7)开工文件包括:建设工程规划许可证、建设工程施工许可证等。

(8)商务文件包括:工程投资估算、工程设计概算、施工图预算、施工预算、工程结算等。

(9)竣工备案文件包括：工程施工许可（开工）文件、建设工程竣工验收备案表、政府相关部门有关许可（备案）文件、建设工程竣工档案预验收意见、工程竣工验收报告及其他方面的文件资料。

(10)其他文件包括：工程未开工前的原貌及竣工新貌照片、工程开工、施工、竣工的音像资料、物资质量证明文件、建设工程概况表等。

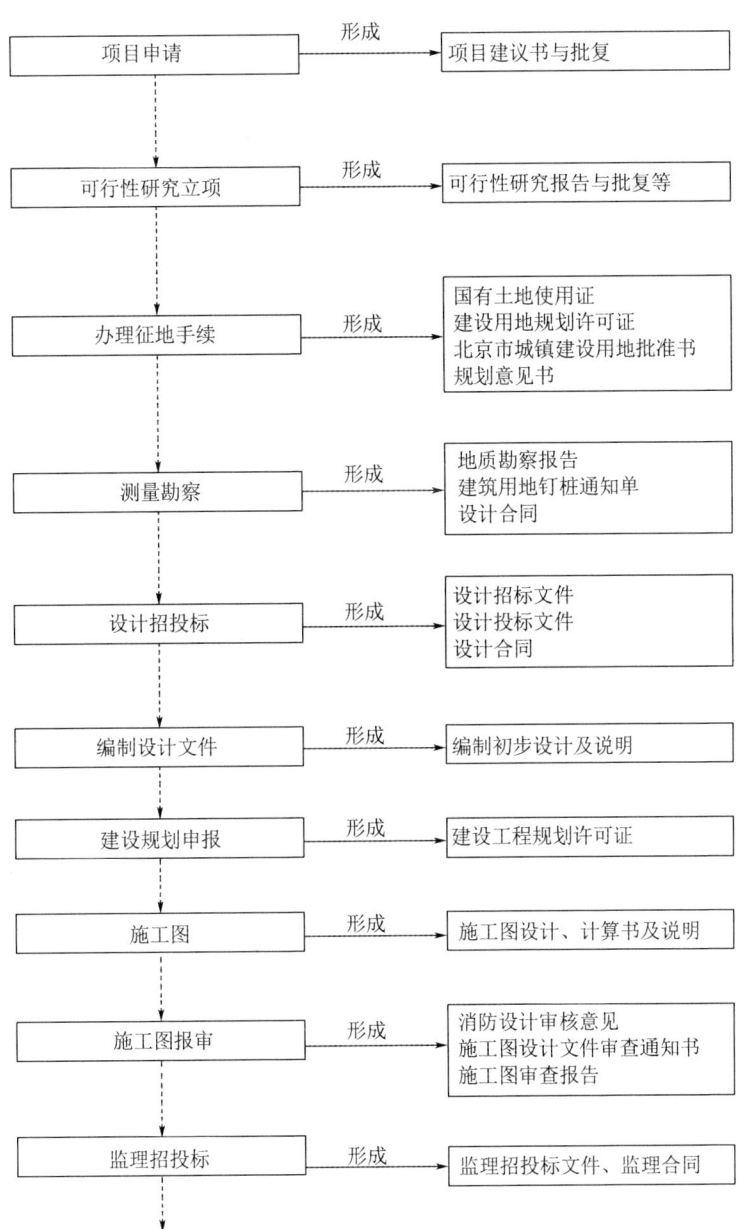

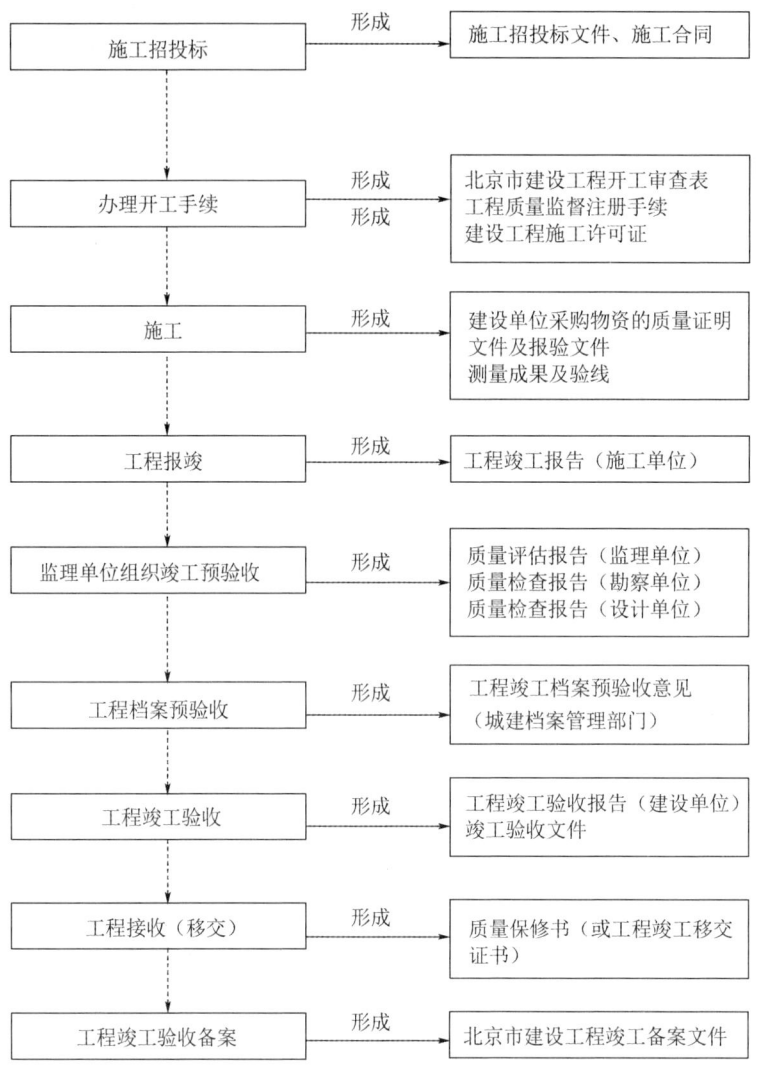

图 1-1 基建文件形成流程图

1.2.3 监理资料管理

1. 监理资料的管理要求

(1)监理资料是监理单位在工程建设监理活动过程中形成的全部资料。

(2)监理(建设)单位应在工程开工前按相关规定确定本工程的见证人员。见证人应履行见证职责,填写见证记录。

(3)监理规划应由总监理工程师审核签字,并经监理单位技术负责人批准。

(4)监理实施细则应由监理工程师根据专业工程特点编制,经总监理工程师审核批准。

(5)监理单位在编制监理规划时,应针对工程的重要部位及重要施工工序制定旁站监理方案,明确旁站监理的范围、内容、程序和旁站监理人员职责等。监理人员应根据旁站监理方案实施旁站,在实施旁站监理时应填写旁站监理记录。

(6)监理月报应由总监理工程师签认并报送建设单位和监理单位。

(7)监理会议纪要由项目监理部根据会议记录整理,经总监理工程师审阅,由与会各方代表会签。

(8)项目监理部的监理工作日志应由专人负责逐日记载。

(9)监理工程师对工程所用物资或施工质量进行随机抽检时,应填写监理抽检记录。

(10)监理工程师在监理过程中,发现不合格项时应填写不合格项处置记录。

(11)工程施工过程中如发生质量事故,项目总监理工程师应记录事故情况并以书面形式上报。

(12)项目总监理工程师在工程竣工预验收合格后应撰写工程质量评估报告,对工程建设质量做出综合评价。工程质量评估报告应由项目总监理工程师及监理单位技术负责人签认,并加盖公章。

(13)工程竣工验收合格后,项目总监理工程师及建设单位代表应共同签署竣工移交证书,并加盖监理单位、建设单位公章。

(14)工程竣工验收合格后,项目总监理工程师应组织编写监理工作总结并提交建设单位。

2. 监理资料的形成流程

监理资料宜按如图1-2所示流程形成。

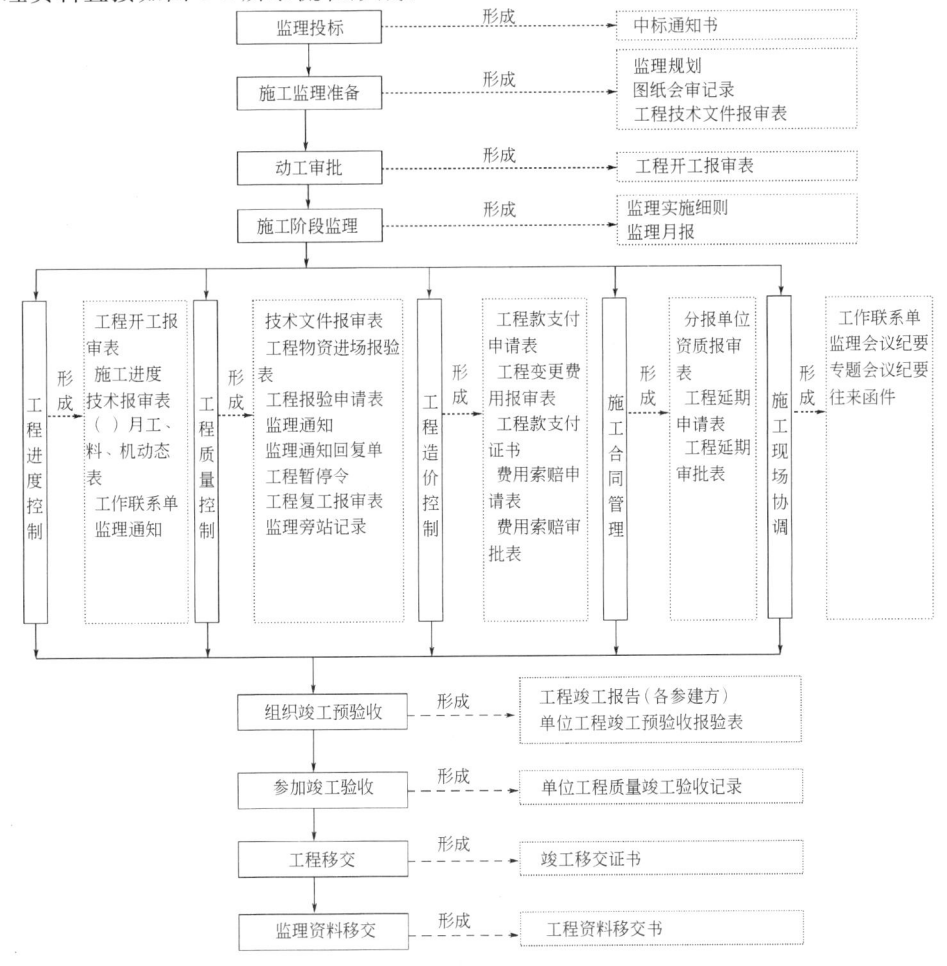

图1-2 监理资料形成框图

1.2.4 施工资料管理

施工资料是指施工单位在工程施工过程中形成的全部资料,按其性质可分为施工管理、施工技术、施工进度及造价资料、施工物资、施工记录、施工试验及检测报告、施工质量验收记录及工程竣工质量验收资料。

1. 施工资料管理要求

(1)施工资料应真实反映工程施工质量。

(2)施工组织设计应由施工单位企业技术负责人审批,报监理单位批准后实施。

(3)对于危险性较大的分部分项工程,施工单位应组织不少于5人的专家组,对专项施工方案进行论证审查。专家组应填写《危险性较大的分部分项工程专家论证表》,并将其作为专项施工方案的附件。

(4)建筑工程所使用的涉及工程质量、使用功能、人身健康和安全的各种主要物资必须有质量证明文件。质量证明文件应反映工程物资的品种、规格、数量、性能指标等,并与实际进场物资相符。

(5)进口物资使用说明书为外文版的,应翻译为中文,翻译责任者应签字。

(6)涉及安全、消防、卫生、环保、节能的有关物资的质量证明文件中,应有相应资质等级检测单位出具的相应检测报告,或市场准入制度要求的法定机构出具的有效证明文件。

(7)工程物资供应单位或加工单位负责收集、整理和保存所供物资原材料的质量证明文件,施工单位则需收集、整理和保存供应单位或加工单位提供的质量证明文件和进场后进行的试(检)验报告。各单位应对各自范围内工程资料的汇集、整理结果负责,并保证工程资料的可追溯性。

(8)凡使用的新材料、新产品,均应有由具备鉴定资格的单位或部门出具的鉴定证书,同时具有产品质量标准和试验要求,使用前应按其质量标准和试验要求进行试验或检验。新材料、新产品还应提供安装、维修、使用和工艺标准等相关技术文件。

(9)施工单位应在完成分项工程检验批施工,自检合格后,由项目专业质量检查员填写检验批质量验收记录表,报请项目专业监理工程师组织质量检查员等进行验收确认。

(10)分项工程所包含的检验批全部完工并验收合格后,应由施工单位技术负责人填写分项工程质量验收记录表,报请项目专业监理工程师组织有关人员验收确认。

(11)分部(子分部)工程所包含的全部分项工程完工并验收合格后,应由施工单位技术负责人填写分部(子分部)工程质量验收记录表,报请项目总监理工程师组织有关人员验收确认。

(12)地基与基础、主体结构分部工程完工,应由建设、监理、勘察、设计和施工单位进行分部工程验收并加盖公章。

(13)单位(子单位)工程的室内环境、建筑设备与工程系统节能性能等应检测合格并有检测报告。

(14)单位(子单位)工程完工后,应由施工单位填写单位工程竣工预验收报验表报项目监理部,申请工程竣工预验收。总监理工程师组织项目监理部人员与施工单位进行检查预验收,合格后总监理工程师签署单位工程竣工预验收报验表、单位(子单位)工程质量控制资料核查记录、单位(子单位)工程安全和功能检查资料核查及主要功能抽查记录和单位(子单位)工程观感质量检查记录等,并报建设单位,申请竣工验收。

(15)建设单位应组织设计、监理、施工等单位对工程进行竣工验收,各单位应在单位(子单位)工程质量竣工验收记录上签字并加盖公章。

(16)对音像资料的要求应按《建设电子文件与电子档案管理规范(附条文说明)》(CJJ/T 117—2007)执行。

2. 施工资料的形成流程

(1)施工技术及管理资料的形成,如图1-3所示。

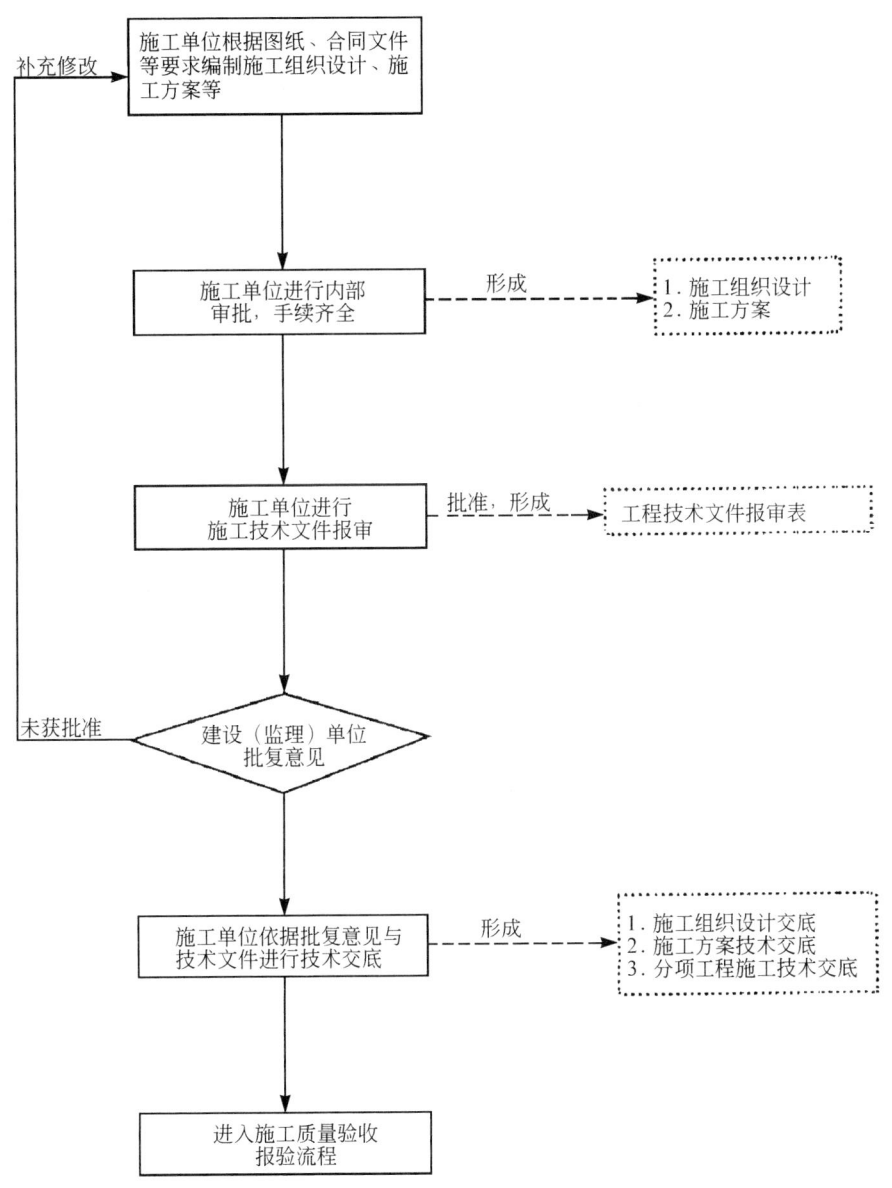

图1-3 施工技术及管理资料的形成流程

(2)施工物资及管理资料的形成,如图1-4所示。
(3)施工记录、施工试验及检测报告、施工质量验收记录及管理资料的形成,如图1-5所示。
(4)工程竣工质量验收资料的形成,如图1-6所示。

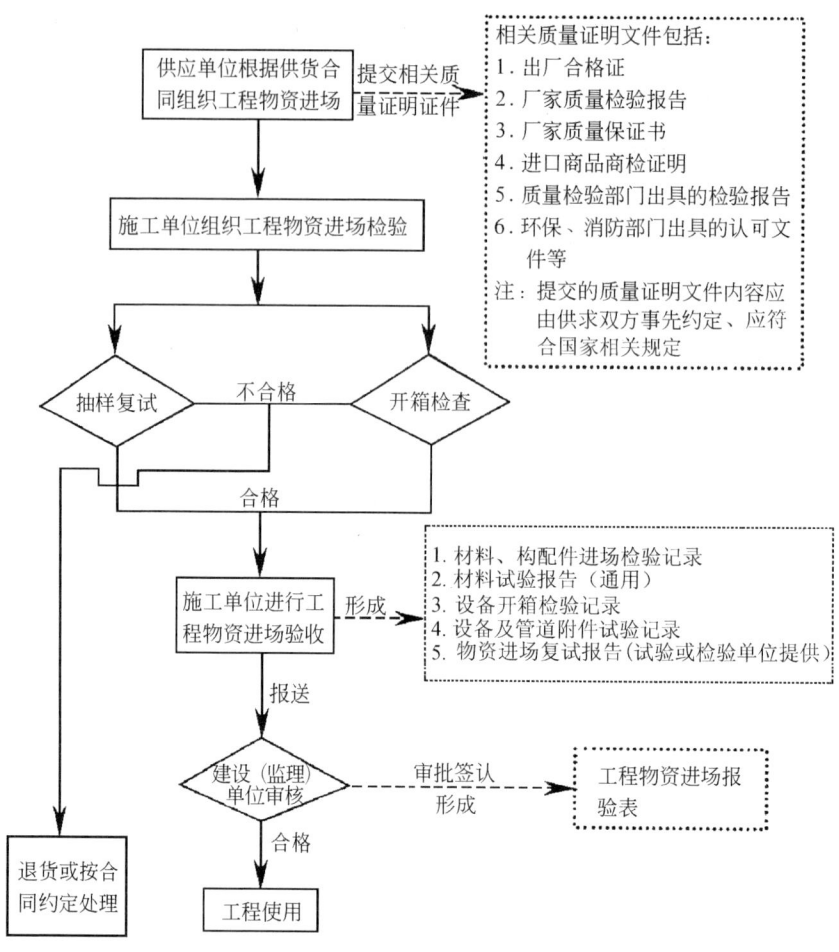

图 1-4 施工物资及管理资料形成流程

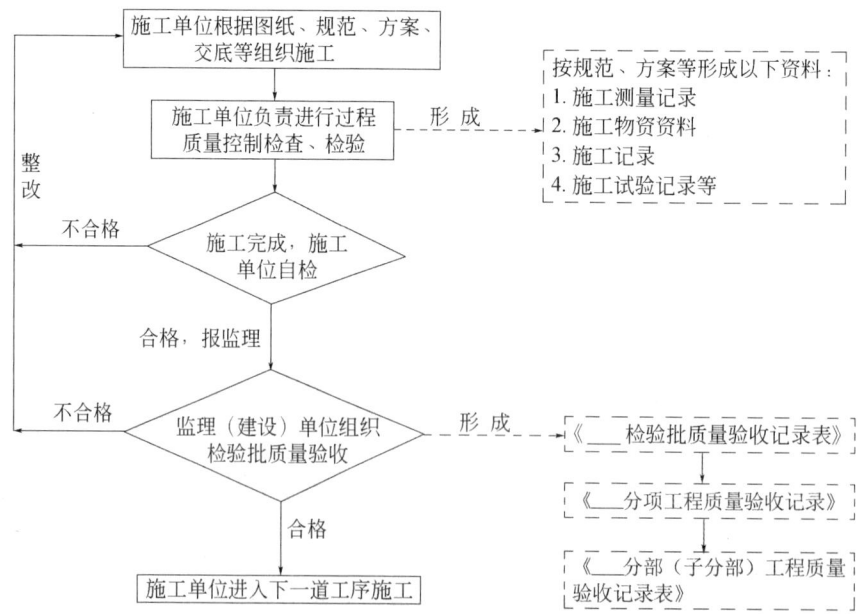

图 1-5 施工记录、施工试验及检测报告、施工质量验收记录及管理资料形成流程

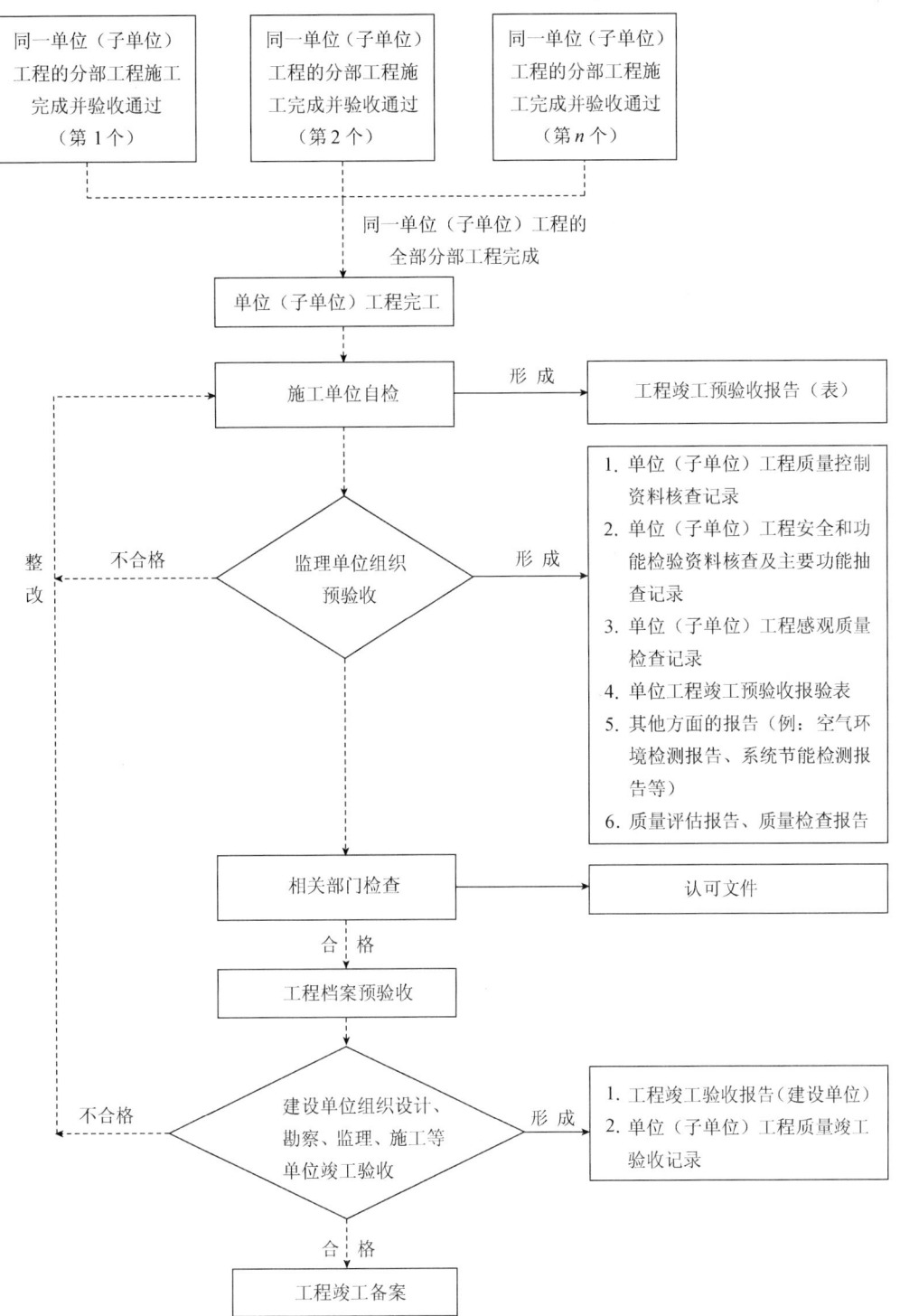

图 1-6 工程竣工质量验收资料形成流程

第 2 章　施工管理资料表格填写范例及说明

表式 C1-1

工程概况表 （表 C1-1）		编　　号	×××
工程名称	××市××路(××号～××号)热力外线工程		
建设地点	××市××路(××号～××号)	工程造价	××　（万元）
开工日期	××年××月××日	计划竣工日期	××年××月××日
监督单位	××市政监督站	工程分类	市政公用工程
施工许可证号	00(市政)2014·0896	监管注册号	×××
建设单位	××热力集团有限责任公司	勘察单位	××地质工程勘察院
设计单位	××热力工程设计公司	监理单位	××建设监理有限公司
施工单位	名　　称	××市政建设集团有限公司	单位负责人	×××
^	工程项目经理	×××	项目技术负责人	×××
^	现场管理负责人	×××	/	/
工程内容	施工图范围内施工场地的平整、热力隧道初衬暗挖、二衬结构、小室结构；管道、设备安装，管道试压；小室回填土方、竣工测量、恢复地容地貌、管线验收。		
结构类型	复合衬砌		
主要工程量	管径 DN1000,管线全长 4109.484m,供、回水各 1 根。		
主要施工工艺	测量定位→锁口圈梁浇筑→土方开挖→一衬喷射→二次衬砌→管道安装、焊接→强度试压→设备、附件安装→保温→总试压→竣工验收		
其　　他	无		

本表由施工单位填写。

《工程概况表》填表说明

【填写要点】

1."工程名称"栏要填写全称,与建设工程规划许可证、建设工程施工许可证、施工图纸中签的名称应一致。

2."建设地点"栏应填写邮政地址,写明区(县)、街道门牌号。

3."单位名称"栏的建设单位、设计单位、监理单位、施工单位均用法人单位的名称。

4."工程内容"栏要填写主要施工内容,如软基处理、路基填筑、路堑开挖、面层铺筑、桥梁基础施工、墩台施工、箱梁预制及安装、桥面系统及附属施工、沟槽开挖、管道安装、管道试压、土方回填、竣工测量、竣工验收等。

5."结构类型"栏填写主要工程部位的结构类型,如半刚性基层、沥青混凝土面层、现浇钢筋混凝土、复合衬砌等。

6."主要工程量"栏应填写主体工程工程量。

7."主要施工工艺"栏应填写主体工程施工工艺,附属工程的工艺可在其他栏中备注。

表式 C1-2

项目大事记
(表 C1-2)

编 号	×××

工程名称	××市××路(××路～××路)雨污水工程
施工单位	××市政建设集团有限公司

序号	年	月	日	内　　容
1	2014	2	25	工程正式开工,西线污水 4#～7# 井段开槽。
2	2014	5	29	4#～7# 井段进行闭水试验,渗水量小于允许渗水量规定,符合设计及规范要求。
3	2014	6	20	工程竣工,并开始竣工测量工作。
4	2014	6	24	该工程在政府质量监督机构的验收下,质量符合设计及施工规范要求,并完成验收备案工作。

项目负责人	×××	整理人	×××

本表由施工单位填写。

《项目大事记》填表说明

【填写要点】

1. 包括:开、竣工日期;停、复工日期;中间验收及关键部位的验收日期;质量、安全事故;获得的荣誉;重要会议;分承包工程招投标、合同签署;上级及专业部门检查、指示等情况的简述。

2. 填写日期要准确,填写内容应简明扼要。

3. 根据情况合理判定相关事宜是否为"项目大事",切忌将"非项目大事"的会议、检查等填入项目大事记表中。

表式 C1-3

施工日志
(表 C1-3)

编 号	×××

工程名称	××市××道路工程
施工单位	××市政建设集团有限公司

	天气状况	风力(级)	大气温度(℃)	日平均温度(℃)
白天	晴	3	34	29.5
夜间	晴	2	25	

生产情况记录：（施工生产的调度、存在问题及处理情况；安全生产和文明施工活动及存在问题等）

1. S1挡墙(K0+000～K0+020、K0+030～K0+040)基础混凝土二次浇筑部位的绑扎钢筋，浇筑C25混凝土24m³，绑扎钢筋6人，浇筑混凝土6人。
2. 中水(K2+280～K2+420)回填砂基。
   存在问题：K2+350～K2+420段基底出水；
   处理情况：清除泥水，回填砂石，其上再回填砂基。
   人员：8人；机械：装载机。
3. 焊接钢梁盖板钢筋：2人。
4. 污水3线6#顶坑开挖，5人。
5. 清扫道路及洒水。

技术质量工作记录：（技术质量活动、存在问题、处理情况等）

1. 办理了污水工程洽商(编号：××)。
2. 验收S1挡墙(K0+000～K0+020、K0+030～K0+040)基础混凝土二次模板，合格，浇筑混凝土。

项目负责人	×××	填写人	×××	日期	××年××月××日 星期×

本表由施工单位填写。

《施工日志》填表说明

【填写要求】

施工日志应以工程施工过程为记载对象,记载内容一般为:

首页整体性的描述:在施工日志的首页,要首先将工程整体性的有关内容描述清楚,主要包括单位工程概况、建设单位、设计单位、监理单位、施工单位、开竣工日期、施工负责人、技术负责人等。当一项工程由若干个施工单位共同施工时,应将各自管辖范围(里程)进行说明。

从工程开始施工起至工程竣工验收合格止,由项目负责人或指派专人逐日记载,并保证内容真实、连续和完整。

1. 施工日志是施工活动的原始记录,是编制施工文件、积累资料、总结施工经验的重要依据,由项目技术负责人具体负责。

2. 施工日志应以单位工程为记载对象,从工程开工起至工程竣工止,按专业指定专人负责逐日记载,并保证内容真实、连续和完整。

3. 施工日志可采用计算机录入、打印,也可按规定式样(印制的施工日志)用手工填写方式记录,并装订成册,但必须保证字迹清楚、内容齐全。施工日志填写须及时、准确、具体,不潦草,不能随意撕毁,妥善保管,不得丢失。

4. 当对工程资料进行核查时,或工程出现某些问题时,往往需要检查施工日志中的记录,以了解当时的施工情况。借助对某些施工资料中作业时间、作业条件、材料进场、试块养护等方面的横向检查对比,能够有效地核查资料的真实性与可靠性。

【填写要点】

1. 施工日志填写内容,应根据工程实际情况确定,一般应有以下内容:

(1) 当日生产情况记录(施工部位、施工内容、机械作业、班组工作、生产存在问题等),当日技术质量安全工作记录(技术质量安全活动、检查评定验收、技术质量安全问题等)。

(2) 每个工程项目的开、竣工日期、施工勘测资料、工程进度及上级有关指示;实际管网、拆迁、地质及水文地质情况。

(3) 施工中发生的问题,如变更设计、施工与设计图不符情况、变更施工方法、工程质量事故及其处理情况等。

2. 施工日志中,除记录生产情况和技术质量安全工作外,若施工中出现其他问题,也要反映在日志中。

3. 施工日志中不应填写与工程施工无关的内容(注意施工日志与工作日记的区别)。

表式 C1-4-1

工程质量事故记录
(表 C1-4-1)

编 号	×××

工程名称	××市政街道工程	建设地点	××市××路
建设单位	××股份公司	设计单位	××设计研究院
监理单位	××市政监理公司	施工单位	××市政建设集团
主要工程量	1200 万	事故发生时间	××年××月××日××时
预计经济损失	230 （万元）	报告时间	××年××月××日××时

发生质量事故部位、建(构)筑物结构类型、管道断面及规格等：
　　K3+×××～K3+×××线路左侧路堑大面积滑坡。

质量事故原因初步分析：
　　雨季施工措施不到位，开挖方式不符合要求。

质量事故发生后采取的措施：
　　尽快清理滑坡，与设计单位、建设单位联系做设计变更。

项目负责人	×××	记录人	×××

本表由施工单位填写。

表式 C1-4-2

工程质量事故调(勘)查记录
(表 C1-4-2)

编 号	×××

工程名称	××街道工程	日 期	××年××月××日
调(勘)查时间	××年××月××日××时××分至××年××月××日××时××分			
调(勘)查地点	××街道工程施工现场			
参加人员	单位名称	姓名(签字)	职 务	电 话
调(勘)查人员	××市政工程有限公司	×××	技术员	136×××
	××市政监理公司	×××	监理工程师	130×××
调(勘)查笔录	略			
现场证物照片	☑有　☒无　共×张　共×页			
事故证据资料	☑有　☒无　共×张　共×页			
调(勘)查负责人(签字)	×××	被调查单位负责人(签字)	×××	

本表由调查单位填写(笔录可另附页)。

表式 C1-4-3

工程质量事故处理记录
(表 C1-4-3)

编　号	×××

工程名称	××市政街道工程		
施工单位	××市政工程有限公司		
事故处理编号	×××	直接经济损失（万元）	×万元
事故处理情况	已做设计变更		
事故造成永久缺陷情况	无		
事故责任分析	责任归属施工单位		
对事故责任者的处理	对施工单位罚款××元		
调查负责人	×××	填表人	×××	填表日期	××年××月××日

本表由事故处理单位填写。

《工程质量事故记录》、《工程质量事故调(勘)查记录》、《工程质量事故处理记录》填表说明

【填写依据】

凡工程发生重大质量事故,施工单位应在规定时限内向监理、建设及上级主管部门报告,填写《工程质量事故记录》。建设、监理单位应及时组织质量事故的调(勘)查,调查情况须进行笔录,并填写《工程质量事故调(勘)查记录》;施工单位应严肃对待发生的质量事故并及时进行处理,处理后填写《工程质量事故处理记录》,并呈报调查组核查。

1. 工程质量事故分类

(1)按事故造成的后果可分为未遂事故和已遂事故。

(2)按事故产生的原因可分为指导责任事故和操作责任事故。

(3)按事故的性质又分为一般事故、严重事故和重大事故。

(4)依据住房和城乡建设部规定,工程质量事故按其性质分为三大类六个等级。

2. 质量事故的报告程序

(1)重大事故发生后,产生事故的单位必须以最快的方式,将事故的简要情况向上级主管部门和事故发生地的市、县级建设行政主管部门及检察、劳动(如有人身伤亡)部门报告;事故发生单位属于国务院部委的,应同时向国务院有关部门报告。

(2)事故发生地的市、县级建设行政主管部门接到报告后,应当立即向人民政府和省、自治区、直辖市建设行政主管部门报告;省、自治区、直辖市建设行政主管部门接到报告后,应当立即向人民政府、住房和城乡建设部报告。

(3)建设工程(产品)质量事故发生后,事故发生单位,必须在24h内,以口头、电话或书面形式及时报告监督机构和有关部门,并在48h内依据规定向监督机构填报《建设工程质量事故报告书》。

3. 工程质量事故的处理

施工现场存在重大质量隐患,可能造成质量事故或已经造成事故时,由监理、建设其他部门下达工程事故停工通知,在承包单位整改完毕并经有关部门复查,符合规定要求,下达复工通知后才可施工,重大质量事故应按国家有关规定处理,一般工程质量事故发生后,应由建设单位组织设计、监理、施工及有关部门进行事故调查、分析,监督机构参与事故的调查和分析,最后由设计提出处理方案,并及时上报监督机构,施工单位按处理方案处理后,还应请建设、设计、监理单位进行验收,并填写《建设工程质量事故处理报告》。

【填写要点】

1.质量事故发生后,填写质量事故报告时,应写明质量事故发生的时间、工程名称、建设地点、建设单位、设计单位、监理单位、施工单位等。

2.预计经济损失是指因质量事故进行返工、加固等实际损失的金额,包括人工费、材料费、机械费和一定数额的管理费。

3.质量事故原因初步分析,包括倒塌情况(整体倒塌或局部倒塌的部位)、损失情况(伤亡人数、损失程度、倒塌面积等);事故原因,包括设计原因(计算错误、构造不合理等)施工原因(施工粗制滥造、材料、构配件或设备质量低劣等)、设计与施工的共同问题、不可抗力等。

4.质量事故发生后采取的措施应写明对质量事故发生后采取的具体措施,对事故的控制情况及预防措施。

5.事故证据资料指可以记录证明现场事故发生情况的施工记录等文件。

6.事故处理情况,包括现场处理情况、设计和施工的技术措施。

表式 C1-5

施工现场质量管理检查记录

(表 C1-5)

工程名称	××市政街道工程			施工许可证(开工证)	××-×××
建设单位	××股份公司			项目负责人	×××
设计单位	××设计研究院			项目负责人	×××
监理单位	×××市政监理公司			总监理工程师	×××
施工单位	××市政建设集团	项目经理	×××	项目技术负责人	×××

序号	项目	内容
1	现场质量管理制度	齐全完备
2	工程质量检验制度	齐全完备
3	分包方资质及对分包单位管理制度	齐全完备
4	材料、设备管理制度	齐全完备
5	质量责任制	齐全完备
6	主要专业工种操作上岗证书	齐全完备
7	施工技术标准	齐全完备
8	施工图审查情况	齐全完备
9	施工组织设计(交通导行、环境保护等方案)编制及审批	齐全完备
10	地质勘察资料	齐全完备
11	施工检测设备与计量器具设置	齐全完备
12	数字图文记录	齐全完备
13	项目质量管理人员名册	齐全完备

检查结论:

备审查项目均齐全完备,合格。

总监理工程师 ×××　　　　　××年××月××日

本表由施工单位填写。

《施工现场质量管理检查记录》填表说明

【填写要点】

1. 表部部分

(1)工程名称:本栏要填写工程名称全称,要与合同或招标文件中的工程名称一致。"施工许可证(开工证)"栏填写当地建设行政主管部门批准发给的施工许可证(开工证)的编号。

(2)建设单位:本栏写合同文件中的甲方,单位名称要与合同签章上的单位相一致。建设单位"项目负责人"栏,要填写合同书上签字人或签字人以文字形式委托的代表——工程的项目负责人。工程完工后竣工验收备案表中的单位项目负责人应与此一致。

(3)设计单位:本栏填写设计合同中签章单位的名称,其全称应与印章上的名称一致。设计单位"项目负责人"栏,应是设计合同书签字人或签字人以文字形式委托的该项目负责人,工程完工后竣工验收备案表中的单位项目负责人应与此一致。

(4)监理单位:本栏填写单位全称,应与合同或协议书中的名称一致。"总监理工程师"栏应是合同或协议书中明确的项目监理负责人,也可以是监理单位以文件形式明确的该项目监理负责人,总监理工程师必须有监理工程师任职资格证书,并要与其各相关专业对口。

(5)施工单位:本栏填写施工合同中签章单位的全称,与签章上的名称一致。"项目经理"栏、"项目技术负责人"栏与合同中明确的项目经理、项目技术负责人一致。

2. 检查项目部分

(1)现场质量管理制度

1)核查现场质量管理制度内容是否健全、有针对性、时效性等。

2)质量管理体系是否建立,是否持续有效。

3)各级专职质量检查人员的配备。

(2)工程质量检验制度

检查工程质量检验制度是否健全。

(3)分包方资质与分包单位的管理制度

审查分包方资质是否符合要求;分包单位的管理制度是否健全。

1)承包单位填写《分包单位资质报审表》,报项目监理部审查。

2)审查分包单位的营业执照、企业资质等级证书、专业许可证、人员岗位证书。

3)审查分包单位的业绩。

4)经审查合格,签发《分包单位资质报审表》。

(4)材料、设备管理制度

现场材料、设备存放与管理。现场平面布置是否能满足现场材料、设备存放及施工;材料、设备是否有管理制度。

根据检查情况,将检查结果填到相对应的栏中。可直接将有关资料的名称写上,资料较多时,也可将有关资料进行编号填写,注明份数。

(5)质量责任制

检查质量责任制度是否具体及落实到位情况。

(6)主要专业工种操作上岗证书

检查主要专业工种的操作上岗证书是否在有效期内。

(7)施工技术标准

检查施工技术标准能否满足本工程的使用。

(8) 施工图审查情况

审查设计交底、图纸会审工作是否已经完成。

(9) 施工组织设计、施工方案(交通导行、环境保护等方案)编制及审批

1) 项目监理部可规定某些主要分部(分项)工程施工前,承包单位应将施工工艺、原材料使用、劳动力配置、质量保证措施等情况编写专项施工方案,填写《工程技术文件报审表》报项目监理部审核。

2) 在施工过程中,当承包单位对已批准的施工组织设计进行调整、补充或变动时,应经专业监理工程师审查,并应由总监理工程师签认。

3) 专业监理工程师应要求承包单位报送重点部位、关键工序的施工工艺和确保工程质量的措施,审核同意后予以签认。

4) 当承包单位采用新材料、新工艺、新设备时,专业监理工程师应要求承包单位报送相应的施工工艺措施和证明材料,组织专题论证,经审定后予以签认。

5) 上述方案经专业监理工程师审查,由总监理工程师签认。

(10) 地质勘查资料

检查地质勘查资料是否齐全。

(11) 施工检测设备与计量器具设置

核查检测设备与计量器具的标定日期。

(12) 数字图文记录

检查是否有相关图文记录,是否齐全有效。

(13) 项目质量管理人员名册

核查各主要管理部门是否均已登记在目录中。

3. 检查结论栏

由总监理工程师或建设单位项目负责人填写。

总监理工程师或建设单位项目负责人,对施工单位报送的各项资料进行验收核查,验收核查合格后,签署认可意见。

"检查结论"要明确所报送资料是否符合要求。如总监理工程师或建设单位项目负责人验收核查不合格,施工单位必须限期改正,否则不准许开工。

第3章 施工技术资料表格填写范例及说明

表式 C2-2

施工组织设计审批表 (表 C2-2)		编　号	×××
工程名称	××市××桥梁工程		
施工单位	××市政建设集团有限公司		
编制单位 (章)	××市政建设集团有限公司	编制人	×××

有关部门会签意见	技术部	主要施工方案和施工方法编制详细,有针对性、可行性、合理性和先进性,能够按计划实现。 签字:×××　××年××月××日
	质量 安全部	已明确建立健全质量管理体系、职业健康安全管理体系,并制定质量目标、职业健康安全目标,有关措施编制详细,有可行性、针对性,能够保证目标的实现。 签字:×××　××年××月××日
	环境部	已明确建立健全环境管理体系并制定环境目标、指标及管理方案。 签字:×××　××年××月××日
	设备 物资部	设备材料可按计划供应。 签字:×××　××年××月××日
	财务部	资金周转有保证。 签字:×××　××年××月××日
	经营部	同意。 签字:×××　××年××月××日
主管部门 审核意见		同意按此施工组织设计组织施工。 负责人签字:×××　××年××月××日
审批结论		该施工组织设计技术上可行,进度、质量、安全、环境目标能够实现,符合有关规范、标准和图纸及合同要求。同意按此施工组织设计实施。 审批人签字:×××　××年××月××日	审批单位 (章)

本表由施工单位填写。

《施工组织设计审批表》填表说明

【填写依据】

施工组织设计(项目管理规划)为统筹计划施工,科学组织管理,采用先进技术保证工程质量,安全文明生产,环保、节能、降耗,实现设计意图,是指导施工生产的技术性文件。单位工程施工组织设计应在施工前编制,并应依据施工组织设计编制部位、阶段和专项施工方案。施工组织设计编制的内容主要包括:工程概况、工程规模、工程特点、工期要求、参建单位等,施工平面布置图,施工部署及计划,施工总体部署及区段划分,进度计划安排及施工计划网络图,各种工、料、机、运计划表,质量目标设计及质量保证体系,施工方法及主要技术措施(包括冬、雨季施工措施及采用的新技术、新工艺、新材料、新设备等),大型桥梁、厂(场)、站等土建及设备安装复杂的工程应有针对单项工程需要的专项工艺技术设计。如模板及支架设计,地下基坑、沟槽支护设计,降水设计,施工便桥、便线设计,管涵顶进、暗挖、盾构法等工艺技术设计,现浇混凝土结构及(预制构件)预应力张拉设计,大型预制钢及混凝土构件吊装设计,混凝土施工浇筑方案设计,机电设备安装方案设计,各类工艺管道、给排水工艺处理系统的调试运行方案,轨道交通系统及其自动控制、信号、监控、通讯、通风系统安装调试方案等。

施工组织设计还应编写安全、文明施工、环保以及节能降耗措施。

施工方案是施工组织设计的核心内容,是工程施工技术指导文件。大型道路、桥梁结构、厂(场)站、大型设备工程的施工方案更直接关系着工程结构的质量及耐久性,方案必须按相关规程由相应的主管技术负责人负责组织编制,重大工程施工方案的编制应经过专家论证或方案研讨。

施工组织设计填写《施工组织设计审批表》,并经施工单位有关部门会签、主管部门归纳汇总后,提出审核意见,报审批人进行审批,施工单位盖章方为有效。审批内容一般应包括:内容完整性、施工指导性、技术先进性、经济合理性、实施可行性等方面。各相关部门根据职责把关。审批人应签署审查结论、盖章。在施工过程中如有较大的施工措施或方案变动时,还应有变动审批手续。

表式 C2-3

图纸审查记录
(表 C2-3)

编 号	×××

工程名称	××市××路道路扩建工程		
施工单位	××市政建设集团有限公司	技术负责人	×××
审查日期	××年××月××日	共 1 页	第 1 页

序 号	内 容
提出问题及修改建议	1.提出问题:(图纸编号:××、××、××) (1)有几个检查井的平面尺寸不明确,并缺施工详图。 (2)预留管的长度多少未标注。 (3)路基遇水塘如何处理不明确。 (4)土路基的回弹模量是多少未标明。 (5)DN300雨水口连接管的坡度是多少未标明。 2.修改建议: (1)Y_{128}井室尺寸按1750mm×1750mm施工,Y_{124}井室尺寸按1500mm×1500mm施工,所有预留井井室尺寸均按1000mm×1000mm施工;管径大于1200mm及井深大于4000mm的检查井由设计院另补出详图。其余检查井套用通用图。 (2)所有预留管均以作出路面一节管为准。 (3)路基施工如遇水塘,应先彻底清淤,然后采用塘渣回填,塘渣直径应小于100mm,并分层碾压密实,达到规定的压实度。 (4)土路基回弹模量为23MPa。 (5)DN300雨水口连接管的坡度为1%。

本表由施工单位填写。

表式 C2-4

图纸会审记录
(表 C2-4)

编 号	×××

工程名称	××市××路道路扩建工程	专业名称	道路
地点	建设单位会议室	日期	××年××月××日

序号	图号	图纸问题	图纸问题交底或答复
1	结施—3	底板主筋有无主次方向问题	有主次方向之分,横纵板筋上下方向不受限制。
2	结施—6	××段~××段地基标高有误	已发设计变更,按变更图纸进行施工。

签字栏	建设单位	监理单位	设计单位	施工单位
	×××	×××	×××	×××

本表由施工单位整理、汇总。

《图纸会审记录》填表说明

【填写依据】

1. 施工单位领取图纸后,应由项目技术负责人组织技术、生产、预算、测量及分包方等有关部门和人员对图纸进行审查。

2. 监理、施工单位应将各自提出的图纸问题及意见,按专业整理、汇总后报建设单位,由建设单位提交设计单位做交底准备。

3. 图纸会审应由建设单位组织设计、监理和施工单位技术负责人及有关人员参加。设计单位对各专业问题进行交底,施工单位负责将设计交底内容按专业汇总、整理,形成图纸会审记录。

4. 图纸会审记录应由建设、设计、监理和施工单位的项目相关负责人签认,形成正式图纸会审记录。不得擅自在会审记录上涂改或变更其内容。

5. 图纸的会审内容:

(1)图纸会审时,应重点审查施工图的有效性、对施工条件的适应性、各专业之间和全图与详图之间的协调一致性等。

(2)设计图纸是否齐全,手续是否完备;设计是否符合国家有关的经济和技术政策、规范规定,图纸总的做法说明(包括分项工程做法说明)是否齐全、清楚、明确,与其他分项和节点大样图之间有无矛盾;设计图纸之间相互配合的尺寸是否相符,分尺寸与总尺寸、大、小样图、水电安装图之间互相配合的尺寸是否一致,有无错误和遗漏;设计图纸本身、结构各构件之间,在立体空间上有无矛盾,预留孔洞、预埋件、大样图或采用标准构配件图的型号、尺寸有无错误与矛盾。

(3)总图的构筑物坐标位置与单位工程建筑平面图是否一致;构筑物的设计标高是否可行;基础的设计与实际情况是否相符;构筑物及管线之间有无矛盾。

(4)主要结构的设计在强度、刚度、稳定性等方面有无问题,主要部位的构造是否合理,设计能否保证工程质量和安全施工。

(5)设计图纸的结构方案与施工单位的施工能力、技术水平、技术装备有无矛盾;采用新技术、新工艺,施工单位有无困难;所需特殊材料的品种、规格、数量能否解决,专用机械设备能否保证。

(6)安装专业的设备、管架、钢结构立柱、金属结构平台、电缆、电线支架以及设备基础是否与工艺图、电气图、设备安装图和到货的设备相一致;传动设备、随机到货图纸和出厂资料是否齐全,技术要求是否合理,是否与设计图纸及设计技术文件相一致,底座同基础是否一致;管口相对位置、接管规格、材质、坐标、标高是否与设计图纸一致;管道、设备及管件需防腐衬里、脱脂及特殊清洗时,设计结构是否合理,技术要求是否切实可行。

表式 C2-5

技术交底记录
(表 C2-5)

编 号	×××

工程名称	××市××水厂工程		
分部工程名称	主体结构工程	分项工程名称	装配式混凝土结构
施工单位	××市政建设集团	交底日期	××年××月××日

交底内容：

1. 钢筋成型与安装

成型前必须按设计要求配制钢筋的级别、钢种、根数、形状、直径等；绑扎成型时，钢丝必须扎紧，不得有滑动、折断、移位等情况；成型后的网片或骨架必须稳定牢固，在安装及浇注混凝土时不得松动或变形；受力钢筋同一截面内、同一根钢筋上只准有一个接头；绑扎或焊接接头与钢筋弯曲处相距不应小于10倍主筋直径，也不宜位于最大弯矩处；钢筋网片和骨架成型允许偏差应符合《城市桥梁工程施工与质量验收规范》(CJJ 2—2008)表 6.5.8 和表 6.5.9 的规定。

2. 模板

模板及支撑不得有松动、跑模或变形等现象；模板必须拼缝严密，不得漏浆，模内必须洁净；凡需起拱的构件模板，其预留拱度应符合规定。

3. 水泥混凝土构件

混凝土的原材料、配合比必须符合有关标准、规范的规定，强度必须符合设计要求；强度的检验可做抗压试验；混凝土构件不得有蜂窝、露筋等现象，如有硬伤、掉角等缺陷均应修补完好；其允许偏差应符合 CJJ 2—2008 的规定。

4. 水泥混凝土构件（梁、板）安装

梁、板安装必须平稳，支点处必须接触严密、稳固；相邻梁或板之间的缝隙必须用细石混凝土或砂浆嵌填密实；伸缩缝必须全部贯通，不得堵塞或变形，活动支座必须按设计要求上油润滑；支座接触必须严密，不得有空隙，位置必须符合设计要求；梁、板安装允许偏差应符合 CJJ 2—2008 表 13.7.3—2 的规定。

审 核 人	交 底 人	接受交底人
×××	×××	×××

本表由施工单位填写。

《技术交底记录》填表说明

【填写依据】

施工技术交底是指工程施工前由主持编制该工程技术文件的人员向实施工程的人员说明工程在技术上、作业上要注意和明确的问题,是施工企业一项重要的技术管理制度。交底的目的是为了使操作人员和管理人员了解工程的概况、特点、设计意图、采用的施工方法和技术措施等。施工技术交底一般都是在有形物(如文字、影像、示范、样板等)的条件下向工程实施人员交流如何实施工程的信息,以达到工程实施结果符合文字要求或影像、示范、样板的效果。

1. 交底内容及形式

(1)交底内容

不同的施工阶段、不同的工程特性都必须保持实施工程的管理人员和操作人员始终都了解交底者的意图。

1)技术交底应包括施工组织设计交底、专项施工方案技术交底、分项工程施工技术交底、"四新"(新材料、新产品、新技术、新工艺)技术交底和设计变更技术交底,各项交底应有文字记录,交底双方签认应齐全;

2)重点和大型工程施工组织设计交底应由施工企业的技术负责人对项目主要管理人员进行交底。其他工程施工组织设计交底应由项目技术负责人进行交底;施工组织设计交底的内容包括:工程特点、难点、主要施工工艺及施工方法、进度安排、组织机构设置与分工及质量、安全技术措施等;

3)专项施工方案技术交底应由项目专业技术负责人负责,根据专项施工方案对专业工长进行交底,如有编制关键、特殊工序的作业指导书以及特殊环境、特种作业的指导书,也必须向施工作业人员交底,交底内容为该专业工程、过程、工序的施工工艺、操作方法、要领、质量控制、安全措施等;

4)分项工程施工技术交底应由专业工长对专业施工班组(或专业分包)进行交底;

5)"四新"技术交底应由项目技术负责人组织有关专业人员编制;

6)设计变更技术交底应由项目技术部门根据变更要求,并结合具体施工步骤、措施及注意事项等对专业工长进行交底。

(2)交底形式

施工技术交底可以用会议口头沟通形式或示范、样板等作业形式,也可以用文字、图像表达形式,但都要形成记录并归档。

2. 技术交底的实施

技术交底制度是保证交底工作正常进行的项目技术管理的重要内容之一。项目经理部应在技术负责人的主持下建立适应本工程正常履行与实施的施工技术交底制度。

技术交底实施的主要内容:

(1)技术交底的责任:明确项目技术负责人、专业工长、管理人员、操作人员等的责任。

(2)技术交底的展开:应分层次展开,直至交底到施工操作人员。交底必须在作业前进行,并有书面交底资料。

(3)技术交底前的准备:有书面的技术交底资料或示范、样板演示的准备。

(4)安全技术交底:施工作业安全、施工设施(设备)安全、施工现场(通行、停留)安全、消防安全、作业环境专项安全以及其他意外情况下的安全技术交底。

(5)技术交底的记录：作为履行职责的凭据，技术交底记录的表格应有统一的标准格式，交底人员应认真填写表格并在表格上签字，接受交底人也应在交底记录上签字。

(6)交底文件的归档：技术交底资料和记录应由交底人整理归档。

(7)交底责任的界定：重要的技术交底应在开工前界定。交底内容编制后应由项目技术负责人批准，交底时技术负责人应到位。

(8)例外原则：外部信息或指令可能引起施工发生较大变化时应及时向作业人员交底。

3. 技术交底注意事项

(1)技术交底必须在该交底对应项目施工前进行，并应为施工留出足够的准备时间。技术交底不得后补。

(2)技术交底应以书面形式进行，并辅以口头讲解。交底人和被交底人应履行交接签字手续。技术交底及时归档。

(3)技术交底应根据施工过程的变化，及时补充新内容。施工方案、方法改变时也要及时进行重新交底。

(4)分包单位应负责其分包范围内技术交底资料的收集整理，并应在规定时间内向总包单位移交。总包单位负责对各分包单位技术交底工作进行监督检查。

表式 C2-6

工程洽商记录
(表 C2-6)

编　号	×××

工程名称	××市××路××桥梁工程	专业名称	桥梁
提出单位名称	××市政建设集团	日　期	××年××月××日
内容摘要	桩间尺寸		

序号	图号	洽商内容
1	施结－2	原总体布置图，A－A中间桩间尺寸与平剖面图尺寸不相符
2	施结－3	原总体布置图，B－B中间桩间尺寸与平剖面图尺寸不相符

签字栏	建设单位	监理单位	设计单位	施工单位
	×××	×××	×××	×××

本表由提出单位填写。

表式 C2-8

工程设计变更、洽商一览表
(表 C2-8)

编　号	×××

工程名称	××市政桥梁工程
施工单位	××市政工程建设集团

序号	变更、洽商单号	页数	主要变更、洽商内容
1	商－01	1	桥面铺装层结构变更
2	商－02	1	回弹模量数值变更

技术负责人： ××× ××年××月××日	填表人： ××× ××年××月××日

本表由施工单位填写。

《工程设计变更、洽商一览表》、《工程洽商记录》填表说明

【填写依据】

设计变更、洽商记录是施工过程中,由于设计图纸本身差错,设计图纸与实际情况不符,施工条件变化,原材料的规格、品种、质量不符合设计要求及职工提出合理化建议等原因,需要对设计图纸部分内容进行修改而办理的工程设计变更、洽商记录文件。设计变更、洽商记录应分专业办理,内容详实,必要时应附图,并逐条注明应修改图纸的图号。

1. 设计变更

(1)设计单位应及时下达设计变更通知单,设计变更通知单应由设计专业负责人以及建设(监理)和施工单位的相关负责人签认。

(2)工程设计由施工单位提出变更时,例如钢筋代换、细部尺寸修改等重大技术问题,必须征得设计单位和建设、监理单位的同意。

(3)工程设计变更由设计单位提出,如设计计算错误、做法改变、尺寸矛盾、结构变更等问题,必须由设计单位提出变更设计联系单或设计变更图纸,由施工单位根据施工准备和工程进展情况,做出能否变更的决定。

(4)遇有下列情况之一时,由设计单位签发设计变更通知单或变更图纸:

1)当决定对图纸进行较大修改时。

2)施工前及施工过程中发现图纸有差错,做法、尺寸有矛盾,结构变更或与实际情况不符时。

3)由建设单位对构造、细部做法、使用功能等方面提出设计变更时,必须经过设计单位同意,并由设计单位签发设计变更通知单或设计变更图纸。

2. 工程洽商

(1)工程洽商可由技术人员办理,专业的洽商由相应专业工程师负责办理。工程分包方的有关洽商记录,应经工程总承包单位确认后方可办理。

(2)工程洽商内容若涉及其他专业、部门及分包方,应征得有关专业、部门、分包方同意后,方可办理。

(3)工程洽商记录应由设计专业负责人以及建设、监理和施工单位相关负责人签认。设计单位如委托建设(监理)单位办理签认,应办理委托手续。

(4)设计图纸交底后,应办理一次性工程洽商记录。

(5)施工过程中增发、续发、更换施工图时,应同时签办洽商记录,确定新发图纸的起用日期、应用范围及与原图的关系;如有已按原图施工的情况,要说明处置意见。

(6)各责任人在收到工程洽商记录后,应及时在施工图纸上对应的部位标注洽商记录日期、编号、更改内容。

(7)工程洽商记录需进行更改时,应在洽商记录中写清原洽商记录日期、编号、更改内容,并在原洽商被修正的条款上注明"作废"标记。

(8)同一地区内相同的工程,如需同一个洽商(同一设计单位,工程的类型、变更洽商的内容和部位相同),可采用复印件或抄件,但应注明原件存放处。

第4章　工程物资资料表格填写范例及说明

表式 C3-1

工程物资选样送审表
（表 C3-1）

编　号：×××

工程名称	××市政桥梁工程
施工单位	××建设集团有限公司

致 ××建设监理公司 （监理/建设单位）：

现报上本工程下列物资选样文件，为满足工程进度要求，请在 ×× 年 ×× 月 ×× 日之前予以审批。

物资名称	规格型号	生产厂家	拟使用部位
预拌混凝土	C30	××混凝土有限公司	承台

附件：

- ☑ 生产厂家资质文件　　8　页　　☑ 工程应用实例目录　　12　页
- ☑ 产品性能说明书　　　6　页　　☑ 报价单　　　　　　　3　页
- ☐ 质量检验报告　　　　　　页　　☐ 　　　　　　　　　　　页
- ☐ 质量保证书　　　　　　　页　　☐ 　　　　　　　　　　　页

技术负责人：×××　　申报人：×××　　　　　　申报日期：××年××月××日

施工单位审核人意见：

同意《工程物资选样送审表》报监理、设计、建设单位审核。

☑有/☐无　附页

审核人：×××　　　　　　　　　　　　　　　审核日期：××年××月××日

监理单位审核意见：	设计单位审核意见：
同意	同意
监理工程师：×××　××年××月××日	设计负责人：×××　××年××月××日

建设单位审定意见：

☑ 同意使用　　　☐ 规格修改后再报　　　☐ 重新选样

技术负责人：×××　　　　　　　　　　　　　　　　　　××年××月××日

本表由施工单位填报。

表式 C3-2

主要设备、原材料、构配件质量证明文件及复试报告汇总表
（表 C3-2）

编 号	×××

工程名称	××市××路道路桥梁工程
施工单位	××市政建设集团有限公司

材料（设备）名称	规格型号	生产厂家	单位	数量	使用单位	出厂证明或试验、检测单编号	出厂或试验日期
石灰粉煤灰稳定碎石		××水泥制品有限公司	t	4500	道路基层	×××	××年××月××日
沥青混合料	AC-16 I	××沥青混凝土公司	t	650	道路面层	×××	××年××月××日
板式橡胶支座	200mm×250mm×37mm	××橡胶厂	块	280	桥梁	×××	××年××月××日
预制预应力梁	15m/20m	××预应力构件厂	片	72	上部结构	×××	××年××月××日
APP改性沥青防水卷材	幅宽1000mm 厚度3mm	××防水材料有限公司	卷	68	桥面防水层	×××	××年××月××日
TST弹塑体		××工程制品有限公司	m	73	桥面伸缩缝	×××	××年××月××日
地袱、隔离带、人行道板	C30	××水泥构件厂	块	248	桥面系	×××	××年××月××日
钢管		××工程制品有限公司	m	116	栏杆	×××	××年××月××日
钢管		××工程制品有限公司	根	40	泄水管	×××	××年××月××日
路缘石	C30	××水泥构件厂	块	224	桥面系	×××	××年××月××日
路缘石	C30	××水泥构件厂	块	766	附属道路	×××	××年××月××日
钢筋	HPB 235 Φ8	××钢铁有限公司	t	17.5	桥梁梁板	×××	××年××月××日
钢筋	HPB 235 Φ10	××钢铁有限公司	t	30.5	桥梁梁板	×××	××年××月××日
钢筋	HRB 335 Φ12	××钢铁有限公司	t	73.6	桥梁梁板	×××	××年××月××日
钢筋	HRB 335 Φ16	××钢铁有限公司	t	27.9	桥梁梁板	×××	××年××月××日
钢筋	HRB 335 Φ20	××钢铁有限公司	t	21.5	桥梁梁板	×××	××年××月××日
钢筋	HRB 335 Φ22	××钢铁有限公司	t	84.8	桥梁梁板	×××	××年××月××日
钢筋	HRB 335 Φ25	××钢铁有限公司	t	40.9	桥梁梁板	×××	××年××月××日
技术负责人	×××				填表人	×××	

本表由施工单位填写。

表式 C3-3-1

半成品钢筋出厂合格证
(表 C3-3-1)

编　号	×××

工程名称	××市××路桥梁工程						
委托单位	××市政建设集团有限公司					合格证编号	×××
供应总量	89.2 t		加工日期	××年××月××日		供货日期	××年××月××日
序号	级别规格	供应数量(t)	进货日期	生产厂家	原材报告编号	复试报告编号	使用部位
1	HRB 335 Φ22	34.6	××年××月××日	××钢铁有限公司	2014-1142	2014-0139	墩台

备注：
符合出厂要求，质量合格，同意出厂。

技术负责人	填表人	加工单位（章）
×××	×××	钢材加工厂

出厂日期： ××年××月××日

本表由半成品钢筋供应单位提供。

《半成品钢筋出厂合格证》填表说明

本表参照《混凝土结构工程施工质量验收规范》(GB 50204—2015)标准填写。

【填写依据】

1. 钢筋采用场外委托加工时,钢筋资料应分级管理,加工单位应保存钢筋的原材出厂质量证明、复试报告、接头连接试验报告等资料,并保证资料的可追溯性。

2. 场外委托加工的钢筋质量应由加工单位负责,施工单位仅需保留出厂合格证并对进场钢筋做外观检查。但用于承重结构的钢筋和钢筋连接接头,若通过进场外观检查对其质量产生怀疑或监理、设计单位有特殊要求时,可进行力学性能和工艺性能的抽样复试。如监理或设计单位提出复试要求的,应事先约定进场取样复试的原则与要求。

【填写要点】

1. 合格证中应包括:工程名称、委托单位、合格证编号、供应总量、加工及供货日期、钢筋级别规格、生产厂家、原材及复试报告编号、使用部位、加工单位技术负责人(签字)、填表人(签字)、加工单位盖章等内容。

2. 合格证编号指加工单位出具的半成品钢筋出厂合格证的编号。

3. 原材报告编号指生产厂家的钢筋原材出厂质量证明书的编号。

4. 复试报告编号指钢筋进场后取样复试报告的编号。

表式 C3-3-2

预拌混凝土出厂合格证
(表C3-3-2)

编 号	×××

订货单位	××市政建设集团有限公司					
工程名称	××市××路桥梁工程			浇筑部位	1-A、1-C桥头搭板	
强度等级	C25	抗渗等级	/	供应数量	25.0 m³	
供应日期	××年××月××日			配合比编号	2014-0871	
原材料名称	水泥	砂	石	掺合料	外加剂	
品种及规格	P·O 42.5	中砂	碎石 5~20	粉煤灰Ⅰ级	缓凝高效减水剂	
试验编号	C2014-0028	S2014-0036	G2014-0038	F2014-0021	A2014-0012	

每组抗压强度值(MPa)	试验编号	强度值	试验编号	强度值	备注:
	2014-0843	36.6			

每组抗折强度值(MPa)	试验编号	抗冻等级	试验编号	抗冻等级	

抗冻试验	试验编号	抗冻等级	试验编号	抗冻等级	

抗渗试验	试验编号	抗渗等级	试验编号	抗渗等级	

抗压强度统计结果			结论:
组数(n)	平均值(MPa)	最小值(MPa)	
1	36.6	36.6	

技术负责人	填表人
×××	×××

填表日期:	××年××月××日

本表由预拌混凝土供应单位提供。

《预拌混凝土出厂合格证》填表说明

本表参照《预拌混凝土》(GB/T 14902—2012)标准填写。

【填写依据】

1.预拌混凝土的生产和使用应符合《预拌混凝土》(GB/T 14902—2012)的规定。施工现场使用预拌混凝土前应有技术交底和具备混凝土工程的标准养护条件,并在混凝土运送到浇筑地点15min内按规定制作试块。

2.预拌混凝土供应单位必须向施工单位提供以下资料:配合比通知单、预拌混凝土运输单、预拌混凝土出厂合格证(32d内提供)、混凝土氯化物和碱总量计算书。

3.预拌混凝土供应单位除向施工单位提供上述资料外,还应保证以下资料的可追溯性:

试配记录、水泥出厂合格证和试(检)验报告、砂和碎(卵)石试验报告、轻集料试(检)验报告、外加剂和掺合料产品合格证和试(检)验报告,开盘鉴定、混凝土抗压强度报告(出厂检验混凝土强度值应填入预拌混凝土出厂合格证)、抗渗试验报告(试验结果应填入预拌混凝土出厂合格证)、混凝土坍落度测试记录(搅拌站测试记录)和原材料有害物含量检测报告。

【填写要点】

预拌混凝土出厂合格证由供应单位负责提供,应包括以下内容:使用单位、合格证编号、工程名称与浇筑部位、混凝土强度等级、抗渗等级、供应数量、供应日期、原材料品种与规格和试验编号、配合比编号、混凝土28d抗压强度值、抗渗等级性能试验、抗压强度统计结果及结论,技术负责人(签字)、填表人(签字)、供应单位盖章。

合格证要填写齐全,无未了项,不得漏项或错填。数据真实,结论正确,符合要求。

表式 C3-3-3

预制钢筋混凝土构件、管材出厂合格证
（表 C3-3-3）

编 号	×××

工程名称	××市××路桥梁工程				
构件名称	空心板				
构件规格型号	3300mm×980mm×150mm		构件编号	ZL15-A	
混凝土浇筑日期	××年××月××日	构件出厂日期	××年××月××日	养护方法	标准养护
设计混凝土强度等级	C40	构件出厂强度	143		MPa
主筋牌号、种类	热轧带肋	直径	12 mm	试验编号	2014-0301
预应力筋牌号、种类	7ϕ5	标准抗拉强度	1570 MPa	试验编号	2014-0140
预应力张拉记录编号	007				

质量情况（外观、结构性能等）：

符合出厂要求

技术负责人	填表人	企业等级： 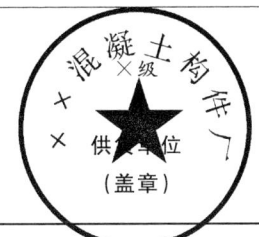
×××	×××	
签发日期	××年××月××日	

本表由预制混凝土构件单位提供。

《预制钢筋混凝土构件、管材出厂合格证》填表说明

本表参照《混凝土结构工程施工质量验收规范》(GB 50204—2015)标准填写。

【填写依据】

1. 预制混凝土构件应有出厂合格证,国家实行产品备案的,应按规定有产品备案编号。

2. 预制混凝土构件的出厂合格证应及时收集、整理,不允许涂改、伪造、随意抽撤或损毁。

3. 预制混凝土构件的质量必须合格,如需采取技术处理措施的,应满足有关技术要求,并经有关技术负责人和设计人批准签认后方可使用。

4. 预制混凝土构件合格证的抄件(复印件)应注明原件存放单位,并有抄件人、抄件(复印)单位的签字和盖章。

5. 预制混凝土构件出厂合格证是生产厂家质检部门提供给使用单位作为证明其产品质量合格的依据,资料员应及时催要和验收。预制混凝土构件出厂合格证中应有委托单位、工程名称、合格证编号、合同编号、构件名称、型号、数量和生产日期、混凝土的设计强度等级、配合比编号、出厂强度、主筋的种类及规格、机械性能、结构性能、产品备案证等。各项应填写齐全,不得错漏。

6. 进场预制混凝土构件应逐项进行外观检查并应抽5%的构件进行允许偏差项目的实测实量。检查、量测的质量要求详见预制混凝土构件的质量验收规范。

7. 此部分资料应归入原材料、半成品、成品出厂质量证明和质量试(检)验报告分册中。

8. 合格证应折成16开纸大小或贴在16开纸上。

9. 合格证应按时间先后顺序排列并编号,不得遗漏。

10. 建立分目录表,不得遗漏。

【填写要点】

1. 预制混凝土构件出厂合格证应有生产厂家质检部门的盖章。

2. 预制混凝土构件出厂合格证应有合格证编号和生产日期,便于和构件厂的有关资料查证核实。

3. 要验看合格证中各项目数据是否符合规范规定值。

4. 如预制混凝土构件有质量问题,经有关技术负责人和设计人批准签认后采取技术措施的,应在合格证上注明使用的工程项目和部位。

5. 预制混凝土构件合格证应与实际所用预制混凝土构件物证吻合。相关施工技术资料有:施工试验记录、施工记录、施工日志、隐检记录、预检记录、施工组织设计、技术交底、工程质量验收记录、设计变更、洽商记录和竣工图。

表式 C3-3-4

钢构件出厂合格证
(表 C3-3-4)

编 号	×××

工程名称	××市××路跨线桥钢结构工程	合格证编号	×××
委托单位	××钢结构工程有限公司		
供应总量	×× (t)	加工日期	××年××月××日	出厂日期	××年××月××日

序号	构件名称	构件编号	构件单重(kg)	构件数量	使用部位
1	钢梁	1#	85	6	跨线桥

附:
1. 焊工资格报审表
2. 焊缝质量综合评级报告
3. 防腐施工质量检查记录
4. 钢材复试报告

备注:
钢构件各项性能均达到规范的规定,质量合格,同意出厂。

负责人	填表人	供货单位
×××	×××	(××钢结构工程有限公司 盖章)

填表日期: ××年××月××日

本表由钢构件供应单位提供。

《钢构件出厂合格证》填表说明

本表参照《钢结构工程施工质量验收规范》(GB 50205—2001)标准填写。

【填写依据】

1. 钢构件生产厂家除提供构件出厂合格证外,还应保存各种原材料(钢材、焊接材料、涂料)质量合格证明、复验报告等资料并保证各种资料的可追溯性。

2. 钢结构构件进场时,必须提供出厂合格证和试验报告。钢结构构件质量应符合设计及现行国家标准《钢结构工程施工质量验收规范》(GB 50205—2001)的规定。

3. 检查判定。

(1)对照图纸,核查构件合格证中的品种、规格、型号、数量是否满足要求。

(2)核查结构性能试验是否满足要求,必要时检查构件厂构件结构性能检验台账。

(3)对照构件安装隐蔽记录,核对构件出厂(或生产)日期,检查是否存在先安装、后提供合格证或试验报告的现象。

4. 凡出现下列情况之一,本项目核定为"不符合要求"。

(1)钢构件实物与合格证不符或无合格证。

(2)无试验报告或主要检验项目的质量指标不合格或主要检验项目缺、漏。

(3)构件合格证内容不完整,主要技术指标缺漏,不能反映构件质量。

(4)出现先安装、先隐蔽,后提供合格证或检验报告。

【填写要点】

1. 钢构件厂家必须提供构件出厂合格证,合格证应有生产厂家名称、使用构件的工程名称、构件规格、型号、数量、出厂日期、质量等级并加盖生产厂家公章。

2. 生产厂家应有生产许可证或资质。各类钢构件合格证应在安装前逐批提供,并在明显部位加盖出厂标记,标明生产单位、构件型号、生产日期和质量验收标志。构件上的预埋件、预留孔洞的规格、位置、数量应符合设计或标准图的要求。所有厂家提供的合格证应涵盖上述表格内容的信息。

3. 本表由预制混凝土构件供应单位提供,建设单位、施工单位各保存一份。

表式 C3-3-5

沥青混合料出厂合格证

(表 C3-3-5)

编　号	×××

工程名称及部位	××路(三～四环)工程　1合同段		
产品名称及品种规格	沥青混合料　AC—25 Ⅰ	出厂日期	××年××月××日
试验日期	××年××月××日	代表数量	2.5t
生产厂家	××沥青拌和站	试验依据	JTG E20—2011

试验结果(一):

项目	油石比(%)	理论最大密度(g/cm³)	马歇尔试件密度(g/cm³)	稳定度(kN)	流值(mm)
标准值	4.0～6.0	/	/	＞7.5	20～40
实例值	4.4	/	/	11.52	33.2

试验结果(二):矿料级配筛分试验结果(各筛的通过质量百分率)

筛孔尺寸(mm)	标准值	实测值
53.0		
37.5		
31.5	100	100
26.5	95～100	98.1
19.0	75～90	89.5
16.0	62～80	78.5
13.2	53～73	68.7
9.5	43～63	55.4
4.75	32～52	42.4
2.36	25～42	33.6
1.18	18～32	20.8
0.6	13～25	14.4
0.3	8～18	13.0
0.15	5～13	9.9
0.075	3～7	5.1

备注:
按《公路工程沥青及沥青混合料试验规程》(JTG E20—2011)标准评定:合格。

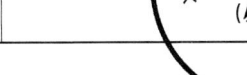

技术负责人	填表人	填表日期	
×××	×××	××年××月××日	

本表由厂家提供。

《沥青混合料出厂合格证》填表说明

【填写依据】

1. 取样方法

依据《公路工程沥青及沥青混合料试验规程》(JTG E20－2011)中要求的沥青混合料取样法进行取样。

2. 取样数量

(1)试验数量根据试验目的决定,一般不少于试验用量的2倍。常用沥青混合料试验项目的取样数量见表 4-1。

表 4-1　常用沥青混合料试验项目的样品数量

试验项目	目的	最少试样量(kg)	取样量(kg)
马歇尔试验、抽提筛分	施工质量检验	12	20
车辙试验	高温稳定性检验	40	60
浸水马歇尔试验	水稳定性检验	12	20
冻融劈裂试验	水稳定性检验	12	20
弯曲试验	低温性能检验	15	25

平行试验应加倍取样。在现场取样直接装入试模或盛样盒成型时,也可等量取样。

(2)根据沥青混合料骨料公称最大粒径,取样应不少于下列数量:

细粒式沥青混合料,不少于4kg;

中粒式沥青混合料,不少于8kg;

粗粒式沥青混合料,不少于12kg;

特粗式沥青混合料,不少于16kg。

(3)取样材料用于仲裁试验时,取样数量除本取样方法规定外,还应保存一份有代表性试样,直到仲裁结束。

表式 C3-3-6

石灰粉煤灰砂砾出厂合格证

(表 C3-3-6)

编 号	×××

生产厂名称	××市政建筑混合料有限公司	生产日期	××年××月××日
出厂数量	××	出厂日期	××年××月××日

混合料配比	材料名称	石 灰	粉煤灰	砂 砾
	设计值	4	13	87
	生产实测值	4.6	14.7	88.0

含水量	最佳含水量	7.0 %
	出厂含水量	7.5 %

抗压强度(MPa)	7d	14d	28d
(后 补)			

原材料质量	石灰活性 $CaO+MgO$ 含量	69.3 %	试验编号	2014－0011
	粉煤灰 $SiO_2+Al_2O_3$ 含量	83.44 %	试验编号	2014－0027
	粉煤灰烧失量	13.87 %	试验编号	2014－0027
	砂砾最大粒径	1.5 mm	砂砾试验编号	2014－0015

备注	合格 (××市政建筑混合料有限公司 盖章)

填表人	×××	填表日期	××年××月××日

本表由厂家提供。

《石灰粉煤灰砂砾出厂合格证》填表说明

【填写依据】

1. 原材料试验项目

(1) 土性质试验。

1) 颗粒分析(或筛分试验);
2) 液限和塑性指数;
3) 碎石或砾石的压碎值;
4) 有机质含量(必要时做);
5) 硫酸盐含量(必要时做)。

(2) 石灰的有效氧化钙和氧化镁含量。

(3) 粉煤灰的细度、烧失量和化学分析:

原材料试验的过程是选择原材料的过程,通过试验比较,选择符合技术要求、适合石灰稳定、开采及运输成本低的材料进行配合比设计试验。原材料试验按有关试验方法进行。

2. 土的配合组成

石灰工业废渣稳定中粒土和粗粒土,对碎石或砾石等粒料的级配有较高的要求,尤其是用作高级路面基层的石灰工业废渣稳定土。因此在原材料试验阶段要尽可能地选择级配良好的原材料,提高试验的成功率。被稳定材料的配合组成设计参考沥青混合料矿料配合比设计方法进行。

为了使拌和出来的成品料的级配符合设计要求,避免混合料离析、不均匀、配合比例不准确等问题,对所用的碎石或砾石应筛分成 3~4 个不同粒级,按矿料配合组成方法配合成级配符合要求的矿质混合料,然后进行击实和强度等试验。

表式 C3-3-7

产品合格证粘贴衬纸 （表 C3-3-7）		编　号	×××
工程名称	××市××道路工程		
施工单位	××市政建设集团有限公司		
合　格　证			代表数量
冀统化表 Z22Y 河北省水泥协会制　　　　　　　　　　　No.0000886 版权所有翻版必究 **出厂水泥合格证** 产品名称：普通水泥　　商　标：　　燕山 代　号：P·O　　强度等级：　　42.5 出厂编号：0406　　生产许可证号：XK23－201－06358 包装日期：2014.4.12　是否"掺火山灰"（　否　） 本产品经检验符合 GB 175－2007 标准，确认为合格品。 签　发：××× 企业名称（盖章）： 地　址：河北省唐山市丰润区 　　　　　　　　　　　　　　　　2014 年 4 月 19 日			××份
粘贴人	×××	日期	××年××月××日

本表由施工单位制作。

表式 C3-4-1

设备、配(备)件开箱检查记录

(表 C3-4-1)

编 号	×××

工程名称	××市××水泵站工程		
施工单位	××市政建设集团有限公司		
设备(配件)名称	轴流泵	检查日期	××年××月××日
规格型号	500QZ-70	总数量	3台
装箱单号	×××	检查数量	3台

检查记录	包装情况	包装箱完整、无破损
	随机文件	齐全
	质量证明文件	出厂合格证、说明书、性能曲线、配(备)件明细表
	备件与配件	配(备)件齐全,无缺损现象
	外观情况	外观良好,无损坏、锈蚀情况
	检查、测试情况	各功能与性能曲线相符

缺、损配(备)件明细表					
序号	名　称	规　格　型　号	单位	数量	备　注

结论:

☑ 合　格

☐ 不合格

监理(建设)单位	供应单位	施工单位	
		质检员	材料员
×××	×××	×××	×××

本表由施工单位填写。

《设备、配(备)件开箱检查记录》填表说明

【填写依据】

1. 设备进场后,由施工单位和供货单位共同开箱检验并做记录,填写《设备、配(备)件检查记录》。
2. 设备开箱检验的主要内容:设备的产地、品种、规格、外观、数量、附件情况、标识和质量证明文件、相关技术文件。
3. 对设备有异议时应由相应资质等级检测单位进行抽样检测,并出具检测报告。
4. 所有设备进场时包装应完好,表面无划痕及外力冲击破损。
5. 设备开箱应具备的质量证明文件:
(1)设备的合格证。
(2)主要设备、器具的安装使用说明书。
(3)特种设备应有相应的检测报告。
(4)设备上应有相应的标识,包括规格、型号、产地、性能指标等。
6. 本表由施工单位填写并保存,材料部门、技术部门、施工部门、质量部门负责人签字。

【填写要点】

1. 工程名称:单位工程的名称。
2. 设备名称:填写检查设备的名称。
3. 规格型号:填写检查设备的型号。
4. 检查记录。
包装情况:填写设备包装的完整情况等。
随机证件:填写技术资料(装箱单、合格证、说明书、设备图等)的份数。
备件及附件:随机的备件如螺栓、垫圈、螺帽等。
外观情况:填目测设备情况如包装、喷涂、铸造、破损情况等。
检查、测试情况:简单手动测试情况。
5. 缺、损配(备)件明细表:如有缺、损配(备)件情况按表要求填写。
6. 结论:依据包装、证件、备件、外观、测试情况等综合确定是否符合设计及规范要求。

表式 C3-4-2

材料、配件检验记录汇总表
（表 C3-4-2）

编　号：×××

工程名称	××市××路桥梁工程				
施工单位	××市政建设集团有限公司		检验日期	××年××月××日	
序号	名　称	规格型号	数量	合格证号	检验记录
					检验量 / 检验方法
1	钢筋混凝土排水管	φ500×4000mm	56根	×××	1 / 内、外压试验
2	钢筋混凝土排水管	φ600×4000mm	78根	×××	1 / 内、外压试验
3	钢筋混凝土排水管	φ800×3000mm	96根	×××	1 / 内、外压试验
4	钢筋混凝土排水管	φ1000×3000mm	64根	×××	1 / 内、外压试验
5	钢筋混凝土排水管	φ1200×3000mm	82根	×××	1 / 内、外压试验
6	钢筋混凝土排水管	φ1600×2500mm	35根	×××	1 / 内、外压试验
7	重型铸铁窨井盖及座(雨)	φ700	2套	×××	1 / 力学、化学成分
8	重型铸铁窨井盖及座(污)	φ700	7套	×××	1 / 力学、化学成分
9	铸铁雨水口井盖	390mm×510mm	28套	×××	1 / 力学、化学成分
10	轻型铸铁窨井盖及座(雨)	φ700	13套	×××	1 / 力学、化学成分
11	轻型铸铁窨井盖及座(污)	φ700	4套	×××	1 / 力学、化学成分

检验结论：

☑ 合　格

☐ 不合格

监理(建设)单位	施工单位	
	质检员	材料员
×××	×××	×××

本表由施工单位填写。

表式 C3-4-4

预制混凝土构件、管材进场抽检记录
(表 C3-4-4)

编 号	×××

工程名称	××市××路雨污水工程		
施工单位	××市政建设集团有限公司		
生产厂家	××水泥构件厂	生产日期	××年××月××日
构件名称	钢筋混凝土排水管	抽检日期	××年××月××日
抽检数量	12根	代表数量	40根
规格型号	D1800×180×2400	出厂日期	××年××月××日
设计强度等级	C30	合格证号	×××
检验项目	标准要求	检查结果	
外观检查	管材无露筋、裂缝、合缝漏浆	合格	
外形尺寸量测	管材的公称内径、长度、壁厚	合格	
结构性能	外压荷载(安全、裂缝、破坏)		

结论：按 GB 11836 标准评定

☑ 合 格
☐ 不合格

监理(建设)单位	供应单位	施工单位	
		质检员	材料员
×××	×××	×××	×××

本表由施工单位填写。

表式 C3-4-5

材料试验报告(通用)
（表 C3-4-5）

MA (2014) 量认(京)字(U0375)号

编　　号	×××
试验编号	2014－0069
委托编号	2014－04307

工程名称及部位	××市××道路工程		
委托单位	××市政建设集团有限公司	委托人	×××
材料名称及规格	花岗岩路缘石	试样编号	001
生产单位	××石材生产厂	代表数量	1500 块
委托日期	××年××月××日	试验日期	××年××月××日
试验依据	GB/T 18601		

要求试验的项目及说明：

干燥压缩强度、干燥弯曲强度、水饱和弯曲强度

试验结果：

干燥压缩强度：136MPa
干燥弯曲强度：11.0MPa
水饱和弯曲强度：10.0MPa

结论：

该样品经检验，其所检项目符合《天然花岗石建筑板材》(GB/T 18601－2009)标准中的技术指标要求。

批准	×××	审核	×××	试验	×××
检测试验单位	××工程试验检测中心				
报告日期	××年××月××日				

本表由检测单位提供。

《材料试验报告(通用)》填表说明

【填写依据】

1. 凡按规范要求需做进场复试的材料、构配件,没有专用复试表格的,可使用《材料试验报告(通用)》表填写,也可以由检(试)验单位提供表格。

2. 材料检(试)验报告应由相应资质的检(试)验单位出具,试验人员、审核人员、试验室负责人、计算人员应进行签字认证,并加盖"试验室资质认定计量认证标志"、"试验室资质认定审查认可标志"以及"试验检测专用章"。

【填写要点】

1. 工程名称栏与施工图纸标签栏内名称相一致,部位应明确。
2. 材料名称及规格栏填写物资的名称与进场规格。
3. 生产单位栏应填写物资的生产厂家。
4. 代表数量栏填写物资的数量,且应有计量单位。
5. 试验日期栏按实际日期填写,一般为物资进场日期。
6. 要求试验的项目及说明项目栏应包括物资的质量证明文件、外观质量、数量、规格型号等。
7. 试验结果栏填写该物资的检验情况。
8. 结论栏是对所有物资从外观质量、材质、规格型号、数量做出的综合评价。

表式 C3-4-6

水泥试验报告 (表 C3-4-6)

(2014)量认(京)字(U0375)号

编 号	×××
试验编号	2014－0230
委托编号	2014－00950

工程名称及部位	××市××道路工程		
委托单位	××市政建设集团有限公司	委托人	×××
品种及强度等级	P·O 42.5	试样编号	029
出厂编号及日期	×× ××年××月××日	代表数量	80 t
生产单位	××水泥厂	委托日期	××年××月××日
试验依据	GB 175	试验日期	××年××月××日

试验结果	一、细度	80μm 方孔筛筛余量		3.6%			
		比表面积		/ m²/kg			
	二、标准稠度用水量(P)			25.6%			
	三、凝结时间	初凝	3h 12min		终凝	4h 32min	
	四、安定性	雷氏法	/		饼法		
	五、强度(MPa)						
		抗压强度(MPa)			抗折强度(MPa)		
		3d		28d		3d		28d	
		单块值	平均值	单块值	平均值	单块值	平均值	单块值	平均值
		19.0	19.0	47.2	47.3	3.7	3.8	6.8	6.9
						3.8		7.2	
		19.5		49.5		4.2		6.9	
						3.7		7.1	
		18.5		45.0		3.9		7.0	
						3.6		6.7	

结论：此批水泥安定性、凝结时间符合 GB 175 相关规定，符合 P·O 42.5 水泥强度要求，合格。

批 准	×××	审 核	×××		×××
检测试验单位	××工程试验检测中心				
报告日期	××年××月××日				

本表由检测单位提供。

《水泥试验报告》填表说明

本表参照《通用硅酸盐水泥》(GB 175)标准填写。
【填写依据】
1. 水泥必须有质量证明文件。水泥生产单位应在水泥出厂7d内,提供28d强度以外的各项试验结果,28d强度结果应在水泥发出日起32d内补报。
2. 混凝土和砌筑砂浆用水泥应实行有见证取样和送检。
3. 钢筋混凝土结构、预应力混凝土结构中,严禁使用含氯化物的水泥。水泥的检测报告中应有有害物含量检测内容。
4. 混凝土中,氯化物和碱的总含量应符合规范《混凝土结构设计规范》(GB 50010—2010)和设计的要求。
5. 有下列情况之一,施工单位必须进行复试:
(1)用于承重结构的水泥。
(2)使用部位有强度等级要求的水泥。
(3)水泥出厂超过三个月(快硬硅酸盐水泥超过一个月)。
(4)对水泥的质量有怀疑。
(5)进口水泥。
6. 水泥检验报告是建设单位档案部门长期保管的档案资料,并且由城建档案馆保存的档案资料。
7. 常用水泥标准:《通用硅酸盐水泥》(GB 175)。常用水泥的技术要求、强度见表4-2、表4-3。

表4-2 常用水泥的技术要求

项目 \ 种类	矿渣硅酸盐水泥	普通硅酸盐水泥	复合硅酸盐水泥	硅酸盐水泥
细度	80μm方孔筛筛余不得超过10.0%			比表面积在于300m²/kg
标准稠度	28±2			
凝结时间 初凝	不早于45min			
凝结时间 终凝	不迟于10h	不迟于12h		不迟于6.5h
安定性	用沸煮法检验必须合格			

注:常用水泥的强度要求参见各规范。

表4-3 常用水泥的强度(MPa)

品种	强度等级	抗压强度		抗折强度	
		3d	28d	3d	28d
硅酸盐水泥	42.5	≥17.0	≥42.5	≥3.5	≥6.5
	42.5R	≥22.0		≥4.0	
	52.5	≥23.0	≥52.5	≥4.0	≥7.0
	52.5R	≥27.0		≥5.0	
	62.5	≥28.0	≥62.5	≥5.0	≥8.0
	62.5R	≥32.0		≥5.0	

续表

品种	强度等级	抗压强度		抗折强度	
		3d	28d	3d	28d
普通硅酸盐水泥	42.5	≥17.0	≥42.5	≥3.5	≥6.5
	42.5R	≥22.0		≥4.0	
	52.5	≥23.0	≥52.5	≥4.0	≥7.0
	52.5R	≥27.0		≥5.0	
矿渣硅酸盐水泥 火山灰硅酸盐水泥 粉煤灰硅酸盐水泥	32.5	≥10.0	≥32.5	≥2.5	≥5.5
	32.5R	≥15.0		≥3.5	
	42.5	≥15.0	≥42.5	≥3.5	≥6.5
	42.5R	≥19.0		≥4.0	
	52.5	≥21.0	≥52.5	≥4.0	≥7.0
	52.5R	≥23.0		≥4.5	

8.组批原则及取样：

（1）散装水泥

1）对同一水泥厂生产同期出厂的同品种、同强度等级、同一出厂编号的水泥为一验收批，但一验收批的总量不得超过500t。

2）随机从不少于3个车罐中各取等量水泥，经混拌均匀后，再从中称取不少于12kg的水泥作为试样。

（2）袋装水泥

1）对同一水泥厂生产同期出厂的同品种、同强度等级、同一出厂编号的水泥为一验收批，但一验收批的总量不得超过200t。

2）随机从不少于20袋中各取等量水泥，经拌和均匀后，再从中称取不少于12kg的水泥作为试样。

【填写要点】

1.试验报告内容应包括标准规定的各项技术要求及试验结果。

2.水泥各龄期抗压、抗折强度指标均应达到规定要求。

3.每张试验报告单中的各项目必须填写齐全、准确、真实，无未了项。试验结论明确，编号必须填写，签字盖章齐全。

4.检查报告单上的试验数据是否达到规范标准值。

5.若发现问题应及时报有关部门处理，并将处理结论一并存档。

6.核实试验报告单是否齐全，核实复试报告日期和实际使用日期是否有超期漏检查，不允许先施工后试验。

7.单位工程的水泥复试批量和实际用量应一致。

8.本报告由检验单位提供，试验、计算、审核、负责人签字，单位盖章。

表式 C3-4-7

砂试验报告

（表 C3-4-7） (2014) 量认(京)字(U0375)号 **CMA**

编　号	×××
试验编号	2014－0022
委托编号	2014－00626

工程名称及部位	××市××道路工程		
委托单位	××市政建设集团有限公司	委托人	×××
种类	中砂	试样编号	008
产地	密云	代表数量	600 t
委托日期	××年××月××日	试验日期	××年××月××日
试验依据	GB/T 14684		

试验结果	一、筛分析	细度模数（μf）	2.3
		级配区域	2 区
		级配情况	/
	二、含泥量　　　　　　　　　　（％）		1.8
	三、泥块含量　　　　　　　　　（％）		0.4
	四、堆积密度　　　　　　　　（kg/cm³）		2560
	五、紧密堆积密度　　　　　　（kg/cm³）		/
	六、表观密度　　　　　　　　（kg/cm³）		1480
	七、压碎指标　　　　　　　　　（％）		
	八、亚甲蓝试验		
	九、石粉含量　　　　　　　　　（％）		
	十、碱活性指标		
	十一、坚固性（质量损失）　　　（％）		
	十二、其他		

结论：

依据《建设用砂》(GB/T 14684)标准，含泥量、泥块含量合格，属 2 区中砂。

批　准	×××	审　核	×××		×××
检测试验单位	××工程试验检测中心				
报告日期	××年××月××日				

（试验专用章：××工程检测试验有限公司）

本表由检测单位提供。

《砂试验报告》填表说明

本表参照《建设用砂》(GB/T 14684—2011)标准填写。

【填写依据】

1. 普通混凝土用砂检验报告依据的规范《普通混凝土用砂、石质量及检验方法标准》(JGJ 52—2006),适用于一般工业与民用建筑和构筑物中普通混凝土用砂的质量检验。

2. 砂的粗细程度按细度模数分为粗、中、细规格,其范围应符合以下规定:

中砂:细度模数=3.0~2.3;细砂:细度模数=2.2~1.6;粗砂:细度模数=3.7~3.1。

3. 配制混凝土时宜优先选用Ⅱ区砂。当采用Ⅰ区砂时,应提高砂率,并保持足够的水泥用量,以满足混凝土的和易性;当采用Ⅲ区砂时,宜适当降低砂率,以保证混凝土强度。

对于泵送混凝土用砂,宜选用中砂。

4. 表观密度——集料颗粒单位体积(包括内封闭孔隙)的质量,大于 $2500kg/m^3$。

堆积密度——集料在自然堆积状态下单位体积的质量,大于 $1350kg/m^3$。

紧密密度——集料按规定方法颠实后单位体积的质量。

孔隙率=(表观密度-堆积密度)/表观密度×100%,小于47%。

5. 细度模数 $=\dfrac{A_1+A_2+A_3+A_4+A_5+A_6-5A_1}{100-A_1}$

注:A_1 为 4.75 筛孔筛余量,A_2 为 2.36 筛孔筛余量,以此类推。

6. 砂取样:应以同一产地、同一规格、同一进场时间,要 $400m^3$ 或 600t 时为一验收批。不足 $400m^3$ 或 600t 时,按一验收批检测。

当质量比较稳定、进料较大时,可定期检验。

取样部位应均匀分布,在料堆上从 8 个不同部位抽取等量试样(每份 11kg),然后用四分法缩至 20kg。取样前先将取样部位表面铲除。

7. 普通混凝土用砂主要技术指标见表 4-4:

表 4-4 普通混凝土用砂主要技术指标

项 目	指 标	
	大于或等于 C30	小于 C30
含泥量(按质量计%)	<3.0	<5.0
泥块含量(按质量计%)	<1.0	<2.0
云母(按质量计%)<	≤2.0	
轻物质(按质量计%)<	≤1.0	
有机物(比色法试验)	颜色不应深于标准色,如深于标准色,则应按水泥胶砂强度试验方法进行强度对比试验,抗压强度比不应低于 0.85	
硫酸盐硫化物(%)<	≤1.0	

续表

<table>
<tr><th rowspan="2">项　目</th><th colspan="2">指　标</th></tr>
<tr><th>大于或等于 C30</th><th>小于 C30</th></tr>
<tr><td rowspan="2">坚固性</td><td>在严寒地区经常处于潮湿或干湿交替的混凝土</td><td colspan="2">循环后的质量损失≤8%</td></tr>
<tr><td>其他条件下使用的混凝土</td><td colspan="2">循环后的质量损失≤10%</td></tr>
<tr><td colspan="1">氯离子含量(以干砂质量计%)</td><td colspan="2"></td></tr>
</table>

【填写要点】

1. 砂使用前应按规定取样复试，有试验报告。砂的必试项目、验收批划分及取样数量应符合相关规定。

2. 按规定应预防碱集料反应的工程或结构部位所使用的砂，供应单位应提供砂的碱活性检验报告。

3. 砂试验报告

(1) 检查砂试验报告上各项目是否齐全、准确、真实、无未了项，试验室签字盖章是否齐全；检查试验编号是否填写；试验数据是否达到规范规定标准值。若发现问题应及时取双倍试样做复试，并将复试合格报告或处理结论附于此报告后一并存档。同时核查试验结论，核对使用日期，严禁先使用后试验。

(2) 用于地下结构时"试验结果"栏应有"碱活性指标"项目内容。

(3) 核对各试验报告单批量总和是否与单位工程总需求量相符。

(4) 检查报告单产品的种类、产地、筛分析、含泥量、试验编号等是否和混凝土（砂浆）配合比申请单、通知单相应项目一致。

表式 C3-4-8

碎(卵)石试验报告

(表 C3-4-8)

(2014)量认(京)字(U0375)号

编 号	×××
试验编号	2014－0018
委托编号	2014－00952

工程名称及部位	××市××路雨污水工程		
委托单位	××市政建设集团有限公司	委托人	×××
种类及规格	碎石	试样编号	005
产地	琉璃河	代表数量	600 t
委托日期	××年××月××日	试验日期	××年××月××日
试验依据	GB/T 14685		

试验结果	一、筛分析	级配情况	☐ 连续粒级 ☑ 单粒级	七、有机物含量(%)	/
		级配结果	/	八、针片状颗粒含量(%)	1.2
		最大粒径(mm)	31.5	九、压碎指标值(%)	/
	二、含泥量(%)		0.6	十、坚固性(%)	/
	三、泥块含量(%)		0.2	十一、含水率(%)	/
	四、堆积密度(kg/m³)		/	十二、吸水率(%)	/
	五、紧密堆积密度(kg/m³)		/	十三、碱活性指标	/
	六、表观密度(kg/m³)		/	十四、其他	/

结论：

依据《建设用卵石、碎石》(GB/T 14685－2011)标准，含泥量、泥块含量、针片状颗粒含量、筛分析合格。

批 准	×××	审 核	×××		×××
检测试验单位	××工程试验检测中心				
报告日期	××年××月××日				

本表由检测单位提供。

《碎(卵)石试验报告》填表说明

本表参照《建设用卵石、碎石》(GB/T 14685—2011)标准填写。

【填写依据】

1. 本表依据的规范为《普通混凝土用砂、石质量及检验方法标准(附条文说明)》(JGJ 52—2006)。

2. 按碎石、卵石粒径尺寸分为单粒粒级和连续粒级。也可以根据需要采用不同单粒级碎石、卵石混合成特殊的碎石、卵石。不宜用单一的单粒级配制混凝土。

3. 对重要的混凝土所使用的碎石、卵石,应进行碱活性检验。

4. 表观密度、堆积密度、空隙率符合如下规定:表观密度大于 $2500kg/m^3$,堆积密度大于 $1350kg/m^3$,空隙率小于 47%。

5. 主要技术指标见表 4-5:

表 4-5 主要技术指标

项 目		指 标	
		大于或等于 C30	小于 C30
针片状颗粒(按质量计,%)		≤15	≤25
含泥量(按质量计,%)		≤1.0	≤2.0
泥块含量(按质量计,%)		≤0.5	≤0.7
卵石的压碎指标(%)		≤12	≤16
坚固性	在严寒地区经常处于潮湿或干湿交替的混凝土	循环后的重量损失≤8%	
	其他条件下使用的混凝土	循环后的重量损失≤12%	
卵石中有机物含量(用比色法试验)		颜色不应深于标准色,如深于标准色,则应配制成混凝土进行强度对比试验,抗压强度比不应低于 0.95	
硫酸盐硫化物(折算成 SO_3,按质量计,%)		≤1.0	

6. 组批原则及取样:以同一产地、同一规格分批验收,用大型工具(如汽车)运输的要 $400m^3$ 或 600t 时为一验收批。用小型工具(如马车)运输的要 $200m^3$ 或 300t 时为一验收批。不足以上数量,按一验收批论。

当质量比较稳定、进料较大时,可定期检验。

当最大粒径分别为:10mm、16mm、20mm 时,一组试样 40kg;当最大粒径分别为:31.5mm、40mm 时,一组试样 80kg。

取样部位应均匀分布,在粒堆上从 5 个不同部位抽取每份 5~40kg,然后缩分到 40kg 或 80kg。

表式 C3-4-9

外加剂试验报告

(表 C3-4-9)

（2014）量认（京）字（U0375）号

编　　号	×××
试验编号	2014－0036
委托编号	2014－00975

工程名称及部位	××市××道路工程		
委托单位	××市政建设集团有限公司	委托人	×××
种类及型号	CON-3 高效减水剂	试样编号	008
生产单位	××建材厂	代表数量	50 t
委托日期	××年××月××日	试验日期	××年××月××日
试验依据	GB 8076－2008		

试验结果	试验项目		试验结果	试验项目		试验结果
	一、净浆凝结时间(min)	初凝		七、限制膨胀率(%)	水中 7d	
		终凝			水中 28d	
	二、凝结时间差(min)				空气中 21d	
	三、抗压强度比(%)	1d		八、细度(%)		
		3d		九、密度(g/mL)		
		－7d 和＋28d		十、pH 值		
		28d	121.0			
	四、钢筋锈蚀		无锈蚀			
	五、减水率(%)		15.2			
	六、含气量(%)					

结论：

按《混凝土外加剂》(GB 8076－2008)规范规定，产品质量评定为合格。

批　　准	×××	审　　核	×××		×××
检测试验单位	××工程试验检测中心				
报告日期	××年××月××日				

本表由检测单位提供。

《外加剂试验报告》填表说明

本表参照《混凝土外加剂》(GB 8076—2008)标准填写。

【填写依据】

1. 掺外加剂混凝土性能指标应符合表 4-6 的要求。

表 4-6 掺外加剂混凝土性能指标

试验项目		外加剂品种															
		普通减水剂		高级减水剂		早强减水剂		缓凝高效减水剂		缓凝减水剂		引气减水剂		早强剂		缓凝剂		引气剂	
		一等品	合格品	一等品	合格品	一等品	合格品	一等品	合格品	一等品	合格品	一等品	合格品	一等品	合格品	一等品	合格品	一等品	合格品
减水率(%),不小于		8	5	12	10	8	5	12	10	8	5	10	10	—	—	—	—	6	6
泌水率比(%),不大于		95	100	90	95	95	100	100	100	100	100	70	80	100	—	100	110	70	80
含水量,%		≤3.0	≤4.0	≤3.0	≤4.0	≤3.0	≤4.0	<4.5		<5.5		>3.0		—		—		>3.0	
凝结时间之差 (min)	初凝	−90～+120		−90～+120		−90～+90		>+90		>+90		−90～+120		−90～+90		>+90		−90～+120	
	终凝	—		—		—		—		—		—		125		—		—	
抗压强度比(%), 不小于	1d	—		140	130	140	130	—		—		—		135	120	—		—	
	3d	115	110	130	120	130	120	125	120	—		115	110	130	105	100	90	95	80
	7d	115	110	125	115	115	110	125	115	110	100	110		110	100	100	90	95	80
	28d	110	105	120	110	105	100	120	110	110	100	105		100		95	100	90	80
收缩率比(%), 不大于 28d		135		135		135		135		135		135		135		135		135	
相对耐久性指标(%), 200次,不小于		—		—		—		—		—		80	60	—		—		80	60
对钢筋锈蚀作用		应说明对钢筋有无锈蚀危害																	

注:1. 除含气量外,表中所列数据为掺外加剂混凝土与基准混凝土的差值或比值;
2. 凝结时间指标一栏中,"—"号表示提前,"+"号表示延缓;
3. 相对耐久性指标"200次≥80和60"表示格 28d 龄期的掺外加剂混凝土试件冻融循环 200 次后,动弹性模量保留值≥80%或≥60%;
4. 对于可以用高频振捣排除的、由外加剂所引入的气泡的产品,允许用高频振捣,达到某类型性能指标要求的外加剂,可按本表进行命名和分类,但须在产品说明书和包装上注明"用于高频振捣的××剂"。

2.匀质性指标应符合表 4-7 的要求。

表 4-7 外加剂匀质性指标

试验项目	指 标
含固量或含水量	a.对液体外加剂,应在生产厂控制值的相对量的 3% 内; b.对固体外加剂,应在生产厂控制值的相对量的 5% 之内
密　　度	对液体外加剂,应在生产厂所控制值的 $\pm 0.02 \text{g/cm}^3$ 之内
氯离子含量	应在生产厂控制值相对量的 5% 之内
水泥净浆流动度	应不小于生产厂控制值的 95%
细度	0.315mm 筛筛余应小于 15%
pH 值	应在生产厂控制值 ± 1 之内
表面张力	应在生产厂控制值 ± 1.5 之内
还原糖	应在生产厂控制值 $\pm 3\%$ 之内
总碱量($Na_2O+0.658K_2O$)	应在生产厂控制值的相对量的 5% 之内
硫酸钠	应在生产厂控制值的相对量的 5% 之内
泡沫性能	应在生产厂控制值的相对量的 5% 之内
砂浆减水率	应在生产厂控制值 $\pm 1.5\%$ 之内

3.检验规则。

(1)取样及编号

1)试样分点样和混合样。点样是在一次生产的产品中所得试样,混合样是三个或更多的点样等量均匀混合而取得的试样。

2)生产厂应根据产量和生产设备条件,将产品分批编号,掺量大于 1%(含 1%)同品种的外加剂每一编号为 100t,掺量小于 1% 的外加剂每一编号为 50t,不足 100t 或 50t 的也可按一个批量计,同一编号的产品必须混合均匀。

3)每一编号取样量不少于 0.2t 水泥所需用的外加剂量。

(2)试样及留样

每一编号取得的试样应充分混匀,分为两等份,一份按表 4-7 中规定部分项目进行试验。另一份要密封保存半年,以备有疑问时提交国家指定的检验机关进行复验或仲裁。

【填写要点】

1.检查试验报告单上各项目是否齐全、准确、真实、无未了项,试验室签字盖章是否齐全;检查试验编号是否填写;试验数据是否达到规范规定标准值。若发现问题应及时取双倍试样做复试,并将复试合格报告或处理结论附于此报告后一并存档。同时核查试验结论。

2.核对使用日期,与混凝土(砂浆)试配单比较是否合理,不允许先使用后试验。

3.核对各试验报告单批量总和是否与单位工程总需求量相符。

表式 C3-4-10

掺合料试验报告 (MA)

(表 C3-4-10)　(2014) 量认(京)字(U0375)号

编　　号	×××
试验编号	2014－0015
委托编号	2014－01380

工程名称及部位	××市××道路工程		
委托单位	××市政建设集团有限公司	委托人	×××
种类及等级	粉煤灰　Ⅱ级	试样编号	002
产地	北京	代表数量	60 t
委托日期	××年××月××日	试验日期	××年××月××日
试验依据	《用于水泥和混凝土中的粉煤灰》(GB/T 1596－2005)		

试验结果	一、细度	1.45μm 方孔筛筛余(%)	17.4
		2.80μm 方孔筛筛余(%)	/
	二、需水量比(%)		99
	三、烧失量(%)		7.5
	四、吸铵值(%)		/
	五、20d 抗压强度比(%)		/
	六、其他		1.29

结论：

依据 GB/T 1596－2005 标准，符合Ⅱ级粉煤灰要求。

批　准	×××	审　核	×××		×××
检测试验单位	××工程试验检测中心				
报告日期	××年××月××日				

本表由检测单位提供。

《掺合料试验报告》填表说明

【填写依据】

1. 性能要求

（1）粉煤灰

1）粉煤灰质量指标应满足表 4-8 的要求。

表 4-8 粉煤灰质量指标

序号	项 目		级 别		
			Ⅰ	Ⅱ	Ⅲ
1	细度（0.045mm 方孔筛筛余）（%）	不大于	12	20	45
2	需水量比（%）	不大于	95	105	115
3	烧失量（%）	不大于	5	8	15
4	含水量（%）	不大于	1	1	不规定
5	三氧化硫（%）	不大于	3	3	3

注：1. Ⅲ级粉煤灰主要用于无筋混凝土，不得用于钢筋混凝土。当用于钢筋混凝土时，必须经过专门试验；
   2. 高钙粉煤灰的游离氧化钙含量不得大于 2.5% 且体积安定性合格。

2）试验方法

①表 4-8 中项目按《用于水泥和混凝土中的粉煤灰》(GB/T 1596—2005)进行。

②游离氧化钙含量按《水泥化学分析方法》(GB/T 176—2008)进行；体积安定性按《水泥标准稠度用水量、凝结时间、安定性检验方法》(GB/T 1346)规定的试验方法进行，水泥采用 42.5 硅酸盐水泥，高钙粉煤灰掺量 30%，并按质量等量取代水泥。

（2）粒化高炉矿渣粉

1）粒化高炉矿渣粉质量指标应满足表 4-9 要求。

表 4-9 粒化高炉矿渣粉质量指标

项 目			级 别		
			S105	S95	S75
密度（g/cm³）		不大于	2.8		
比表面积（m²/kg）		不大于	350		
活性指数（%）	7d	不小于	95	75	55
	28d	不小于	105	95	75
流动度比（%）		不小于	85	90	95
含水量（%）		不大于	1.0		
烧失量（%）		不大于	3.0		

注：当掺加石膏或其他助磨剂时，应在报告中注明其种类及掺量。

2)试验方法按《用于水泥和混凝土中的粒化高炉矿渣粉》(GB/T 18046)进行。

(3)硅灰

1)硅灰质量指标应满足表4-10要求。

表4-10 硅灰质量指标

项 目		指 标
比表面积(m^2/kg)	不小于	18000
二氧化硅(%)	不小于	85

2)试验方法

①比表面积按《水泥比表面积测定方法 勃氏法》(GB/T 8074)进行。

②SiO_2含量按《水泥化学分析方法》(GB/T 176)进行。

(4)沸石粉

1)沸石粉质量指标应满足表4-11要求。

2)试验方法按《天然沸石粉在混凝土与砂浆中应用技术规程》(JGJ/T 112)进行。

表4-11 沸石粉质量指标

项 目		级 别		
		Ⅰ	Ⅱ	Ⅲ
吸铵值(meq/100g)	不小于	130	100	90
细度(80μm方孔筛筛余)(%)	不大于	4	10	15
需水量比(%)	不大于	125	120	120
28d抗压强度比(%)	不小于	75	70	62

(5)复合掺合料

1)复合掺合料质量指标应符合表4-12要求。

表4-12 复合掺合料质量指标

项 目		级 别		
		F105	F95	F75
比表面积(m^2/kg)		不小于	350		
细度(0.045mm方孔筛筛余)(%)		不大于	10		
活性指数(%)	7d	不小于	90	70	50
	28d	不小于	105	95	75
流动度比(%)		不小于	85	90	95
含水量(%)		不大于	1.0		
三氧化硫(%)		不大于	3.0		
烧失量(%)		不大于	5.0		

注:高钙粉煤灰不宜用于掺合料。

2)试验方法

细度(筛余)试验方法按《用于水泥和混凝土中的粉煤灰》(GB/T 1596)进行。

其他项目试验方法按《用于水泥和混凝土中的粒化高炉矿渣粉》(GB/T 18046)进行。

2. 检验与验收

(1)矿物掺合料应按批进行检验,每批数量按重量计算,并应有生产单位的出厂合格证,合格证的内容应包括:厂名、合格证编号、级别、批号、出厂日期、代表数量等,并应按年度提供法定检测单位的质量检测报告。

(2)矿物掺合料的取样应符合下列规定:

1)散装矿物掺合料取样时,应从连续进厂的任意3个罐体中各取试样一份,每份不少于5.0kg,混合搅拌均匀,并用四分法缩取出比试验所需量大一倍的试样。

2)袋装矿物掺合料取样时,应从每批中任抽10袋,从每袋中各取样不得少于1.0kg,按上款规定的方法缩取。

(3)矿物掺合料的检验应符合下列规定:

1)粉煤灰进场时应按表4-8的要求对其细度、需水量比、烧失量进行检验,其他项目可根据需要进行检验。应以连续供应200t同一厂家、相同级别的粉煤灰为一批,不足200t者应按一批计。

注:当采用高钙粉煤灰时应增加游离氧化钙和体积安定性的检验。

2)粒化高炉矿渣粉进场时应按表4-9的要求对其比表面积、活性指数、流动度比进行检验,其他项目可根据需要进行检验。应以连续供应200t同一厂家、相同级别的粒化高炉矿渣粉为一批,不足200t者应按一批计。

3)硅灰进场时应按表4-10的要求对其SiO_2含量进行检验,其细度可根据需要进行检验。应以连续供应30t同一厂家、相同级别的硅灰为一批,不足30t者应按一批计。

4)沸石粉进场时应按表4-11的项目进行检验。应以连续供应120t同一厂家、相同级别的沸石粉为一批,不足120t者应按一批计。

5)复合掺合料进场时应按表4-12的要求对其比表面积(或细度)、活性指数、流动度进行检验,其他项目可根据需要进行检验。应以连续供应200t同一厂家、相同种类、级别的复合掺合料为一批,不足200t者应按一批计。

(4)当矿物掺合料的质量指标不符合要求时,应降级使用或按不合格品处理。

(5)矿物掺合料储存时,严禁与其他材料混杂,不得受潮。存放超过一年时应按规定重新进行复试,合格后方可使用。

表式 C3-4-11

钢材试验报告 CMA

(表 C3-4-11)　(2014)量认(京)字(U0375)号

编　　号	×××
试验编号	2014－0198
委托编号	2014－09101

工程名称及部位	××市××路桥梁工程　6#墩承台		
委托单位	××市政建设集团有限公司	委托人	×××
钢材种类及规格	HRB 335　Φ25	试样编号	××－×××
公称直径(厚度)	25mm	公称面积	490.6mm^2
生产单位	××钢铁有限公司	代表数量	14t
委托日期	××年××月××日	试验日期	××年××月××日
试验依据	GB 1499.2		

试验结果	力学性能					冷弯性能		
	屈服点 σ_s(MPa)	抗拉强度 σ_b(MPa)	伸长率 (%)	$\sigma_{b实}/\sigma_{s实}$	$\sigma_{s实}/\sigma_{s标}$	弯心直径 (mm)	角度 (°)	结果
	405	595	24	1.47	1.21	75	180	合格
	400	595	27	1.49	1.19	75	180	合格
	其他：							

结论：
　　经检查,符合设计与规范规定要求,合格。

批　　准	×××	审　　核	×××	×××
检测试验单位	××工程试验检测中心			
报告日期	××年××月××日			

试验专用章

本表由检测单位提供。

《钢材试验报告》填表说明

本表参照《钢筋混凝土用钢 第2部分:热轧带肋钢筋》(GB 1499.2—2007)、《钢筋混凝土用钢 第1部分:热轧光圆钢筋》(GB 1499.1—2008)、《低碳钢热轧圆盘条》(GB/T 701—2008)标准填写。

【填写依据】

1. 钢材化学分析检验报告是建设单位档案部门长期保管的档案资料。
2. 盘条表面应光滑,不得有裂纹、折叠、耳子、结疤。盘条不得有夹杂及其他有害缺陷。
3. 有抗震要求时,其纵向受力钢筋的进场复试,应有强屈比和屈标比计算值。
4. 当使用进口钢材、钢筋脆断、焊接性能不良或力学性能显著不正常时,应进行化学成分检验或其他专项检验,有相应检验报告。
5. 承重结构钢筋及重要钢材应实行有见证取样和送检。
6. 热轧带肋钢筋的牌号由 HRB 和牌号的屈服点最小值构成。H、R、B 分别为热轧(Hot rolled)、带肋(Ribbed)、钢筋(Bars)三个词的英文首位字母。热轧带肋钢筋分为 HRB 335、HRB 400、HRB 500 三个牌号。钢筋的公称直径范围为 6~50mm,相关规范推荐的钢筋公称直径为 6、8、10、12、16、20、25、32、40、50mm。
7. 盘条应按批验收,组批原则:同一厂别、同一炉罐号、同一规格、同一交货状态每 60t 为一验收批。不足 60t 也按一批计。
8. 盘条的取样数量:

    化学分析　　　1 根

    拉伸试验　　　1 根

    弯曲试验　　　2 根(取自不同盘)

9. 热轧带肋钢筋应按批验收,组批原则:同一厂别、同一炉罐号、同一规格、同一交货状态每 60t 为一验收批。不足 60t 也按一批计。
10. 热轧带肋钢筋的取样数量(在任选的 2 根钢筋中切取):

    化学分析　　　1 根

    拉伸试验　　　1 根

    弯曲试验　　　2 根

11. 热轧光圆钢筋的化学成分见表 4-13:

表 4-13　热轧光圆钢筋的化学成分

编号	化学成分(质量分数)(%) 不大于				
	C	Si	Mn	P	S
HPB235	0.22	0.30	0.65	0.045	0.050
HPB300	0.25	0.55	1.50		

12. 热轧带肋钢筋的化学成分不大于表 4-14：

表 4-14 热轧带肋钢筋的化学成分

牌号	化学成分				
	C	Si	Mn	P	S
HRB335	0.25	0.80	1.6	0.045	0.045
HRB400	0.25	0.80	1.6	0.045	
HRB500	0.25	0.80	1.6	0.045	

13. 盘圆钢筋的力学、工艺性能见表 4-15：

表 4-15 盘圆钢筋的力学、工艺性能

牌号	力学性能		冷弯 180°
	抗拉强度 R_m (N/mm²) 不大于	断后伸长率 $A_{11.3}$ (%) 不小于	$d=$ 弯心直径 $a=$ 试样直径
Q195	410	30	$d=0$
Q215	435	28	$d=0$
Q235	500	23	$d=0.5a$
Q275	540	21	$d=1.5a$

14. 热轧带肋钢筋的力学性能见表 4-16：

表 4-16 热轧带肋钢筋的力学性能

牌号	公称直径 (mm)	σ_s 或 $\delta_{P0.2}$ (MPa)	σ_b (MPa)	δ_5 (%)
		不大于 $\delta_{P0.2}$		
HRB335	6~25; 28~50	335	490	17
HRB400	6~25; 28~50	400	570	16
HRB500	6~25; 28~50	500	630	15

15. 弯曲性能，按表 4-17 规定的弯心直径弯曲 180°后，钢筋受弯曲部位表面不得产生裂纹。

表 4-17 钢筋的弯曲性能 单位：mm

牌号	公称直径 (d)	弯心直径
HRB335 RRB335	6~25	$3d$
	28~50	$4d$
HRB400 RRB400	6~25	$4d$
	28~50	$5d$
HRB500 RRB500	6~25	$5d$
	28~50	$6d$

表式 C3-4-14

钢绞线力学性能试验报告
（表 C3-4-14）

编 号	×××
试验编号	2014－0801
委托编号	2014－08331

工程名称及部位	××市政道路工程		
委托单位	××市政建设集团	委托人	×××
强度级别	××	代表数量	40t
生产厂	××钢铁有限公司		
来样日期	××年××月××日	试验日期	××年××月××日
试验依据	GB/T 5224		

试样编号	试样规格 (mm)	公称截面积 (mm^2)	规定非比例延伸力 $F_{p0.2}$ (kN)	规定总伸长为1.0%的力 F_{t1} (kN)	最大力 F_m (kN)	抗拉强度 R_m (MPa)	伸长率 A_{gt} (%)	弹性模量 E (GPa)
1	1×3 I	59.96	66.1	/	60.6	1570	3.6	197
2	1×3 I	59.96	65.4	/	64.5	1670	3.6	199
3	1×3 I	59.96	66.2	/	71.8	1860	3.6	187

结论：

经检查，符合《预应力混凝土用钢绞线》(GB/T 5224)规范规定，合格。

批 准	×××	审 核	×××	试 验	×××
检测试验单位	××工程试验检测中心				
报告日期	××年××月××日				

本表由检测单位提供。

《钢绞线力学性能试验报告》填表说明

本表参照《预应力混凝土用钢绞线》(GB/T 5224)。

【核查要点】

1. 厂家提供的出厂合格证(或质量证明书)的厂名、材料名称、品种规格、生产日期、执行标准、签字盖章等应齐全,复印件应加盖原件存放单位红章。

2. 项目材料管理人员应根据材料实际进场情况,将材料的进场日期、进场数量、使用部位标注在出厂合格证(或质量证明书)上,经办人签字。

3. 厂家提供的检验报告,注意检验报告是否在有效期内;检验报告所反映的产品名称、品种规格等是否与出厂合格证的内容一致。

4. 出厂质量证明中的品种、规格应与隐蔽工程检查记录、施工日志、检验批质量验收记录、洽商记录、施工技术文件(图纸、方案、交底)等交圈。

5. 预应力工程质量证明书应由专业施工单位的材料员负责收集,专业资料员汇总整理,移交总承包施工单位、建设单位留存归档。

【填写依据】

1. 1×2 结构绞线的力学性能应符合表 4-18 规定。

表 4-18 1×2 结构钢绞线力学性能

钢绞线结构	钢绞线公称直径 D_n(mm)	抗拉强度 R_m(MPa) 不小于	整根钢绞线的最大力 F_m(kN) 不小于	规定非比例延伸力 $F_{p0.2}$(kN) 不小于	最大力总伸长率 ($L_0 \geqslant 500$ mm) A_{gt}(%) 不小于	应力松弛性能 初始负荷相当于公称最大力的百分数(%)	应力松弛性能 1000 h 后应力松弛率 r(%)不大于
1×2	5.00	1570	15.4	13.9	对所有规格 3.5	对所有规格 60	对所有规格 1.0
		1720	16.9	15.2			
		1860	18.3	16.5			
		1960	19.2	17.3		70	2.5
	5.80	1570	20.7	18.6			
		1720	22.7	20.4			
		1860	24.6	22.1			
		1960	25.9	23.3			

续表

钢绞线结构	钢绞线公称直径 D_n(mm)	抗拉强度 R_m(MPa) 不小于	整根钢绞线的最大力 F_m(kN) 不小于	规定非比例延伸力 $F_{p0.2}$(kN) 不小于	最大力总伸长率 ($L_0 \geq 500$ mm) A_{gt}(%) 不小于	应力松弛性能 初始负荷相当于公称最大力的百分数(%)	1000 h 后应力松弛率 r(%) 不大于
1×2	8.00	1470	36.9	33.2		80	4.5
		1570	39.4	35.5			
		1720	43.2	38.9			
		1860	46.7	42.0			
		1960	49.2	44.3			
	10.00	1470	57.8	52.0			
		1570	61.7	55.5			
		1720	67.6	60.8			
		1860	73.1	65.8			
		1960	77.0	69.3			
	12.00	1470	83.1	74.8			
		1570	88.7	79.8			
		1720	97.2	87.5			
		1860	105	94.5			

注：规定非比例延伸力 $F_{p0.2}$ 值不小于整根钢绞线公称最大力 F_m 的 90%。

2. 1×3 结构绞线的力学性能应符合表 4-19 规定。

表 4-19 1×3 结构钢绞线力学性能

钢绞线结构	钢绞线公称直径 D_n(mm)	抗拉强度 R_m(MPa) 不小于	整根钢绞线的最大力 F_m(kN) 不小于	规定非比例延伸力 $F_{p0.2}$(kN) 不小于	最大力总伸长率 ($L_0 \geq 500$ mm) A_{gt}(%) 不小于	应力松弛性能 初始负荷相当于公称最大力的百分数(%)	1000 h 后应力松弛率 r(%) 不大于
1×3	6.20	1570	31.1	28.0	对所有规格	对所有规格	对所有规格
		1720	34.1	30.7			
		1860	36.8	33.1			
		1960	38.8	34.9			
	6.50	1570	33.3	30.0		60	1.0
		1720	36.5	32.9			
		1860	39.4	35.5			
		1960	41.6	37.4			

续表

钢绞线结构	钢绞线公称直径 D_n(mm)	抗拉强度 R_m(MPa) 不小于	整根钢绞线的最大力 F_m(kN) 不小于	规定非比例延伸力 $F_{p0.2}$(kN) 不小于	最大力总伸长率 ($L_0 \geq 500$ mm) A_{gt}(%) 不小于	应力松弛性能	
						初始负荷相当于公称最大力的百分数(%)	1000 h 后应力松弛率 r(%)不大于
1×3	8.60	1470	55.4	49.9	3.5	70	2.5
		1570	59.2	53.3			
		1720	64.8	58.3			
		1860	70.1	63.1			
		1960	73.9	66.5			
	8.74	1570	60.6	54.5			
		1670	64.5	58.1			
		1860	71.8	64.6			
	10.80	1470	86.6	77.9		80	4.5
		1570	92.5	83.3			
		1720	101	90.9			
		1860	110	99.0			
		1960	115	104			
	12.90	1470	125	113			
		1570	133	120			
		1720	146	131			
		1860	158	142			
		1960	166	149			
1×3I	8.74	1570	60.6	54.5			
		1670	64.5	58.1			
		1860	71.8	64.6			

注：规定非比例延伸力 $F_{p0.2}$ 值不小于整根钢绞线公称最大力 F_m 的 90%。

3. 1×7 结构绞线的力学性能应符合表 4-20 规定。

表 4-20　1×7 结构钢绞线力学性能

钢绞线结构	钢绞线公称直径 D_n (mm)	抗拉强度 R_m (MPa) 不小于	整根钢绞线的最大力 F_m (kN) 不小于	规定非比例延伸力 $F_{p0.2}$ (kN) 不小于	最大力总伸长率 ($L_0 \geqslant 500$ mm) A_{gt} (%) 不小于	应力松弛性能 初始负荷相当于公称最大力的百分数(%)	应力松弛性能 1000 h 后应力松弛率 r (%) 不大于
1×7	9.50	1720	94.3	84.0	对所有规格 3.5	对所有规格 60 / 70 / 80	对所有规格 1.0 / 2.5 / 4.5
1×7	9.50	1860	102	91.8			
1×7	9.50	1960	107	96.3			
1×7	11.10	1720	128	115			
1×7	11.10	1860	138	124			
1×7	11.10	1960	145	131			
1×7	12.70	1720	170	153			
1×7	12.70	1860	184	166			
1×7	12.70	1960	193	174			
1×7	15.20	1470	206	185			
1×7	15.20	1570	220	198			
1×7	15.20	1670	234	211			
1×7	15.20	1720	241	217			
1×7	15.20	1860	260	234			
1×7	15.20	1960	274	247			
1×7	15.70	1770	266	239			
1×7	15.70	1860	279	251			
1×7	17.80	1720	327	294			
1×7	17.80	1860	353	318			
(1×7)C	12.70	1860	208	187			
(1×7)C	15.20	1820	300	270			
(1×7)C	18.00	1720	384	346			

4. 供方每一交货批钢绞线的实际强度不能高于其抗拉强度级别 200MPa。
5. 钢绞线弹性模量为 (195±10) GPa，但不作为交货条件。
6. 允许使用推算法确定 1000h 松弛率。

表式 C3-4-15

防水卷材试验报告

（表 C3-4-15） **MA** (2014) 量认（京）字（U0375）号

编 号	×××
试验编号	2014－0514
委托编号	2014－03797

工程名称及部位	××市××道路工程 地下人行通道		
委托单位	××市政建设集团有限公司	委托人	×××
种类、等级、牌号	APP 改性沥青防水卷材 Ⅱ型 ××牌	试件编号	×××
生产单位	××建材公司	代表数量	10000m²
委托日期	××年××月××日	试验日期	××年××月××日
试验依据	GB 18243		

试验结果				
一、拉力	纵向	963 N		
	横向	912 N		
二、拉伸强度	纵向	/ MPa		
	横向	/ MPa		
三、断裂伸长率（延伸率）	纵向	66 %		
	横向	85 %		
四、不透水性	0.3MPa,30min 不透水			
五、耐热度	温度(℃)	130	结果	无滑动、无流淌、无滴落
六、柔韧性（低温柔性、低温弯折性）	温度(℃)	－15	结果	无裂纹

结论：

依据《塑性体改性沥青防水卷材》(GB 18243－2008)标准,所检项目符合 APP 改性沥青防水卷材Ⅱ型指标要求。

批 准	×××	审 核	×××		×××
检测试验单位	××工程试验检测中心				
报告日期	××年××月××日				

本表由检测单位提供。

《防水卷材试验报告》填表说明

【填写依据】

1. 防水卷材试验报告是建设单位档案部门长期保管的档案资料。
2. 防水卷材试验报告适用于所有卷材的试验报告。现以塑性体改性沥青防水卷材为例,执行的标准:《塑性体改性沥青防水卷材》(GB 18243—2008)。其他防水卷材参见相应标准。
3. 塑性体改性沥青防水卷材是以聚酯毡或玻纤毡为胎基、无规聚丙烯(APP)或聚烯烃类聚合物(APAO,APO)作为改性剂,两面覆以隔离材料所制成的建筑防水材料(统称 APP 卷材)。

按胎基分为聚酯胎(PY)、玻纤胎(G)、玻纤增强聚酯毡(PYG)。

按上表面材料分为聚乙烯膜(PE)、细砂(S)与矿物粒料(M)三种。

按下表面隔离材料分为细砂(S)、聚乙烯膜(PE)等。

按材料性能分为Ⅰ型和Ⅱ型。

卷材按不同胎基、不同上表面材料分为 6 个品种。

4. APP 卷材的物理、力学性能见表 4-21:

表 4-21 材料性能

序号	项目		指标				
			Ⅰ		Ⅱ		
			PY	G	PY	G	PYG
1	可溶物含量(g/m²) ≥	3mm	2100				—
		4mm	2900				—
		5mm			3500		
		试验现象	—	胎基不燃	—	胎基不燃	—
2	耐热性	℃	110		130		
		≤mm	2				
		试验现象	无流淌、滴落				
3	低温柔性(℃)		—7		—15		
			无裂缝				
4	不透水性 30min		0.3MPa	0.2MPa	0.3MPa		
5	拉力	最大峰拉力(N/50mm) ≥	500	350	800	500	900
		次高峰拉力(N/50mm) ≥	—	—	—	—	800
		试验现象	拉伸中部无沥青涂盖层开裂或与胎基分离现象				
6	延伸率	最大峰时延伸率(%) ≥	25	—	40	—	—
		第二峰时延伸率(%) ≥	—	—	—	—	15

续表

序号	项目			指标				
				I		II		
				PY	G	PY	G	PYG
7	浸水后质量增加(%) ≥		PE、S	1.0				
			M	2.0				
8	热老化	拉力保持率(%)	≥	90				
		延伸率保持率(%)	≥	80				
		低温柔性(℃)		−2		−10		
				无裂缝				
		尺寸变化率(%)	≤	0.7	—	0.7	—	0.3
		质量损失(%)	≤	1.0				
9	接缝剥离强度(N/mm) ≥			1.0				
10	钉杆撕裂强度(N) ≥			—				300
11	矿物粒料粘附性(g) ≤			2.0				
12	卷材下表面沥青涂盖层厚度(mm) ≥			1.0				
13	人工气候加速老化	外观		无滑动、流淌、滴落				
		拉力保持率(%)	≥	80				
		低温柔性(℃)		−2		−10		
				无裂缝				

注:表1~6项为强制性项目。

5.取样:

(1)以同一类型、同一规格10000m²为一批,不足10000m²时亦可作为一批。

(2)以同一生产厂的同一品种、同一等级的产品,大于1000卷抽5卷,1000~500卷抽4卷,100~499卷抽3卷,100卷以下抽2卷,进行规格尺寸和外观质量检验。在外观质量检验合格的卷材中,任取一卷作物理性能检验。

(3)取样时将取样卷材切除距外层卷头2500mm后,顺纵向切取长度为800mm的全幅卷材试样2块,一块作物理力学性能检测用,另一块备用。

表式 C3-4-16

防水涂料试验报告
（表 C3-4-16）

(2014)量认(京)字(U0375)号

编　　号	×××
试验编号	2014－0012
委托编号	2014－01660

工程名称及部位	××市××污水处理厂　办公楼1～5层厕浴间		
委托单位	××市政建设集团有限公司	委托人	×××
种类及型号	聚氨酯防水涂料(单组分)	试件编号	×××
生产单位	××建材公司	代表数量	5 t
委托日期	××年××月××日	试验日期	××年××月××日
试验依据	GB/T 19250		

试验结果	一、延伸度	/ mm			
	二、拉伸强度	1.93 MPa			
	三、断裂伸长率	558 %			
	四、粘结性	/ MPa			
	五、耐热度	温度(℃)	/	结果	/
	六、不透水性	合　格			
	七、柔韧性(低温)	温度(℃)	－40	结果	合格
	八、固体含量	96 %			
	九、其他				

结论：

依据《聚氨酯防水涂料》(GB/T 19250－2013)标准，符合单组分聚氨酯防水涂料合格品要求。

批　准	×××	审　核	×××		×××
检测试验单位	××工程试验检测中心				
报告日期	××年××月××日				

本表由检测单位提供。

《防水涂料试验报告》填表说明

【填写依据】
1. 规范名称
(1)《聚氨酯防水涂料》(GB/T 19250);
(2)《溶剂型橡胶沥青防水涂料》(JC/T 852);
(3)《水乳型沥青防水涂料》(JC/T 408);
(4)《聚合物乳液建筑防水涂料》(JC/T 864);
(5)《地下防水工程质量验收规范》(GB 50208)。

2. 技术要求
(1)溶剂型橡胶沥青防水涂料
溶剂型橡胶沥青防水涂料物理力学性能见表 4-22。

表 4-22 溶剂型橡胶沥青防水涂料物理力学性能

项 目		技术指标	
		一等品	合格品
固体含量(%) ≥		48	
抗裂性	基层裂缝(mm)	0.3	0.2
	涂膜状态	无裂纹	
低温柔性(ϕ10mm,2h)		−15℃	−10℃
		无裂纹	
粘结性(MPa) ≥		0.20	
耐热性(80℃,5h)		无流淌、鼓包、滑动	
不透水性(0.2MPa,30min)		不渗水	

(2)水乳型沥基防水涂料
水乳型沥青防水涂料物理力学性能见表 4-23。

表 4-23 水乳型沥青防水涂料物理力学性能

项 目		L	H
固体含量(%) ≥		45	
耐热度(℃)		80±2	110±2
		无流淌、滑动、滴落	
不透水性		0.10MPa,30min 无渗水	
粘结强度(MPa) ≥		0.30	
表干时间(h) ≤		8	
实干时间(h) ≤		24	
低温柔度[a](℃)	标准条件	−15	0
	碱处理	−10	5
	热处理		
	紫外线处理		
断裂伸长率(%) ≥	标准条件	600	
	碱处理		
	热处理		
	紫外线处理		

a 供需双方可以商定温度更低的低温柔度指标。

(3)聚氨酯防水涂料

聚氨酯防水涂料物理力学性能见表 4-24、表 4-25。

表 4-24 单组分聚氨酯防水涂料物理力学性能

序号	项目			Ⅰ	Ⅱ
1	拉伸强度(MPa)		≥	1.90	2.45
2	断裂伸长率(%)		≥	550	450
3	撕裂强度(N/mm)		≥	12	14
4	低温弯折性(℃)		≤	−40	
5	不透水性(0.3MPa,30min)			不透水	
6	固体含量(%)		≥	80	
7	表干时间(h)		≤	12	
8	实干时间(h)		≤	24	
9	加热伸缩率(%)		≤	1.0	
			≥	−4.0	
10	潮湿基面粘结强度[a](MPa)		≥	0.50	
11	定伸时老化	加热老化		无裂纹及变形	
		人工气候老化[b]		无裂纹及变形	
12	热处理	拉伸强度保持率(%)		80~150	
		断裂伸长率(%)	≥	500	400
		低温弯折性(℃)	≤	−35	
13	碱处理	拉伸强度保持率(%)		60~150	
		断裂伸长率(%)	≥	500	400
		低温弯折性(℃)	≤	−35	
14	酸处理	拉伸强度保持率(%)		80~150	
		断裂伸长率(%)	≥	500	400
		低温弯折性(℃)	≤	−35	
15	人工气候老化[b]	拉伸强度保持率(%)		80~150	
		断裂伸长率(%)	≥	500	400
		低温弯折性(℃)	≤	−35	

a 仅用于地下工程潮湿基面时要求;
b 仅用于外露使用的产品。

表 4-25 多组分聚氨酯防水涂料物理力学性能

序号	项目			Ⅰ	Ⅱ
1	拉伸强度(MPa)		≥	1.90	2.45
2	断裂伸长率(%)		≥	450	450
3	撕裂强度(N/mm)		≥	12	14
4	低温弯折性(℃)		≤	−35	
5	不透水性(0.3MPa,30min)			不透水	
6	固体含量(%)		≥	92	
7	表干时间(h)		≤	8	
8	实干时间(h)		≤	24	
9	加热伸缩率(%)		≤	1.0	
			≥	−4.0	
10	潮湿基面粘结强度a(MPa)		≥	0.50	
11	定伸时老化	加热老化		无裂纹及变形	
		人工气候老化b		无裂纹及变形	
12	热处理	拉伸强度保持率(%)		80~150	
		断裂伸长率(%)	≥	400	
		低温弯折性(℃)	≤	−30	
13	碱处理	拉伸强度保持率(%)		60~150	
		断裂伸长率(%)	≥	400	
		低温弯折性(℃)	≤	−30	
14	酸处理	拉伸强度保持率(%)		80~150	
		断裂伸长率(%)	≥	400	
		低温弯折性(℃)	≤	−30	
15	人工气候老化b	拉伸强度保持率(%)		80~150	
		断裂伸长率(%)	≥	400	
		低温弯折性(℃)	≤	−30	

a 仅用于地下工程潮湿基面时要求;
b 仅用于外露使用的产品。

(4)聚合物乳液建筑防水涂料

聚合物乳液建筑防水涂料物理力学性能见表4-26。

表4-26 聚合物乳液建筑防水涂料物理力学性能

序号	试验项目			指标	
				Ⅰ	Ⅱ
1	拉伸强度(MPa)		≥	1.0	1.5
2	断裂延伸率(%)		≥	300	
3	低温柔性,绕φ10mm棒弯180°			－10℃,无裂纹	－20℃,无裂纹
4	不透水性(0.3MPa,30min)			不透水	
5	固体含量(%)		≥	65	
6	干燥时间(h)	表干时间	≤	4	
		实干时间	≤	8	
7	处理后的拉伸强度保持率(%)	加热处理	≥	80	
		碱处理	≥	60	
		酸处理	≥	40	
		人工气候老化处理[a]		—	80～150
8	处理后的断裂延伸率(%)	加热处理	≥	200	
		碱处理	≥		
		酸处理	≥		
		人工气候老化处理[a] ≥		—	200
9	加热伸缩率(%)	伸长	≤	1.0	
		缩短	≤	1.0	

a 仅用于外露使用产品。

【填写要点】

1. 检查报告单上各项目是否齐全、准确、无未了项,试验室签字盖章是否齐全;检查试验编号是否填写;试验数据是否真实,将试验结果与性能指标对比,以确定其是否符合规范技术要求。不合格的材料不能用在工程上。若发现问题应及时取双倍试样做复试,并将复试合格报告或处理结论附于此报告后一并存档,同时核查试验结论。

2. 检查各试验报告代表数量总和是否与总需求量相符。

表式 C3-4-17

环氧煤沥青涂料性能试验报告

(表 C3-4-17)

(2014)量认(京)字(U0375)号

编　号	×××
试验编号	2014－0082
委托编号	2014－01413

工程名称及部位	××市××路供水管道工程		
委托单位	××市政建设集团有限公司	委托人	×××
厂家	××涂料厂	委托日期	××年××月××日
试验依据		试验日期	××年××月××日

底漆与固化剂配比	表干时间(t)	实干时间(t)	固化时间(t)	试验环境温度(℃)
10∶1.1	1	2	10	20～29
面漆与固化剂配比	表干时间(t)	实干时间(t)	固化时间(t)	试验环境温度(℃)
10∶1	1.5	3	11	16～25
防腐层等级及结构	厚度(mm)	电火花检查(kV)	粘结力检查	
加强级	4.1	3.0	撕开切口处无金属表面外露情况	

其他说明：

结论：

符合设计与规范要求，合格。

批　准	×××	审　核	×××		×××
检测试验单位	××工程试验检测中心				
报告日期	××年××月××日				

试验专用章

本表由检测单位提供。

表式 C3-4-18

止水带试验报告 CMA

（表 C3-4-18） (2014)量认(京)字(U0375)号

编　　号	×××
试验编号	2014－0045
委托编号	2014－0113

工程名称及部位	⑥轴变形缝		
委托单位	××市政建设集团	委托人	×××
生产单位	××材料生产厂	代表数量	××m
样品型号或规格	BG－12000mm×380mm×8mm	委托日期	××年××月××日
试验依据	GB 18173.2	试验日期	××年××月××日

检验结果	一、拉伸强度	17 MPa
	二、扯断伸长率	420 ％
	三、撕裂强度	32 kN/m
	四、其他	

结论：

　　经检查，符合《高分子防水材料　第2部分：止水带》(GB 18173.2)规范规定，合格。

批　　准	×××	审　核	×××		×××
检测试验单位	××工程试验检测中心				
报告日期	××年××月××日				

本表由检测单位提供。

《止水带试验报告》填表说明

【填写依据】

1. 止水带表面不允许有开裂、缺胶、海绵状等影响使用的缺陷,中心孔偏心不允许超过管状断面厚度的1/3。

2. 止水带表面允许有深度不大于2mm、面积不大于16mm² 的凹痕、气泡、杂质、明疤等缺陷不超过4处;但设计工作面仅允许有深度不大于1mm、面积不大于10mm² 的缺陷不超过3处。

3. 物理性能:

止水带的物理性能应符合表4-27的规定。

表4-27 止水带的物理性能

序号	项目			指标		
				B	S	J
1	硬度(邵尔A)(度)			60±5	60±5	60±5
2	拉伸强度(MPa)		≥	15	12	10
3	扯断伸长率(%)		≥	380	380	300
4	压缩永久变形	70℃×24h(%)	≤	35	35	35
		23℃×168h(%)	≤	20	20	20
5	撕裂强度(kN/m)		≥	30	25	25
6	脆性温度(℃)		≤	-45	-40	-40
7	热空气老化	70℃×168h	硬度变化(邵尔A)(度) ≤	+8	+8	—
			拉伸度(MPa) ≥	10	10	—
			扯断伸长率(%) ≥	300	300	—
		100℃×168h	硬度变化(邵尔A)(度) ≤	—	—	+8
			拉伸度(MPa) ≥	—	—	9
			扯断伸长率(%) ≥	—	—	250
8	臭氧老化50pphm;20%,48h			2级	2级	0级
9	橡胶与金属粘合			断面在弹性体内		

注:1. 橡胶与金属粘合项仅适用于具有钢边的止水带;

2. 若有其他特殊需要时,可由供需双方协议适当增加检验项目,如根据用户需求酌情考核霉菌试验,但其防霉性能应等于或高于2级。

4. 止水带接头部位的拉伸强度指标不得低于上表标准性能的80%(现场施工接头除外)。

表式 C3-4-20

砖(砌块)试验报告

(表 C3-4-20)

(2014)量认(京)字(U0375)号

编　号	×××
试验编号	2014—0036
委托编号	2014—01582

工程名称及部位	××市××道路工程		
委托单位	××市政建设集团有限公司	委托人	×××
种类及等级	页岩烧结普通砖	试样编号	×××
生产单位	××建材有限公司	代表数量	12万块
委托日期	××年××月××日	试件处理日期 ××年××月××日	试验日期	××年××月××日
试验依据	《烧结普通砖》(GB 5101—2003)		

<table>
<tr><td rowspan="10">试验结果</td><td colspan="3">烧结普通砖</td></tr>
<tr><td rowspan="2">抗压强度平均值 f
(MPa)</td><td>变异系数 $\delta \leq 0.21$</td><td>变异系数 $\delta > 0.21$</td></tr>
<tr><td>强度标准值 f_k
(MPa)</td><td>单块最小强度值 f_{min}
(MPa)</td></tr>
<tr><td>14.8</td><td>12.1</td><td>13.1</td></tr>
<tr><td colspan="3">轻集料混凝土小型空心砌块</td></tr>
<tr><td colspan="2">砌块抗压强度(MPa)</td><td rowspan="2">砌块干燥表观密度(kg/m³)</td></tr>
<tr><td>平均值</td><td>最小值</td></tr>
<tr><td></td><td></td><td></td></tr>
</table>

其他种类：

抗压强度(MPa)					抗折强度(MPa)	
平均值	最小值	大面		条面		平均值	最小值
		平均值	最小值	平均值	最小值		

结论：
经检查，符合设计及规范要求，合格。

批　准	×××	审　核	×××	试　验	×××
检测试验单位	××工程试验检测中心				
报告日期	××年××月××日				

本表由检测单位提供。

表式 C3-4-21

轻集料试验报告 MA

（表 C3-4-21） (2014)量认(京)字(U0375)号

编　号	×××
试验编号	2014—0017
委托编号	2014—01004

工程名称及部位	××市××道路工程		
委托单位	××市政建设集团有限公司	委托人	×××
种类及等级	黏土陶粒	试样编号	×××
产地	北京	代表数量	100m³
委托日期	××年××月××日	试验日期	××年××月××日
试验依据	GB/T 17431.2		

试验结果	一、筛分析	细度模数（细骨料）	/	
		最大粒径（粗骨料）	20　mm	
		级配情况	☑连续粒级　　□单粒级	
	二、表观密度		/　kg/cm³	
	三、堆积密度		680　kg/cm³	
	四、筒压强度		3.9　MPa	
	五、吸水率(1h)		9.7　%	
	六、粒型系数			
	七、其他		/	

结论：

依据《轻集料及其试验方法　第2部分：轻集料试验方法》(GB/T 17431.2—2010)标准，该黏土陶粒检验项目合格。

批　准	×××	审　核	×××		×××
检测试验单位	××工程试验检测中心				
报告日期	××年××月××日				

试验专用章

本表由检测单位提供。

《轻集料试验报告》填表说明

【填写依据】

依据《轻集料及其试验方法 第 2 部分:轻集料试验方法》(GB/T 17431.2—2010)进行检验。

【填写要点】

1.轻集料必须有质量证明文件,并按规定取样复试,有复试报告。

2.轻集料合格证的核查:

轻集料出厂时,生产厂应提供质量合格证书,其内容包括:轻集料品种名称和生产厂名;合格证编号及发放日期;检验结果及执行标准编号;批量编号及供货数量;检验部门及检验人员签盖。

3.轻集料试验报告的核查:

(1)检查试验报告单上各项目是否齐全、准确、无未了项,试验室签字盖章是否齐全;检查试验编号是否填写,试验数据是否真实,以确定其是否符合规范要求。若发现问题应及时取双倍试样做复试,并将复试合格单或处理结论附于报告后一并存档,同时核查试验结论明确。

(2)检查各试验单代表数量总和是否与单位工程总需求量相符。

表式 C3-4-22

石灰(水泥)剂量试验报告

(表 C3-4-22)

编　号	×××
试验编号	2014－0017
委托编号	2014－01004

工程名称及部位	××市××路道路改扩建工程		
委托单位	××市政建设集团有限公司	委托人	×××
试验方法	EDTA 滴定法	设计要求	
委托日期	××年××月××日	试验日期	××年××月××日
试验依据	《公路工程无机结合料稳定材料试验规程》(JTG E51－2009)		

取样日期	检验段桩号	取样位置桩号	代表数量(m^2)	实测值(%)	结论
××年××月××日	东铺路 K0＋700～K1＋060 中层	B12～B23	1000	6.4	合格

备注：					
批　准	×××	审　核	×××		×××
检测试验单位	××工程试验检测中心				
报告日期	××年××月××日				

本表由检测单位提供。

表式 C3-4-23

沥青试验报告

(表 C3-4-23) CMA (2014)量认(京)字(U0375)号

编　号	×××
试验编号	2014－0026
委托编号	2014－00969

工程名称及部位	××市××道路工程			试样编号	×××
委托单位	××市政建设集团有限公司			委托人	×××
品种及标号	AH　110			产地	北京
代表数量	100t	委托日期	××年××月××日	试验日期	××年××月××日
试验依据	JTG E20－2011				

石　油　沥　青					
试样编号	针入度 25℃(1/10mm)	延度(cm)		软化点 (℃)	其他
		15℃	25℃		
018	109	104.0		43.5	

煤　沥　青			
试样编号	黏度	其他	其他

乳　化　沥　青			
试样编号	黏度	沥青含量(%)	其他

结论：
经检查，符合设计及《公路工程沥青及沥青混合料试验规程》(JTG E20－2011)规范要求，合格。

批　准	×××	审　核	×××		×××
检测试验单位	××工程试验检测中心				
报告日期	××年××月××日				

本表由检测单位提供。

表式 C3-4-24

沥青胶结材料试验报告 CMA

(表 C3-4-24)　(2014)量认(京)字(U0375)号

编　　号	×××
试验编号	2014－0125
委托编号	2014－00969

工程名称及部位	××市××道路工程	试样编号	×××
委托单位	××建设集团有限公司	委托人	×××
沥青品种	石油沥青　60号	胶结材料标号	75号
掺合料	石棉　六级	胶结材料配合比通知单编号	2014－0121
委托日期	××年××月××日	试验日期	××年××月××日
试验依据			

施工配合比			
材料名称			
每次熬制用量(kg)			

试验结果			
粘结力	柔韧性	耐热度(℃)	其他
粘贴在一起的油纸撕开部分≤粘贴面积1/2	在(18±2)℃时,围绕20mm圆棒弯曲成半周无裂纹	75	

结论：

　　经检查,符合设计及规范规定,合格。

批　准	×××	审　核	×××		×××
检测试验单位	××工程试验检测中心				
报告日期	××年××月××日				

本表由检测单位提供。

表式 C3-4-25

沥青混合料试验报告 CMA
(表 C3-4-25)   (2014)量认(京)字(U0375)号

编　号	×××
试验编号	2014－0105
委托编号	2014－09983

工程名称及部位	××路(三～四环)工程　1合同段		
委托单位	××建设集团有限公司	委托人	×××
混合料种类	沥青混合料　AC-25 I	委托日期	××年××月××日
生产厂家	××沥青拌和站	试验日期	××年××月××日
试验依据	JTG E20－2011		

试验项目	标准值	实测值
稳定度(kN)	＞7.5	11.52
流值(mm)	20～40	33.2
密度(g/cm^3)	实测值	2.506
油石比(%)	4.0～6.0	4.4
下列各筛的通过质量百分率(%)		
筛孔尺寸(mm)	标准值	实测值
31.5	100	100
26.5	95～100	98.1
19.0	75～90	89.5
16.0	62～80	78.5
13.2	53～73	68.7
9.5	43～63	55.4
4.75	32～52	42.4
2.36	25～42	33.6
1.18	18～32	20.8
0.6	13～25	14.4
0.3	8～18	13.0
0.15	5～13	9.9
0.075	3～7	5.1

结论：

　　按《公路工程沥青及沥青混合料试验规程》(JTG E20－2011)标准评定：合格。

批　准	×××	审　核	×××		×××
检测试验单位	××工程试验检测中心				
报告日期	××年××月××日				

本表由检测单位提供。

表式 C3-4-26

锚具检验报告
(表 C3-4-26)

MA (2014)量认(京)字(U0375)号

编　　号	×××
试验编号	2014－0754
委托编号	2014－11501

工程名称	××道路工程		
施工单位	××市政建设集团有限公司		
产品规格	AM15－1	材质	
合格证号	×××	生产厂家	×××
检验项目	检验内容与质量标准要求		检验结果
夹片	外观、硬度、静载性能检验、疲劳性能检验、周期荷载性能检验、辅助性试验		合格
锚具	外观、硬度、静载性能检验、疲劳性能检验、周期荷载性能检验、辅助性试验		合格
连接器	外观、硬度、静载性能检验		合格

结论：
预应力筋用锚具检验结果数值符合《预应力筋用锚具、夹具和连接器》(GB/T 14370)的规范规定。

负责人	审核人	试验人
×××	×××	×××
报告日期	××年××月××日	

本表由检验单位提供。

表式 C3-4-27

阀门试验记录
(表 C3-4-27)

编 号	×××

工程名称	××市××路燃气工程
施工单位	××市政建设集团有限公司
试验采用标准名称	《铁制和铜制螺纹连接阀门》(GB/T 8464—2008)

试验日期	位置编号	类型	规格型号		强度试验			严密性试验			外观检查及试验结果
			公称直径	公称压力	试验介质	压力(MPa)	时间(min)	试验介质	压力(MPa)	时间(min)	
2014.8.5	K1+673.8	Q347F-16C	DN 200	1	水	2.4	60	水	1.8	15	合格
2014.8.5	K1+310.5	Q347F-16C	DN 150	1	水	2.4	60	水	1.8	15	合格

监理(建设)单位	施工单位		
	项目负责人	质检员	试验员
×××	×××	×××	×××

本表由施工单位填写。

表式 C3-4-28

见证试验汇总表
(表 C3-4-28)

编　号	×××

工程名称	××市××路××桥梁工程		
施工单位	××市政建设集团有限公司		
建设单位	××路桥管理有限责任公司		
监理单位	××建设监理有限责任公司		
见证试验室名称	××建设工程测试中心	见证人	×××
			×××
试验类别	试件规格	有见证试验组数	试验报告份数	备　注
普通水泥	P·O 42.5	6	6	合格
页岩砖	240mm×115mm×53mm	4	4	合格
钢筋	热轧带肋 HRB 335	52	52	合格
砌筑砂浆试块	M10	26	26	合格
混凝土抗压强度试块	C15、C20、C35、C40	265	265	合格
混凝土抗折强度试块	C15、C20、C35、C40	66	66	合格
负责人	×××	填表人	×××	汇总日期	××年××月××日

本表由施工单位填写。

第5章　施工测量监测资料表格填写范例及说明

表式 C4-2

测量复核记录		编　号	×××
（表 C4-2）			
工程名称	××市××路××道路工程		
施工单位	××市政建设集团有限公司		
复核部位	K0+××～K0+××	仪器型号	×××
复核日期	××年××月××日	仪器检定日期	××年××月××日

复核内容（文字及草图）：

根据××测绘部门提供的路中心线控制点 K0+000、K0+112、K0+313.532。

经我方复测，其偏差为 30″，在允许偏差（40″$\sqrt{N}$＝40″×$\sqrt{3}$＝69″）范围内。

```
     K0+000         K0+112         K0+313.532
       •              •                •
```

复核结论：

测量方法、误差符合规范要求。

技术负责人	测量负责人	复核人	施测人
×××	×××	×××	×××

本表由施工单位填写。

表式 C4-4

初期支护净空测量记录
(表C4-4)

编 号	×××

工程名称	××市地铁×号线Ⅰ标段		
施工单位	××城建地铁工程有限责任公司		
施工部位	××区间右线	桩号 ××	检查日期 ××年××月××日

序号	桩号	拱部边墙																			
		线路中心左侧										线路中心右侧									
	设计	1	2	3	4	5	6	7	8	9	10	1	2	3	4	5	6	7	8	9	10
1	251-15	2523	2630	2715	2768	2772	2670	2482	2201	1655		2400	2430	2500	2536	2550	2411	2202	1870	1361	
2	251+12.5	2511	2625	2710	2770	2780	2659	2480	2180	1660		2310	2390	2473	2490	2501	2398	2180	1866	1355	
3	251+10	2460	2598	2683	2745	2750	2671	2476	2170	1670		2380	2400	2501	2518	2520	2401	2191	1873	1370	
4	251+7.5	2497	2600	2693	2740	2751	2670	2478	2180	1654		2391	2402	2460	2520	2578	2420	2200	1880	1379	
5	251+5	2471	2602	2705	2730	2748	2661	2475	2165	1661		2410	2430	2452	2505	2520	2418	2190	1850	1340	
6	251+2.5	2483	2599	2700	2742	2745	2660	2473	2160	1655		2371	2402	2418	2479	2490	2398	2184	1870	1345	
7	251+00	2510	2610	2720	2751	2748	2683	2472	2173	1648		2338	2373	2420	2460	2479	2402	2190	1890	1360	
8																					
9																					
10																					

序号	桩号	仰拱																			
		线路中心左侧										线路中心右侧									
	设计	1	2	3	4	5	6	7	8	9	10	1	2	3	4	5	6	7	8	9	10
1	251-15	989	973	965	908	740						985	974	948	805	561					
2	251+12.5	980	981	940	850	680						978	970	923	789	550					
3	251+10	971	950	928	827	631						972	967	921	791	570					
4	251+7.5	983	982	941	840	600						980	978	970	842	581					
5	251+5	984	973	939	801	594						981	975	958	840	592					
6	251+2.5	1010	1003	956	850	660						1032	1010	991	835	600					
7	251+00	1032	1012	977	844	740						1034	1033	1000	900	617					
8																					
9																					
10																					

技术负责人	×××	质检员	×××	记录人	×××

注:1. 自中线向两侧测量横向尺寸,自轨顶向上每50cm一点(包含拱顶最高点)。

2. 仰拱从中线向两侧每50cm一点,测量自轨面线下的竖向尺寸。

3. 设计尺寸注于附图中或填在第一栏内。

断面示意图

本表由施工单位填写。

表式 C4-5

隧道净空测量记录
(表 C4-5)

编 号 ×××

工程名称	××市地铁×号线Ⅰ标段		
施工单位	×××城建地铁工程有限责任公司		
施工部位	××区间右线　桩号　××		检查日期 ××年××月××日

里程	拱顶标高(m)			轨顶水平面以上(3200mm处)宽度(mm)						起拱线水平面以上(1800mm处)度(mm)						轨顶水平面以上(1400mm处)宽度(mm)					
				线路左侧			线路右侧			线路左侧			线路右侧			线路左侧			线路右侧		
	设计	竣工	误差	设计	竣工	误差	设计	竣工	误差	设计	竣工	误差	设计	竣工	误差	设计	竣工	误差	设计	竣工	误差
251+00	27.431	27.448	+0.017	1866	1900	+34	1966	1987	+21	2300	2318	+18	2400	2397	−3	2288	2317	+29	2388	2384	−4
251+05	27.410	27.423	+0.013	1866	1879	+13	1966	1976	+10	2300	2304	+4	2400	2411	+11	2288	2290	+2	2388	2400	+12
251+10	27.389	27.392	+0.003	1866	1868	+2	1966	1970	+4	2300	2300	0	2400	2406	+6	2288	2289	+1	2388	2397	+9
251+15	27.369	27.382	+0.013	1866	1873	+7	1966	1974	+8	2300	2311	+11	2400	2398	−2	2288	2302	+14	2388	2385	−3
251+20	27.348	27.370	+0.022	1866	1888	+22	1966	1968	+2	2300	2317	+17	2400	2394	−6	2288	2310	+22	2388	2379	−9
251+30	27.306	27.324	+0.018	1866	1881	+15	1966	1972	+6	2300	2297	−3	2400	2402	+2	2288	2279	−9	2388	2392	+4
251+40	27.265	27.258	−0.007	1866	1860	−6	1966	1964	−2	2300	2321	+21	2400	2399	−1	2288	2291	+3	2388	2382	−6

里程	拱顶标高(m)			轨顶水平面以上(432mm处)宽度(mm)						轨顶水平面处宽度(mm)					
				线路左侧			线路右侧			线路左侧			线路右侧		
	设计	竣工	误差	设计	竣工	误差	设计	竣工	误差	设计	竣工	误差	设计	竣工	误差
251+00	27.431	27.448	+0.017	2157	2178	+21	2257	2246	−11	2051	2061	+10	2151	2132	−19
251+05	27.410	27.423	+0.013	2157	2158	+1	2257	2268	+11	2051	2049	−2	2151	2170	+19
251+10	27.389	27.392	+0.003	2157	2156	−1	2257	2269	+12	2051	2047	−4	2151	2163	+12
251+15	27.369	27.382	+0.013	2157	2172	+15	2257	2246	−11	2051	2085	+34	2151	2145	−6
251+20	27.348	27.370	+0.022	2157	2174	+17	2257	2240	−17	2051	2082	+31	2151	2122	−29
251+30	27.306	27.324	+0.018	2157	2145	−12	2257	2257	0	2051	2040	−11	2151	2150	−1
251+40	27.265	27.258	−0.007	2157	2168	+11	2257	2250	−7	2051	2078	+27	2151	2134	−17

注：车站净空测量在站台板面处即 y 值为965mm处增测一点；车站净空测量线路中线至边墙一侧的净空。

《隧道净空测量记录》填表说明

【填写依据】

隧道二次衬砌完成后,应进行隧道净空的测量检查并做好记录。主要内容包括:检查桩号部位、结构净空尺寸、施工误差等。

1. 隧道净空变形观测点布置与埋设:隧道净空变形观测点可选择单一测线(一般在拱脚处),也可选择多测线观测。测点加工时应保证测点与量测仪器连接圆滑密贴,埋设时保证测点锚栓与围岩或支护稳固连接,变形一致,并制作明显警示标志,防止人为损坏。净空变形观测点应与地面沉降观测点在同一断面,测点应尽量靠近开挖面布置,其测点距开挖面不得大于2m,应在每环初次衬砌完成后24h以内,并在下一开挖循环开始前,记录初次读数,以两次数据的平均值作为初始读数。

2. 观测方法:用于量测开挖后隧道净空变化的收敛计,可分为重锤式、弹簧式、电动式3种,多选用弹簧式收敛计,量测时粗读元件为钢尺,细读元件为百分表,钢尺每隔10mm打有小孔,以便根据收敛量调整粗读数,钢尺固定拉力由弹簧提供,由百分表读取隧道周边两点间的相对位移,量测精度为0.1mm,借助端部球铰可在水平和垂直平面内转动,以适应不同方向基线的要求,观测时将收敛计固定套筒与测点用锚塞连接,选择合适的孔位固定,读取粗读数,旋转手柄拉紧弹簧,读百分表的细读数。

3. 监测频率和停止观测的时间:

隧道净空变形监测频率见表5-1。

表 5-1 隧道净空变形监测频率

开挖面距量测断面	<2B	2B~5B	>5B
量测频率	1~2次/d	1次/2~3d	1次/3~7d

注:B为隧道开挖深度。

隧道周边收敛速率有明显减缓趋势时,可减少观测次数到1次/月或1次/3个月;当收敛量小于0.15mm/d时,可停止观测。

表式 C4-6

结构收敛观测成果记录
(表 C4-6)

编 号	×××

工程名称	××市地铁×号线1标段××车站工程
施工单位	××城建地铁工程有限责任公司
观测点桩号	××～×× 观测日期 自 ×× 年 ×× 月 ×× 日至 ×× 年 ×× 月 ×× 日

测点位置	观测日期	时间间隔	前本次相差(mm)	速率(mm/d)	总收敛(mm)	初测日期	初测值
K4+841	5.9～5.11	2	-0.03	0.00	-0.67	2014.1.8	31.3845
K4+847	5.9～5.11	2	-0.06	-0.01	-1.16	2014.1.8	31.3744
K4+853	5.9～5.11	2	-0.05	-0.01	-1.20	2014.1.8	31.3802
K4+859	5.11～5.13	2	-0.08	-0.01	-1.33	2014.1.20	31.3643
K4+865	5.11～5.13	2	-0.11	-0.02	-1.45	2014.1.20	31.3827
K4+871	5.11～5.13	2	-0.16	-0.02	-1.33	2014.1.20	31.3517
K4+877	5.13～5.16	3	-0.04	-0.01	-1.00	2014.1.24	31.3724
K4+883	5.13～5.16	3	-0.02	0.00	-1.26	2014.1.24	31.2458
K4+889	5.13～5.16	3	-0.06	-0.01	-0.85	2014.1.24	31.2913

观测点位布置简图：

(略)

技术负责人	测量员	计 算	复 核
×××	×××	×××	×××

本表由施工单位填写。

表式 C4-7

地中位移观测记录
(表 C4-7)

编 号	×××

工程名称	××市政排水管道暗挖工程
施工单位	××市政建设集团

观测日期： 自××年××月××日至××年××月××日	点位与结构关系示意图： 略 测区里程： K3+200～K3+300

观测点	观测日期	时间间隔	前本次相差(mm)	总位移值(mm)	初测日期	初测值
GC-001	2014.9.2	3	0	0	2014.8.24	1.032

技术负责人	测量员	计算	复核
×××	×××	×××	×××

本表由施工单位填写。

表式 C4-8

拱顶下沉观测成果表
(表 C4-8)

编 号	×××

工程名称	××市地铁×号线03标段××站～××站区间工程
施工单位	××城建地铁工程有限责任公司

水准点编号：ES11～ES18　　　　　　　　　　量测部位：1#竖井东南4#断面

水准点所在位置：(略)　　　　　　　　　　　测量桩号：K4+800～K4+860

观测日期：
　　自××年××月××日～××年××月××日

测点位置	观测日期	时间间隔	前本次相差(mm)	速率(mm/d)	累计沉降(mm)	初测日期	初测值
1#竖井东南4#断面	2014.4.5～4.6	1	−0.5	−0.1	−4.1	2013.11.12	31.3978
	2014.4.5～4.6	1	−0.2	−0.1	−7.6	2013.11.17	31.3658
	2014.4.6～4.7	1	0.3	0.0	−15.9	2013.11.24	31.3751
	2014.4.6～4.7	1	0.2	0.0	−12.3	2013.12.7	31.3697
	2014.4.7～4.8	1	−0.1	0.0	−23.7	2013.12.13	31.3811
	2014.4.7～4.8	1	−0.3	−0.1	−16.8	2013.12.22	31.3711
	2014.4.8～4.10	2	−0.4	0.0	−18.9	2014.1.1	31.3540
	2014.4.8～4.10	2	−1.3	−0.1	−25.4	2014.1.8	31.4652

技术负责人	测量员	计 算	复 核
×××	×××	×××	×××

本表由施工单位填写。

第6章 施工记录表格填写范例及说明

表式 C5-1-1

施工通用记录 （表 C5-1-1）		编　号	×××
工程名称	××市政道路工程		
施工单位	××市政建设集团有限公司	日期	××年××月××日
施工内容： 　　铺筑改性沥青混凝土路面。			
施工依据与材质： 　　由于改性沥青混合料黏度较高，摊铺温度较高，阻力较大，故选用履带式摊铺机均匀、连续摊铺，纵向缝采用热接缝。			
检查情况： 　　经检查，拌和后的沥青混合料均匀一致，无花白、粗细料分离现象，摊铺厚度和平整度符合要求，压实表面干燥、清洁、无浮土，且平整和路拱度符合要求，搭接处紧密、平顺。			
质量问题及处理意见： 　　经检查，各项指标均符合规范要求。			
负责人	质检员		记录人
×××	×××		×××

本表由施工单位填写。

表式 C5-1-2

隐蔽工程检查记录
(表 C5-1-2)

编　号	×××

工程名称	××市××路××桥梁工程
施工单位	××市政建设集团有限公司

隐检部位	桥墩桩基 3～5#	隐检项目	钢筋安装

隐检内容	隐检依据：施工图图号 ×× ，及有关国家现行标准等。 1. 钢筋的品种、规格、数量、位置、接头情况。 2. 骨架的长度：设计 11720mm，实测偏差值为：−3，−5，−8（允许偏差：+5，−10）； 　　　　直径：设计 φ1368mm，实测偏差值为：−6，2，−2 （允许偏差：+5，−10）。 3. 受力钢筋间距：实测偏差值为：+2，+8，−6，−5。 4. 箍筋间距：实测偏差值为：+2，+5，−6，+2，−9。 5. 保护层厚度：实测偏差值为：+3，−6，+4，+5，+4，+1。 填表人：×××
检查情况及处理意见	经检查，符合设计及规范要求，同意下道工序施工。 检查日期：××年××月××日
复查结果	经检查，符合设计及规范要求，同意下道工序施工。 复查人：×××　　　　　　　　　复查日期：××年××月××日

监理（建设）单位	施工单位		
×××	×××		

本表由施工单位填报。

《隐蔽工程检查记录》填表说明

【填写依据】

隐蔽工程是指被下道工序施工所隐蔽的工程项目。隐蔽工程在隐蔽前必须进行隐蔽工程质量检查,由施工项目负责人组织施工人员、质检人员并请监理(建设)单位代表参加,必要时请设计人员参加,建(构)筑物的验槽、基础/主体结构的验收,应通知质量监督站参加。隐蔽工程的检查结果应具体明确,检查手续应及时办理不得后补。须复验的应办理复验手续,填写复查日期并由复查人做出结论。

隐蔽项目包括:

1. 道路工程中的土路床、底基层、基层、弯沉试验等。

2. 桥梁等结构预应力筋、预留孔道的直径、位置、坡度、接头处理、孔道绑扎、锚具、夹具、连接器的组装等情况。

3. 现场结构构件、钢筋连接:连接形式、接头位置、数量及连接质量等,焊接包括焊条牌号(型号)、坡口尺寸、焊缝尺寸等。

4. 桥梁工程桥面防水层下找平层的平整度、坡度、桥头搭板位置、尺寸。

5. 桥面伸缩装置规格、数量及埋置情况。

6. 管道、构件的基层处理,内外防腐、保温。

7. 管道混凝土管座、管带及附属构筑物的隐蔽部位。

8. 管沟、小室(闸井)防水。

9. 水工构筑物及沥青防水工程防水层下的各层细部做法、工作缝、防水变形缝等。

10. 厂(场)站工程构筑物:伸缩止水带材质、完好情况、安装位置、沉降缝及伸缩缝填充料填充厚度等;工作缝做法、穿墙套管做法等。

11. 各类钢筋混凝土构筑物预埋件位置、规格、数量、安装质量情况。

12. 垃圾卫生填埋场导排层(渠)铺设材质、规格、厚度、平整度,导排渠轴线位置、花管内底高程、断面尺寸等。

13. 直埋于地下或结构中以及有保温、防腐要求的管道:管道及附件安装的位置、高程、坡度;各种管道间的水平、垂直净距;管道及其焊缝的安排及套管尺寸;组对、焊接质量(间隙、坡口、钝边、焊缝余高、焊缝宽度、外观成型等);管支架的设置等。

【填写要点】

1. 工程名称:与施工图纸中图签一致。

2. 施工单位:填写施工单位全称。

3. 隐检部位:填写部位应明确。

4. 隐检项目:应按实际检查项目填写。

5. 隐检内容:应将隐检的项目、具体内容进行量化描述,应真实、全面、详细、清晰,并应注意以下几点:

(1)隐检依据:施工图纸、设计变更、工程洽商及有关国家现行规范、标准、规程;本工程的施工组织设计、施工方案、技术交底等。特殊的隐检项目如新工艺、新材料、新设备等要标注具体的执行标准文号或企业标准文号。

(2)主要材料名称及规格/型号。

(3)附上必需的数据和施工图表,如基坑示意图、轴线示意图、钢筋布置示意图等。

(4)附上必需的设计尺寸和要求,以证明实际尺寸和完成情况已达到要求。

(5)当引用有关的检测/试验报告内容时,一是可直接附上相应的报告复印件(很少用);二是引用相应的检测/试验报告中的数据及编号(推广采用),以实现可追溯性。

6. 检查情况及处理意见:应明确隐检的内容是否符合要求并描述清楚,然后给出检查结论。在隐检中一次验收未通过的要注明质量问题,并提出复查要求。

7. 复查结果:此栏主要是针对一次验收出现的问题进行复查,因此要对质量问题改正的情况描述清楚。在复查中仍出现不合格项,按不合格品处置。

8. 本表由施工单位填报,其中"检查结果及处理意见"、"复查结果"由监理单位填写。

9. 隐检表格实行"计算机打印,手写签名",各方签字后生效。

表式 C5-1-3

中间检查交接记录
(表 C5-1-3)

编　号	×××

工程名称	××道路工程		
交出单位	××路桥工程有限公司	接收单位	××市政工程有限公司
交接部位	K3+000～K4+000 路基填筑	交接日期	××年××月××日

交接简要说明	K3+000～K4+000 段 1000m 路基填筑施工。
检查结果	经检查该路段路基填筑施工已经完成,路基中心线位置、标高均在规定值范围内,路基填土无污染物,粒径符合规范要求;路基压实无松散、翻浆及表面不平整现象。同意进行下道工序施工。
其他说明	无

交出单位项目负责人	接受单位项目负责人	见 证 人
×××	×××	×××

本表由交出单位和接受单位填写并保存。

表式 C5-2-1

地基验槽检查记录
(表 C5-2-1)

编　号	×××

工程名称	××水处理厂改建工程	验槽日期	××年××月××日
验槽部位	①～⑤/Ⓐ～Ⓕ轴		

依据：施工图纸(施工图纸号_____××_____)、设计变更/洽商(编号_____/_____)及有关规范、规程。

验槽内容：
1. 基槽开挖至勘探报告第__3__层，持力层为____黄土____层。
2. 基底高程和相对标高____43.600/-6.300,44.350/-5.350____。
3. 土质情况__砂质粉土(第1层)、粉质黏土(第2层)、黄土(第3层)__。
   (附：　钎探记录及钎探点平面布置图)
4. 桩位置__/__、桩类型__/__、数量__/__，承载力满足设计要求。
(附：　施工记录、桩检测报告)

注：若工程无桩基或人工支护，则相应在第4条填写处划"/"。　　　　　申报人：×××

检查意见：
　　基槽尺寸符合要求，基底土质与设计相符。

检查结论：☑无异常，可进行下道工序　　□需要地基处理

	建设单位	监理单位	设计单位	勘察单位	施工单位
签字盖章栏	(××建设集团有限公司 ×××盖章)	(××工程建设监理有限公司 ×××盖章)	(××建筑设计研究院 ×××盖章)	(××勘察设计研究院 ×××盖章)	(××市政建设集团有限公司 ×××盖章)

表式 C5-2-2

地基处理记录
(表 C5-2-2)

编　号　×××

工程名称	××市政道路工程
施工单位	××市政建设集团
处理依据	《城镇道路工程施工与质量验收规范》(CJJ 1—2008)

处理部位(或简图)：

K3+××—K3+××湿陷性软土路基。

处理过程简述：

采用强夯处理共24遍。

审查意见：

符合要求。

　　　　　　　　　　　　　　　　　　　　　　　　　　　　××年××月××日

建设单位	监理单位	勘查单位	设计单位	施工单位
×××	×××	×××	×××	×××

本表由施工单位填写。

《地基处理记录》填表说明

本表参照《城镇道路工程施工与质量验收规范》(CJJ 1—2008)标准填写。

【填写依据】

地基处理一般包括地基处理方案、地基处理的施工试验记录、地基处理检查记录。处理结果应符合加固的原理、技术要求、质量标准等。

1. 地基处理方案：

基槽挖至设计标高,经勘察、设计、建设(监理)、施工单位共同验槽,对实际地基与地质勘探报告不相符或不符合设计要求的基槽,拟定处理方案并办理全过程洽商。

处理方案中应有工程名称、验槽时间、钎探记录分析。标注清楚需要处理的部位;写明需要处理的实际情况、具体方法及是否达到设计、规范要求。最后必须经设计、勘察人员签认。

2. 地基处理的施工试验记录：

(1)灰土、砂、砂石三合土地基应有土质量干密度或贯入度试验记录,并应做击实试验,提出最大干密度、最佳含水率及根据密实度的要求提供最小干密度的控制指标。混凝土地基应按规定取试样,并做好强度试验记录。

(2)重锤夯实地基应有试夯报告及最后下沉量和总下沉量记录。试夯后,分别测定和比较坑底以下 2.5m 以内、每隔 0.25m 深度处,夯实土与原状土的密实度,其试夯密实度必须达到设计要求;施工前,应在现场进行试夯,选定的夯锤质量(2~3t)、锤底直径和落距(2.5~4.5m)、锤重与底面积的关系应符合锤重在底面上的单位静压力为 1.5~2.0N/cm²。试夯结束后应做试夯报告及试夯记录,同时在夯实过程中,应做好重锤夯实施工记录。

(3)强夯地基应对锤重(常用:10~25t;最大:40t)、间距(5~9m)、夯基点布置及夯击次数做好记录。

【填写要点】

1. 地基处理记录内容包括处理部位、处理过程简述、审查意见等。

2. 当地基处理范围较大,内容较多,用文字描述较困难时,应附简图示意。地基处理完成,应由勘察、设计单位复查(填写在"审查意见"栏),如勘察、设计单位委托监理单位进行复查,应有书面的委托记录。

表式 C5-2-3

地基钎探记录
(表 C5-2-3)

编 号	×××

工程名称	××市××路排水工程
施工单位	××市政建设集团有限公司

套锤重	10kg	自由落距	50cm	钎径	25mm	钎探日期	××年××月××日

| 顺序号 | 各步锤数 ||||| 顺序号 | 各步锤数 |||||
	0～30 (cm)	31～60 (cm)	61～90 (cm)	91～120 (cm)	121～150 (cm)	151～210 (cm)		0～30 (cm)	31～60 (cm)	61～90 (cm)	91～120 (cm)	121～150 (cm)	151～210 (cm)
1	17	27	31	31	36	42							
2	21	25	33	37	42	49							
3	19	22	33	33	37	50							
4	23	23	21	36	38	45							
5	18	28	28	34	40	46							
6	22	20	30	36	42	46							

技术负责人	施工员	质检员	记录人
×××	×××	×××	×××

本表由施工单位填写。

《地基钎探记录》填表说明

【填写依据】

1. 地基钎探用于检验浅层土（如基槽）的均匀性，确定地基的容许承载力及检验填土的质量。

钎探中如发现异常情况，应在地基钎探记录表的备注栏注明。需地基处理时，应将处理范围（平面、竖向）标注，并注明处理依据。形式、方法（或方案）以"洽商"记录下来，处理过程及取样报告等一同汇总进入工程档案。

2. 以下情况可停止钎探：

（1）若 N_{10}（贯入 30cm 的锤击数）超过 100 或贯入 10cm 锤击数超过 50，可停止贯入。

（2）如基坑不深处有承压水层，钎探可造成冒水涌砂，或持力层为砾石层或卵石层，且厚度符合设计要求时，可不进行钎探。如需对下卧层继续试验，可用钻具钻穿坚实土层后再做试验[根据《建筑地基基础工程施工质量验收规范》(GB 50202)中附录 A 的规定]。

（3）专业工长负责钎探的实施，并做好原始记录。钎探日期要根据现场情况填写，钎探步数应根据槽宽确定。

【填写要点】

1. 专业工长负责钎探的实施，并做好原始记录。钎探记录表中工程名称、施工单位要写具体，套锤重、自由落距、钎径、钎探日期要依据现场情况填写，技术负责人、施工员、质检员、记录人的签字要齐全。钎探中若有异常情况，要写在备注栏内。

2. 钎探记录表应附有原始记录表，污染严重的可重新抄写，但原始记录仍要原样保存好，附在新件之后。

表式 C5-2-4

地下连续墙挖槽施工记录
(表 C5-2-4)

编 号	×××

施工单位	××地铁工程有限公司	工程名称	××市地铁×号线01标段土建工程
工程部位	③～⑦轴地下连续墙	挖土设备	钢丝绳抓斗机
设计槽宽	0.6m	设计槽深	22.1m

日 期	班次	槽段编号	槽段深度(m)		本班挖槽(m)			槽壁垂直度(%)	槽位轴线偏差情况(cm)
			开始	结束	深度	宽度	厚度		
××年××月××日	××	XF6	0	22.3	22.3	0.6	6	1/150	3.1
××年××月××日	××	XF7	0	22.0	22.0	0.6	6	1/150	2.8

监理(建设)单位	施工单位		
	技术负责人	施工员	质检员
×××	×××	×××	×××
记录日期	××年××月××日		

本表由施工单位填写。

《地下连续墙挖槽施工记录》填表说明

本表参照《地下铁道工程施工及验收规范》(GB 50299,2003版)标准填写。

【填写依据】

1. 此表适用于施工单位地下连续墙挖槽施工记录,由施工单位填写,建设单位、施工单位保存。

2. 单元槽段长度应符合设计规定,一般情况下5~8m较为合适,并采用间隔式开挖,一般地质应间隔一个单元槽段。

3. 清底应自底部抽吸并及时补浆,清底后的槽底泥浆比重不应大于1.15,沉淀物淤积厚度不应大于100mm。

4. 地下连续墙允许偏差应符合表6-1的规定。

表6-1 地下连续墙允许偏差

项目	允许偏差(mm)	范围		检查方法
		点数检查方法	轴线位置	
轴线偏位	30	每单元段或每槽段	2	用经纬仪测量
外形尺寸	+30 0	每单元段或每槽段	1	用钢尺量一个断面
垂直度	0.5%墙高	每单元段或每槽段	1	用超声波测槽仪检测
顶面高程	±10	每单元段或每槽段	2	用水准仪测量
沉渣厚度	符合设计要求	每单元段或每槽段	1	用重锤或沉积物测定仪(沉淀盒)测量

表式 C5-2-5

地下连续墙护壁泥浆质量检查记录

(表 C5-2-5)

编 号	×××

施工单位	××地铁工程有限公司	工程名称	××市地铁×号线Ⅰ标段土建工程
工程部位	地下连续墙	搅拌机类型	$1.3m^3$ 型
膨润土种类和特性	人工钠土		
泥浆配合比	$1m^3$		1盘
土 (kg)	50		65
水 (kg)	1000		1300
化学掺合剂 (kg)	/		/

日期	班次	泥浆取样位置	泥浆质量指标								
			密度	黏度	含砂量(%)	胶体率(%)	失水量(mm/30min)	泥皮厚度(mm)	静切力(mg/cm)	稳定性(g/cm)	pH
4.29		XF5	1.04	20	2.0	98	18	1.5	60	0.01	8.5

监理(建设)单位	施工单位		
	技术负责人	施工员	质检员
×××	×××	×××	×××
记录日期	××年××月××日		

本表由施工单位填写。

《地下连续墙护壁泥浆质量检查记录》填表说明

本表参照《地下铁道工程施工及验收规范》(GB 50299—1999,2003版)标准填写。

【填写依据】

1. 泥浆拌制材料宜优先选用膨润土,如采用黏土,应进行物理、化学分析和矿物鉴定,其黏粒含量应大于50%,塑性指数应大于20,含砂量应小于5%,二氧化硅与氧化铝含量比值宜为3~4。

2. 泥浆应根据地质和地面沉降控制要求经试配确定,并应按表6-2控制其性能指标。

表6-2 泥浆配制、管理性能指标

泥浆性能	新配制		循环泥浆		废弃泥浆		检验方法
	黏性土	砂性土	黏性土	砂性土	黏性土	砂性土	
密度(g/cm^3)	1.04~1.05	1.06~1.08	<1.10	<1.15	>1.25	>1.35	比重计
黏度(s)	20~24	25~30	<25	<35	>50	>60	漏斗计
含砂率(%)	<3	<4	<4	<7	>8	>11	洗砂瓶
pH值	8~9	8~9	>8	>8	>14	>14	试纸

3. 地下连续墙施工过程中,应按照规定的检验频率对护壁泥浆的配比、密度、黏度、含砂量等指标进行检查并填写地下连续墙护壁泥浆质量检查记录。

4. 拌制泥浆应储存24h以上或加分散剂使膨润土(或黏土)充分水化后方可使用。

挖槽期间,泥浆面必须保持高于地下水位0.5m以上。

5. 可回收利用的泥浆应进行分离净化处理,符合标准后方可使用。废弃的泥浆应采取措施,不得污染环境。

6. 有地下水含盐或受化学污染时应采取措施,不得影响泥浆性能指标。

泥浆储备量应满足槽壁开挖使用需要。

表式 C5-2-6

地下连续墙混凝土浇筑记录

(表 C5-2-6)

编 号	×××

工程名称	××市地铁×号线Ⅰ标段土建工程	施工单位	××地铁工程有限公司
混凝土 设计强度等级	C25	坍落度(mm)	200±20
混凝土 扩散度		导管直径(mm)	250

日期班次	槽段编号	本槽段混凝土计算浇筑数量 (m³)	本槽段混凝土实际浇筑数量 (m³)	混凝土浇筑平均进度 (m³/h)	混凝土实测的坍落度 (mm)	导管埋入混凝土深度 (m)	备注
5.6	XF5	62.1	63.0	10.35	220	2.5	

监理(建设)单位	施工单位		
	技术负责人	施工员	质检员
×××	×××	×××	×××
记录日期			××年××月××日

本表由施工单位填写。

《地下连续墙混凝土浇筑记录》填表说明

【填写依据】

1. 地下连续墙应采用掺外加剂的防水混凝土,水泥用量:采用卵石时不应小于 370kg/m³;采用碎石时不应小于 400kg/m³,坍落度应采用(200±20)mm。其他使用的材料、配合比和搅拌应分别符合《地下铁道工程施工及验收规范》(GB 50299—1999,2003 版)第 9.2.2 条、第 9.2.3 条和第 9.2.4 条的规定。

2. 混凝土宜采用预拌混凝土,并应采用导管法灌注。导管应采用直径为 200~250mm 的多节钢管,管节连接应严密、牢固,施工前应试拼并进行隔水栓通过试验。

3. 导管水平布置距离不应大于 3m,距槽段端部不应大于 1.5m。导管下端距槽底应为 300~500mm,灌注混凝土前应在导管内邻近泥浆面位置吊挂隔水栓。

4. 混凝土灌注应符合下列规定:
(1)钢筋笼沉放就位后,应及时灌注混凝土,并不应超过 4h。
(2)各导管储料斗内混凝土储量应保证开始灌注混凝土时埋管深度不小于 500mm。
(3)各导管剪断隔水栓吊挂线后应同时均匀连续灌注混凝土,因故中断灌注时间不得超过 30min。
(4)导管随混凝土灌注应逐步提升,其埋入混凝土深度应为 1.5~3.0m,相邻两导管内混凝土高差不应大于 0.5m。
(5)混凝土不得溢出导管落入槽内。
(6)混凝土灌注速度不应低于 2m/h。
(7)置换出的泥浆应及时处理,不得溢出地面。
(8)混凝土灌注宜高出设计高程 300~500mm。

5. 每一单元槽段混凝土应制作抗压强度试件一组,每 5 个槽段应制作抗渗压力试件一组,并做好记录。

6. 地下连续墙冬季施工应采取保温措施。墙顶混凝土未达到设计强度的 40% 时不得受冻。

7. 地下连续墙混凝土浇筑应对混凝土的强度等级、坍落度、扩散度、导管直径及混凝土浇筑量、浇筑平均进度等进行记录。

表式 C5-2-7

沉井(泵站)工程施工记录
(表 C5-2-7)

编 号	×××

工程名称	××市1~4号泵站工程		
施工单位	××市政建设集团有限公司		
沉井尺寸	净空6.0m×10.0m,高7.8m	预制日期	××年××月××日
下沉前混凝土强度(MPa)	23.0	设计刃脚标高(m)	−2.6

	日期及班次	测点编号	测点标高(m)	推算刃脚标高(m)	倾斜		位 移		地质情况	水位标高(m)	停歇原因及时间
					横向(%)	纵向(%)	横向(cm)	纵向(cm)			
下沉记录	××年××月××日	1	11.553	3.753			E0.15	S0.12	粉质黏土	3.6	
		2	11.556	3.756			E0.15	S0.12	粉质黏土	3.6	
		3	11.545	3.745			E0.15	S0.12	粉质黏土	3.6	
		4	11.544	3.744			E0.15	S0.12	粉质黏土	3.6	
	××年××月××日	1	11.206	3.406			E0.22	S0.18	砂质黏土	3.6	
		2	11.210	3.410			E0.22	S0.18	砂质黏土	3.6	
		3	11.192	3.392			E0.22	S0.18	砂质黏土	3.6	
		4	11.191	3.391			E0.22	S0.18	砂质黏土	3.6	
封底记录											

监理(建设)单位	施工单位		
	技术负责人	施工员	质检员
×××	×××	×××	×××

本表由施工单位填写。

表式 C5-2-8

桩基施工记录(通用)

(表 C5-2-8)

编 号	×××

工程名称	北京××桥梁工程	施工单位	××市政建设集团
桩基类型	摩擦桩	孔位编号	2#	轴线位置	4#
设计桩径(cm)	150	设计桩长(m)	15	桩顶标高(m)	−1.50
钻机类型	反循环	护壁方式	泥浆	泥浆比重	1.06
开钻时间	××年××月××日××时			终孔时间	××年××年××月××日××时

钢筋笼	笼长(m)	16.2	主筋(mm)	20
	下笼时间	××年××月××日××时	箍筋(mm)	φ10

孔深计算	钻台标高(m)	28.37	浇注前孔深(m)	18.15	实际桩长(m)	15.15
	终孔深度(m)	18.25	沉渣厚度(m)	10		

混凝土设计强度等级	C25	坍落度(cm)	20～22
混凝土理论浇注量(m³)	32.2	实际浇注量(m³)	33.5

施工问题记录：

无

监理(建设)单位	施工单位		
	技术负责人	施工员	质检员
×××	×××	×××	×××
记录日期	××年××月××日		

本表由施工单位填写。

《桩基施工记录(通用)》填表说明

本表参照《建筑桩基技术规范》(JGJ 94)标准填写。

【填写依据】

根据使用的钻机种类不同分别填写《钻孔桩钻进记录(冲击钻)》和《钻孔桩钻进记录(旋转钻)》。各种钻(挖)孔方法的适用范围见表 6-3。

表 6-3 各种钻(挖)孔方法的适用范围

钻孔方法	适用范围			泥浆作用
	土 层	孔径(cm)	孔深(m)	
螺旋钻	黏性土、砂类土、含少量砂砾石、卵石(含量少于30%,粒径小于10cm)的土	长螺旋:40~80 短螺旋:150~300	长螺旋:12~30 短螺旋:40~80	干作业不需要泥浆
正循环回转钻	黏性土、粉砂,细、中、粗砂,含少量砾石、卵石(含量少于20%)的土、软岩	80~250	30~100	浮悬钻渣并护壁
反循环回转钻	黏性土、砂类土、含少量砾石、卵石(含量少于20%,粒径小于钻杆内径2/3)的土	80~300	用真空泵<35,用空气吸泥机可达65,用气举式可达120	护壁
潜水钻	淤泥、腐殖土、黏性土、稳定的砂类土,单轴抗压强度小于20MPa的软岩	非扩孔型:80~300 扩孔型:80~655	标准型:50~80 超深型:50~150	正循环浮悬钻渣,反循环护壁
冲抓钻	淤泥、腐殖土、黏性土、砂类土、砂砾石、卵石	100~200	大于20m时进度慢	护壁
冲击钻	实心锥:黏性土、砂性土、砾石、卵石、漂石、较软岩石 空心锥:黏性土、砂类土、砾石、松散卵石	实心锥:80~200 空心锥(管锥):60~150	50	浮悬钻渣并护壁
钻斗钻	填土层、黏土层、粉土层、淤泥层、砂土层以及短螺旋不易钻进的含有部分卵石、碎石的地层	100~300	78	干作业时不需要泥浆
挖 孔	各种土石	方形或圆形: 一般:120~200 最大:350	25	支撑护壁不需要泥浆

表式 C5-2-9

钻孔桩钻进记录(冲击钻机)
(表 C5-2-9)

编　号　×××

工程名称	××市政桥梁工程						
施工单位	××市政建设集团						
墩台号	××				桩号		E2-7
桩径(mm)	1200	桩长(m)		30	设计桩尖高程(m)		12.2
钻机型号	××	钻头形式		××	钻头质量		××kg
护筒长度(mm)	2	护筒顶高程(m)		42.2	护筒埋置深度(m)		1.8
日期	时间	工作内容	冲程	冲击次数	钻进深度	孔底标高	
××年××月××日	06:00~08:00	开孔	0.8m	7(次/分)	0.8m	41.4m	
	08:00~10:00	冲孔	0.8m	7(次/分)	0.8m	40.6m	清渣
	10:00~12:30	冲孔	1.0m	6(次/分)	1.0m	39.6m	
	12:30~15:30	冲孔	1.5m	5(次/分)	1.5m	38.1m	清渣
	15:30~17:30	冲孔	1.5m	5(次/分)	1.5m	36.6m	
	17:30~19:30	冲孔	2.0m	4(次/分)	2m	34.6m	清渣
	…	…	…	…	…	…	
××年××月××日	05:00~07:00	成孔	2.0m	7(次/分)	0.8m	12.1m	清渣

施工问题及处理方法记录：
(略)

施工员	×××	记录人	×××

表式 C5-2-10

钻孔桩钻进记录(旋转钻)
(表 C5-2-10)

编 号	×××

工程名称	××市××道路工程					
施工单位	××市政建设集团有限公司					
墩台号	××			桩号	B5-1	
桩径(mm)	1200	桩长(m)	30	设计桩尖高程(m)	12.2	
钻机型号	反循环××	钻头形式	三翼式××	钻头直径(cm)	120	
护筒长度(m)	2	护筒顶高程(m)	42.2	护筒埋置深度(m)	1.8	

日期	时间		工作内容	钻进深度(m)		孔底高程(m)	记录
	起	止		本次	累计		
××年××月××日	09:00	10:00	开孔	9.0	9.0	33.2	
	10:00	11:00	钻进	7.5	16.5	25.7	
	11:00	12:00	钻进	5.5	22.5	20.7	
	12:00	13:00	钻进	4.5	26.5	15.7	
	13:00	13:30	终孔	3.5	30.0	12.2	

施工问题及处理方法记录：

(略)

施工员	×××	记录人	×××

本表由施工单位填写并保存。

表式 C5-2-11

钻孔桩混凝土灌注前检查记录
(表 C5-2-11)

编　号	×××

工程名称	××市××路桥梁工程					
施工单位	××市政建设集团有限公司					
工程部位	6#墩台				桩位编号	6-2
成孔检查	孔位偏差(cm)	前	后	左	右	孔垂直度	0.1‰
		+1	-1	+1	-1	设计孔底标高(m)	-10.100
	设计直径(m)	1.5				成孔孔底标高(m)	-10.320
	成孔直径(m)	>1.5				灌注前孔底标高(m)	-10.300
钢筋骨架	骨架总长(m)	11.720				骨架底面标高(m)	-10.100
	骨架每节长(m)	9+3.32				骨架连接方法	单面焊
检查意见	上述检查项目符合设计要求和施工规范规定,合格。						

技术负责人	测量员	质检员	日期
×××	×××	×××	××年××月××日

本表由施工单位填写。

《钻孔桩混凝土灌注前检查记录》填表说明

本表参照《建筑桩基技术规范》(JGJ 94)标准填写。

【填写要点】

1. 本表适用于钻(挖)孔桩的成孔检查。

2. 本表由项目质检员在项目技术负责人、质检员、监理工程师现场检查验收后填写。

3. 钻孔达到设计标高后,应对孔深、孔径进行检查,符合表6-4的要求后方可清孔。在吊入钢筋骨架后,灌注水下混凝土之前,应再次检查孔内泥浆性能指标和孔底沉淀厚度,如通过规定,应进行第二次清孔,符合要求后方可灌注水下混凝土。

表 6-4 钻、挖孔成孔质量标准

项目	允许偏差
孔的中心位置(mm)	群桩:100;单排桩:50
孔径(mm)	不小于设计桩径
倾斜度	钻孔:小于1%;挖孔:小于0.5%
孔深	摩擦桩:不小于设计规定 支承桩:比设计深度超深不小于50mm
沉淀厚度(mm)	摩擦桩:符合设计要求,当设计无要求时,对于直径≤1.5m的桩,≤300mm;对桩径>1.5m或桩长>40m或土质较差的桩,≤500mm 支承桩:不大于设计规定

4. 本表中孔垂直度检查成孔的孔口与孔底中心点偏差值。

5. 钻(挖)孔中出现的问题及处理方法:如无异常情况(坍孔、遇孤石等)填正常;有异常情况进行说明并对处理情况予以说明。成孔孔底标高,为灌注前孔底标高;成孔直径,为实测孔壁直径最小值;骨架每节长为未下孔前钢筋笼每节长度。

表式 C5-2-12

钻孔桩水下混凝土浇筑记录
(表 C5-2-12)

编 号	×××

工程名称	××市××路××桥梁工程	施工单位	××市政建设集团有限公司
工程部位	B3-1桩基	桩位编号	B3-1
墩台号	B3	桩号	
桩径(mm)	1500	桩长(m)	12.0	设计桩底高程(m)	−12.3
浇筑前孔底标高(m)	−12.3	护筒顶标高(m)	2.5	钢筋骨架底标高(m)	−12.1
计算混凝土方量(m^3)	21.2	混凝土强度等级	C25	水泥品种等级	P·O 42.5
坍落度(mm)	190				

| 时间 | 护筒顶至混凝土面深度(m) | 护筒顶至导管下口深度(m) | 导管拆除数量 | | 实灌混凝土数量 | |
			节数	长度(m)	本次数量(m^3)	累计数量(m^3)
09:10～09:30	11.4	12.4	0	0	4.0	4.0
09:35～10:15	6.4	7.4	2	5.5	10.5	14.5
10:20～11:20	2.8	2.0	3	7	8.0	22.5

钢筋位置、孔内情况、停灌原因、停灌时间、处理情况等记录	

施工员	×××	记录人	×××

本表由施工单位填写。

《钻孔桩水下混凝土浇筑记录》填表说明

本表参照《建筑桩基技术规范》(JGJ 94)标准填写。

【填写要点】

1. 本表适用于钻孔灌注桩的混凝土浇筑记录。

2. 本表由项目质检员负责填写,项目技术负责人、施工负责人、监理工程师签字。

3. 首批灌注混凝土的数量应能满足导管首次埋置深度($\geqslant 1.0$m)和填充导管底部的需要,所需混凝土数量可参考《公路桥涵施工技术规范》(JTG/T F50—2011)公式(6.5.4)计算:

$$V \geqslant \frac{\pi D^2}{4}(H_1 + H_2) + \frac{\pi d^2}{4}h_1$$

4. 首批混凝土拌合物下落后,混凝土应连续灌注。在灌注过程中,导管的埋置深度宜控制在2~6m。在灌注过程中,应经常测探井孔内混凝土面的位置,及时调整导管埋深。

5. 灌注顶至混凝土面深度,是浇筑混凝土后用测绳测量的深度;护筒顶至导管下口深度,按照导管安装的长度计算;导管拆除节数,是保持高于混凝土面2~6m后实际拆除节数;长度指拆除的导管的长度。

表式 C5-2-13

沉入桩检查记录
(表 C5-2-13)

编　号	×××

工程名称	××桥梁工程		
施工单位	××市政建设集团		
桩位及编号	1～3号桩、03号	桩长	25m
断面形式	矩形	断面规格	40cm×40cm
材料种类	混凝土	混凝土强度等级	C40
打桩锤类型	D25	冲击部分质量(t)　1.2	桩帽及送桩质量(t)　5.56
桩尖设计标高(m)	−21.3	停打桩尖标高(m)　−21.3	设计要求贯入度　≤15cm/10击

日期	起止时间	锤击次数	下沉量(cm)			累计标高(m)	打桩过程情况记载
			本次下沉	平均每锤下沉	累计下沉		
××年××月××日	8:00～8:30	50	130	2.6	130	××	正常

桩位平面示意图：

(略)

监理(建设)单位	施工单位		
	技术负责人	施工员	记录人
×××	×××	×××	×××

本表由施工单位填写。

表式 C5-2-18

混凝土开盘鉴定

(表 C5-2-18)

编　　号	×××

工程名称与部位	××市××路桥梁工程　B桥桥面铺装	鉴定编号	×××
施工单位 (混凝土供应单位)	××混凝土有限公司	搅拌设备	强制式搅拌机
申请强度等级	C40	要求坍落度	140～160mm
配合比编号	2014-0180	试配单位	××试验室
水灰比	0.41	砂率	41 ％

材料名称	水泥	砂	石	水	掺合料	外加剂
每 m³ 用量(kg)	311	753	1084	170	50	13.11
调整后每盘用量(kg)	160	397	528	68	26	6.6

注:砂含水率:5.4％;砂含石率:0％;石含水率:0.2％

鉴定结果	鉴定项目	混凝土拌合物		混凝土试块抗压强度 $f_{cu,28}$(MPa)	原材料与申请单 是否相符
		坍落度	保水性		
	申请	140～160mm	良好	50.8	相符合
	实测	160mm	良好		

鉴定意见:
　　混凝土配合比中,组成材料与现场施工所用材料相符合,混凝土拌合物性能满足要求。同意C40混凝土开盘鉴定结果,鉴定合格。

监理(建设)单位	混凝土试配单位	施工单位 (混凝土供应单位)	搅拌机(站)负责人
×××	×××	×××	×××
鉴定日期	××年××月××日		

本表由施工单位(或混凝土供应单位)填写并保存。

表式 C5-2-19

混凝土浇筑记录
（表 C5-2-19）

编　号	×××

工程名称	××市××路桥梁工程		
施工单位	××市政建设集团有限公司		
浇筑部位	2-1墩柱	设计强度等级	C30
浇筑开始时间	××年××月××日××时	浇筑完成时间	××年××月××日××时
天气情况	晴	室外气温　14℃	混凝土完成数量　25.25m³

混凝土来源	预拌混凝土	生产厂家	××混凝土有限公司	供料强度等级	C30
		运输单编号	E4070-11323		
	自拌混凝土开盘鉴定编号		/		

实测坍落度	80mm	出盘温度	17℃	入模温度	16℃

试件留置种类、数量、编号	抗压试块　　2组　　编号：××、××
	同条件试块　1组　　编号：××

混凝土浇筑中出现的问题及处理情况	浇筑中未出现问题，正常。

施工负责人	×××	填表人	×××

本表由施工单位填写。

表式 C5-2-20

混凝土养护测温记录

(表 C5-2-20)

编 号	×××

工程名称	××市××路桥梁工程	工程部位	1-B桥台,2-B,3-B盖梁
施工单位	××市政建设集团有限公司			
测温方法	温度计	养护方法	电热毯、棉被

测温时间			大气温度 (℃)	测点温度 (℃)									平均温度 (℃)
月	日	时		1	2	3	4	5	6	7	8	9	
××	××	06:00	−3	12	12	11	12	12	12	10	11	13	11.7
		10:00	4	14	15	14	16	14	14	16	13	15	14.6
		14:00	9	16	16	17	15	16	16	15	17	17	16.1
		18:00	3	12	14	12	12	14	13	13	11	14	12.8
		22:00	−2	12	12	11	12	13	12	11	13	12	12.0
××	××	02:00	−2	13	12	13	12	13	12	11	12	12	12.3
		06:00	−2	13	12	13	12	13	12	11	12	13	12.3
		10:00	5	14	15	17	15	16	17	15	12	15	15.1
		14:00	10	15	18	17	18	15	17	17	18	15	16.7
		18:00	3	12	15	12	12	15	13	13	13	16	13.4
		22:00	−2	11	11	12	12	13	11	10	12	10	11.3
××	××	02:00	−2	11	11	12	12	13	11	10	12	10	11.3
		06:00	−2	10	11	12	12	10	12	10	11	12	11.2

测温点布置示意图：

(略)

施工负责人	质检员	测温员
×××	×××	×××

本表施工单位可参照填写并保存。

预应力张拉数据记录

(表 C5-2-21)

表式 C5-2-21

工程名称	××市××桥梁工程					编　号			×××					
施工单位	××市政建设集团有限公司													

部位	预应力钢筋编号	预应力钢筋种类	规格			张拉方式	抗拉标准强度 (MPa)	张拉控制应力 (MPa)	超张控制应力 (MPa)	张拉初始应力 (MPa)	控制张拉力 (kN)	超张张拉力 (kN)	张拉初始力 (kN)	孔道累计转角 θ (rad)	孔道长度 X (m)	钢材弹性模量 E	孔道摩擦系数 μ	孔道偏差系数 k	实测伸长值 $\triangle L$ (mm)	理论伸长值 (mm)
			直径 (mm)	根数	截面积 (mm²)															
5号板	N_{1-1}	钢绞线	15.24	3	139	两端	1860	19.08 / 19.05	/	2.25 / 2.12	585.9	/	117.2	14°	17.069	196×10³	0.19	0.0015	118	/
	N_{1-2}	钢绞线	15.24	3	139	两端	1860	19.08 / 19.05	/	2.25 / 2.12	585.9	/	117.2	14°	17.069	196×10³	0.19	0.0015	118	/
	N_{2-1}	钢绞线	15.24	3	139	两端	1860	19.08 / 19.05	/	2.25 / 2.12	585.9	/	117.2	12°	16.960	196×10³	0.19	0.0015	120	/
	N_{2-2}	钢绞线	15.24	3	139	两端	1860	19.08 / 19.05	/	2.25 / 2.12	585.9	/	117.2	12°	16.960	196×10³	0.19	0.0015	120	/

监理(建设)单位	×××	技术负责人	×××	张拉负责人	×××	记录人	×××	张拉日期	××年××月××日

预应力筋张拉记录（一）

(表 C5-2-22)

表式 C5-2-22

工程名称	××桥梁工程			结构部位		预制梁板	编　号		×××
施工单位	××市政建设集团有限公司			张拉方式		先张法	构件编号		×××
预应力钢筋种类	ϕ15.24	规格	QYCW-300	标准抗拉强度(MPa)		1860	张拉时混凝土强度(MPa)		621
张拉机具设备编号	钢绞线	千斤顶	Y2B2× 1.5/63	压力表		012	理论伸长值(mm)		621
		油泵					断、滑丝情况		无

预应力钢筋编号	初应力钢筋束长(m)		初始应力(MPa)		控制张拉力(kN)	控制应力值(MPa)	初应力阶段油表读数		控制力阶段油表读数		超张拉控制张拉力(kN)	超张拉控制应力值(MPa)	超张拉控阶段油表读数		实测伸长值(mm)	伸长值偏差(%)
	A端	B端	张拉初始力(kN)				A端	B端	A端	B端			A端	B端		
1	9.194	9.194	1.8		187.7		5.1	5.1	39.2						613	-1.3
2	9.194	9.194	1.8		187.7		5.1	5.1	39.2						620	-0.2
3	9.194	9.194	1.8		187.7		5.1	5.1	39.2						615	-1.0
4	9.194	9.194	1.8		187.7		5.1	5.1	39.2						626	-0.8
5	9.194	9.194	1.8		187.7		5.1	5.1	39.2						618	-0.5
6	9.194	9.194	1.8		187.7		5.1	5.1	39.2						623	+0.3
7	9.194	9.194	1.8		187.7		5.1	5.1	39.2						617	-0.6

监理(建设)单位		施工单位		
×××	技术负责人 ×××	张拉负责人 ×××	记录人 ×××	××年×月×日

本表由施工单位填写。

表式 C5-2-23

预应力筋张拉记录（二）

（表 C5-2-23）

编　号　×××

构件编号	1号梁板	预应力束编号	N_{1-2}	张拉日期	××年××月××日	
预应力钢筋种类	钢绞线	规格	$\phi^j 15.24$	标准抗拉强度(MPa)	1860	张拉时混凝土强度(MPa)	46.3
张拉控制应力 $\sigma_k = 0.75 f_{ptk} = 1395$ MPa				张拉时混凝土构件龄期	28d
张拉机具设备编号	A端	千斤顶	1号	油泵	110A	压力表	003
	B端		2号		110B		004

应力值(MPa)	初始应力阶段	139.5	控制应力阶段	1395	超张拉应力阶段	1464.75
张拉力(kN)		100.19		1001.89		1051.98
压力表读数(MPa) A端		3.47		36.85		38.64
B端		3.08		36.06		37.73
理论伸长值(cm)	17.0	计算伸长值(cm)	17.0	顶楔时压力表理论读数(MPa)	36.85/36.06	

实测伸长值

阶段	A端		B端	
	活塞伸出量(mm)	油表读数(MPa)	活塞伸出量(mm)	油表读数(MPa)
初始应力阶段 σ_0	1.9	3.46	1.9	3.10
相邻级别阶段 $2\sigma_0$				
倒顶				
二次张拉				
超张拉应力阶段	10.6	38.66	10.6	37.72
控制应力阶段	10.2	36.83	10.2	36.05
伸出量差值(mm)	$\Delta L_A = 16.8$		$\Delta L_B = 0.4$	
顶楔时压力表读数 A端	38.50	B端 38.50	实测伸长值(mm)	$\Sigma\Delta = 17.2$
实测伸长值(mm)			伸长值偏差(mm)	-1.2
张拉应力偏差(%)	0.4			
滑丝、断丝情况	无			

监理(建设)单位	施工单位		
	技术负责人	施工员	记录人
×××	×××	×××	×××

本表由施工单位填写。

《预应力筋张拉记录》填表说明

本表参照《混凝土结构工程施工质量验收规范》(GB 50204—2015)标准填写。

【填写依据】

1. 后张法预应力工程的施工应由具有相应资质等级的预应力专业施工单位承担。

2. 预应力筋张拉机具设备及仪表,应定期维护和校验。张拉设备应配套标定,并配套使用。张拉设备的标定期限不应超过半年。当在使用过程中出现反常现象时或在千斤顶检修后,应重新标定。

3. 预应力筋张拉或放张时,混凝土强度应符合设计要求;当设计无具体要求时,不应低于设计的混凝土立方体抗压强度标准值的75%。对采用消除应力钢丝或钢绞线作为预应力筋的先张法构件,不应低于30MPa。

4. 预应力筋的张拉力、张拉或放张顺序及张拉工艺应符合设计及施工技术方案的要求,并应符合下列规定:

(1)当施工需要超张拉时,最大张拉应力不应大于国家现行标准《混凝土结构设计规范》(GB 50010)的规定。

(2)张拉工艺应能保证同一束中各根预应力筋的应力均匀一致。

(3)后张法施工中,当预应力筋是逐根或逐束张拉时,应保证各阶段不出现对结构不利的应力状态;同时宜考虑后批张拉预应力筋所产生的结构构件的弹性压缩对先批张拉预应力筋的影响,确定张拉力。

(4)先张法预应力筋放张时,宜缓慢放松锚固装置,使各根预应力筋同时缓慢放松。

(5)当采用应力控制方法张拉时,应校核预应力筋的伸长值。实际伸长值与设计计算理论伸长值的相对允许偏差为±6%。

5. 预应力筋张拉锚固后实际建立的预应力值与工程设计规定检验值的相对允许偏差为±5%。

6. 张拉过程中应避免预应力筋断裂或滑脱;当发生断裂或滑脱时,必须符合下列规定:

(1)对后张法预应力结构构件,断裂或滑脱的数量严禁超过同一截面预应力筋总根数的3%,且每束钢丝不得超过一根;对多跨双向连续板其同一截面应按每跨计算。

(2)对先张法预应力构件,在浇筑混凝土前发生断裂或滑脱的预应力筋必须予以更换。

7. 预应力分项工程施工技术资料主要内容:

(1)预应力专业施工单位资质;

(2)施工方案(或技术交底):重点要反映出工程特点,施工强度要求,预应力筋分布情况,张拉力数值,张拉工艺理论伸长值计算等;

(3)张拉设备校定应由具有计量设备检定资格的单位完成;

(4)预应力用钢材出厂质量证明及试验报告;

(5)预应力筋张拉记录:

预应力筋张拉记录(一)包括:预应力施工部位、预应力筋规格及抗拉强度、张拉程序、平面示意图、应力记录、伸长量等;

预应力筋张拉记录(二):对每根预应力筋的张拉伸长实测值进行记录。

表式 C5-2-24

预应力张拉孔道压浆记录
(表 C5-2-24)

编　号	×××

工程名称	××市××路桥梁工程		
施工单位	××市政建设集团有限公司	施工日期	××年××月××日
构件部位	20m 中板	构件部位编号	2-3-1 号
水泥品种及强度等级	P·O 42.5	外加剂	/
水灰比	0.40	水泥浆稠度	15s

孔道编号	起止时间（时/分）	压力（MPa）	大气温度（℃）	净浆温度（℃）	压浆强度(28d)(MPa)
N_{1-1}	××—××	0.6	+10	+16	38.3
N_{1-2}	××—××	0.6	+10	+16	38.3
N_{2-1}	××—××	0.6	+10	+16	38.3
N_{2-2}	××—××	0.6	+10	+16	38.3

备注：

监理(建设)单位	施工单位		
	技术负责人	施工员	记录人
×××	×××	×××	×××

本表由施工单位填写。

《预应力张拉孔道压浆记录》填表说明

本表参照《混凝土结构工程施工质量验收规范》(GB 50204—2015)标准填写。
【填写依据】
1. 孔道压浆:预应力筋张拉后,利用灰浆泵将水泥浆压到预应力孔道中,其作用:一是保护预应力筋;二是使预应力筋与构件混凝土有效粘结,以控制超载时裂缝的间距与宽度并减轻梁端锚具的负荷作用。
2. 压浆材料:用普通硅酸盐水泥和矿渣硅酸盐水泥(强度等级低于42.5级),掺入外加剂(铝粉和木质素磺酸钙等)配制的水泥浆。
3. 现场搅拌的水泥浆中氯离子含量不应超过水泥重量的0.06%。
4. 水泥浆的水灰比为0.4~0.45。
5. 水泥浆的强度不应低于M20(灰浆强度等级M20)系指立方体抗压强度为20MPa,水泥浆试块用7.07cm的立方体无底模制作。
6. 采用普通灌浆工艺时,自由膨胀率不应大于6%;采用真空灌浆工艺时,自由膨胀率不应大于3%。
7. 后张法预应力张拉施工应实行见证管理,按规定做见证张拉记录,见证人应对所见证的预应力张拉记录进行见证签字并加盖见证印章。
8. 预应力工程施工记录,应由专业施工工长组织张拉施工并记录,专业技术负责人组织质检员专业工长、班组长等核验签字认可。
9. 预应力工程应由有相应资质的专业施工单位承担施工,其预应力张拉和应力检测的原始记录应归档保存。
【填写要点】
1. 工程名称:填写单位工程名称。
2. 施工单位:填写承包打桩单位名称。
3. 构件部位编号:构件为板、梁等。编号为构件编号。
4. 压力:灰浆泵的压力表工作压力。
5. 28d的压浆强度:水泥浆试块28d的强度。

表式 C5-2-25

构件吊装施工记录
(表 C5-2-25)

编　号	×××

工程名称	××市××路桥梁工程		
施工单位	××市政建设集团有限公司		
吊装单位	××工程有限公司	吊装构件数量	24 片
构件名称	预应力混凝土梁	规格型号	BL15-B、ZL15-B
安装位置	B 桥 1～2 轴、3～4 轴	吊装日期	××年××月××日

吊装过程及质量情况简要记录：

　　吊装过程：根据施工现场的条件及板梁的质量，选用 2 台 80t 汽车吊双机作业，吊车在 5 日晚上 10:00 到现场，一辆在南桥台搭板处就位，一辆在东侧辅桥上就位，晚上 10:45 运梁车进场，停在东侧辅桥上两吊车工作半径内，先吊南侧边跨东边梁 BL15-B，自东向西依次就位 6 片梁，再将东侧辅桥上吊移至两侧辅桥上，开始就位南侧边跨西边梁 BL15-B，自西向东依次就位 6 片梁。南侧梁就位至晚 11:50 顺利完成；将两吊车移至北侧，与南侧就位及吊装方法相同，北侧在 6 日早晨 6:20 顺利完成。

　　质量检查情况：经检查，24 片预应力混凝土梁安装位置准确，就位平稳；安装标高符合图纸要求；采用球形支座固定可靠；目测、实测实量质量情况良好，安装偏差分别为横向 8mm、纵向 5mm，在规范允许偏差范围内。合格。

发生的问题及处理情况：

吊装顺利完成。

施工负责人	×××	记录人	×××

本表由施工单位填写。

《构件吊装施工记录》填表说明

本表参照《混凝土结构工程施工质量验收规范》(GB 50204—2015)、《钢结构工程施工质量验收规范》(GB 50205—2001)、《木结构工程施工质量验收规范》(GB 50206—2012)标准填写。

【填写依据】

1.构件吊装记录适用于大型预制混凝土构件、钢构件、木构件的安装。吊装记录内容包括构件名称、安装位置、搁置与搭接长度、接头处理、固定方法、标高等。

2.有关构件吊装规定、允许偏差和检验方法见相关标准、规范。

预制钢筋混凝土大型构件、钢结构的吊装,应填写《构件吊装施工记录》。对于大型设备的安装,应由吊装单位提供相应的记录。

吊装过程简要记录重点说明平面位置、高程偏差、垂直度;就位情况、固定方法、接缝处理等需要说明的问题。

【填写要点】

表中各项均应填写清楚、齐全、准确,并附吊装图。

吊装图:构件类别、型号、编号位置应与施工图纸及结构吊装施工记录一致,并注明图名、制图人、审核人及日期。

表式 C5-2-26

圆形钢筋混凝土构筑物缠绕钢丝应力测定记录

(表 C5-2-26)

编 号	×××

工程名称	××路冷却塔工程		
施工单位	××市政建设有限公司		
构筑物名称	冷却塔	构筑物外径	25m
锚固肋数	150	钢丝环数	350
钢丝直径	9mm	每段钢筋长度	135m

日 期 (年/月/日)	环号	肋号	设计应力 (N/mm^2)	平均应力 (N/mm^2)	应力损失 (N/mm^2)	应力损失率 (%)
××年××月××日	3	4	1820	1826	4	0.3

监理(建设)单位	施工单位		
	技术负责人	施工员	记录人
×××	×××	×××	×××

本表由施工单位填写。

表式 C5-2-28

防水工程施工记录
(表 C5-2-28)

编 号	×××

工程名称	××市××路××桥梁工程			
施工单位	××市政建设集团有限公司			
分包单位	××市政防水有限公司			
施工部位	桥面防水层第一层			
施工日期	××年××月××日××时	天气情况	晴	气温	8～14℃
卷材品种及产地	××	试验编号	××		
缓冲层品种及产地	××	试验编号	××		
防水层完成数量	××m²	完成时间	××年××月××日××时		
防水层接缝检查情况、防水层施工及成品保护情况	在施工前表面已经清除油脂、灰尘、污物、隔离剂等,并保持基面清洁干净,涂料施工前对基面进行湿润至饱和,桥面无明水现象。 涂料拌和,先将液体倒入容器,然后再将粉剂倒入液体中,同时边倒粉剂边搅拌。充分搅拌至无沉淀的乳胶状,在使用过程中保持间断性的搅拌,以防止沉淀。 施工用辊子及橡胶刮板将浆液均匀地涂于桥面上,涂层厚度 1.5mm,分两层涂刷,在检查涂刷接缝时,每 20m 一个点,并进行双向检查,使接缝控制在 1cm 以上,并自然养护 4h,4h 内避免人在上行走。				

监理(建设)单位	施工单位		分包单位		填表人
	施工负责人	质检员	施工负责人	质检员	
×××	×××	×××	×××	×××	×××
备注	本记录每喷铺设一次记录一张				

本表由实施防水作业的单位填写,施工单位保存。

《防水工程施工记录》填表说明

【填写依据】

1. 防水材料的品种、规格、性能、质量应符合设计要求和相关标准规定。

检查数量：全数检查。

检验方法：检查材料合格证、进场验收记录和质量检验报告。

2. 防水层、粘结层与基层之间应密贴，结合牢固。

检查数量：全数检查。

检验方法：观察、检查施工记录。

3. 混凝土桥面防水层粘结质量和施工允许偏差应符合表6-5的规定。

表6-5 混凝土桥面防水层粘结质量和施工允许偏差

项目	允许偏差 （mm）	检验频率		检验方法
		范围	点数	
卷材接茬搭接宽度	不小于规定	每20延米	1	用钢尺量
防水涂膜厚度	符合设计要求；设计未规定时±0.1	每200m²	4	用测厚仪检测
粘结强度（MPa）	不小于设计要求，且≥0.3（常温），≥0.2（气温≥35℃）	每200m²	4	拉拔仪 （拉拔速度：10mm/min）
抗剪强度（MPa）	不小于设计要求，且≥0.4（常温），≥0.3（气温≥35℃）	1组	3个	剪切仪 （剪切速度：10mm/min）
剥离强度（N/mm）	不小于设计要求，且≥0.3（常温），≥0.2（气温≥35℃）	1组	3个	90°剥离仪 （剪切速度：100mm/min）

4. 钢桥面防水粘结层质量应符合表6-6的规定。

表6-6 钢桥面防水粘结层质量

项目	允许偏差（mm）	检验频率		检验方法
		范围	点数	
钢桥面清洁度	符合设计要求	全部		GB/T 8923.1规定标准图片对照检查
粘结层厚度	符合设计要求	每洒布段	6	用测厚仪检测
粘结层与基层结合力（MPa）	不小于设计要求	每洒布段	6	用拉拔仪检测
防水层总厚度	不小于设计要求	每洒布段	6	用测厚仪检测

5. 防水材料铺装或涂刷外观质量和细部做法应符合下列要求：

（1）卷材防水层表面平整，不得有空鼓、脱层、裂缝、翘边、油包、气泡和皱褶等现象；

（2）涂料防水层的厚度应均匀一致，不得有漏涂处；

（3）防水层与泄水口、汇水槽接合部位应密封，不得有漏封处。

检查数量：全数检查。

检验方法：观察。

表式 C5-3-1

沥青混凝土进场、摊铺测温记录
(表 C5-3-1)

编 号	×××

工程名称	××市××路桥梁工程	工程部位	主桥及南侧接顺路
施工单位	××市政建设集团有限公司		
摊铺日期	××年××月××日	环境温度	13℃

生产厂家	运料车号	规格/数量	进场温度(℃)	摊铺温度(℃)	备注
××沥青混凝土公司	0247	AC-16 I 90#/26.0t	144	134	
××沥青混凝土公司	0249	AC-16 I 90#/23.7t	146	134	
××沥青混凝土公司	0248	AC-16 I 90#/27.8t	155	145	
××沥青混凝土公司	0398	AC-16 I 90#/39.1t	157	146	
××沥青混凝土公司	0092	AC-16 I 90#/23.7t	145	135	
××沥青混凝土公司	0399	AC-16 I 90#/39.2t	140	134	
××沥青混凝土公司	0095	AC-16 I 90#/30.4t	145	136	
××沥青混凝土公司	0289	AC-16 I 90#/27.4t	135	130	
××沥青混凝土公司	0316	AC-16 I 90#/27.9t	145	130	
质检员	×××		测温人	×××	

本表由施工单位填写。

《沥青混凝土进场、摊铺测温记录》填表说明

本表参照《热拌再生沥青混合料路面施工及验收规程》(CJJ 43)标准填写。

【填写依据】

1. 热拌沥青混合料的摊铺符合下列规定

(1)热拌沥青混合料应采用机械摊铺。摊铺温度应符合表 6-7 的规定。城市快速路、主干路宜用两台以上摊铺机联合摊铺。每台机器的摊铺宽度宜小于 6m。表面层宜采用多机全幅摊铺,减少施工接缝。

表 6-7　沥青混合料搅拌及压实时适宜温度相应的黏度　　　　单位:℃

施工工序		石油沥青的标号			
		50 号	70 号	90 号	110 号
沥青加热温度		150～170	155～165	150～160	145～155
矿料加热温度	间隙式搅拌机	集料加热温度比沥青温度高 10～30			
	连续式搅拌机	矿料加热温度比沥青温度高 5～10			
沥青混合料出料温度		150～170	145～165	140～160	135～155
混合料贮料仓贮存温度		贮料过程中温度降低不超过 10			
混合料废弃温度,高于		200	195	199	185
运输到现场温度,不低于①		115～165	140～155	135～145	130～140
混合料摊铺温度,不低于①		140～160	135～155	130～140	125～135
开始碾压的混合料内部温度不低于①		135～150	130～145	125～135	120～130

注:1. 沥青混合料的施工温度采用具有金属探测目的插入式数显温度计测量。表面温度可采用表面接触式温度测定。当用红外线温度计测量表面温度时,应进行标定;
　　2. 表中未列入的 130 号、160 号及 30 号沥青的施工温度由试验确定;
　　3. ①常温下宜用低值、低温下宜用高值。

(2)摊铺机应具有自动或半自动方式调节摊铺厚度及找平的装置、可加热的振动熨平板或初步振动压实装置、摊铺宽度可调整等功能,且受料斗斗容应能保证更换运料车时连续摊铺。

(3)采用自动调平摊铺机摊铺最下层沥青混合料时,应使用钢丝或路缘石、平石控制高程与摊铺厚度,以上各层可用导梁引导高程控制,或采用声纳平衡梁控制方式,经摊铺机初步压实的摊铺层应符合平整度、横坡的要求。

(4)沥青混合料的最低摊铺温度根据气温、下卧层表面温度、摊铺层厚度与沥青混合料种类经试验确定。城市快速路、主干路不宜在气温低于 10℃条件下施工。

2. 铺筑注意事项

(1)铺筑沥青混合料前,应检查确认下层的质量。当下层质量不符合要求,或未按规定洒布透层、粘层、铺筑下封层时,不得铺筑沥青混凝土面层。

(2)摊铺前根据虚铺厚度(虚铺系数)垫好垫木,调整好摊铺机,并对烫平板进行充分加热,为保证烫平板不变形,应采用多次加热,温度不宜低于 80℃。

(3)摊铺过程中设专人检测摊铺温度、虚铺厚度,发现问题及时调整解决,并做好记录。包括沥青混合料规格、到场温度、摊铺温度、摊铺部位等。

表式 C5-3-2

碾压沥青混凝土测温记录
(表 C5-3-2)

编　　号	×××

工程名称	××市××路桥梁工程	工程部位	主桥及南侧接顺路
施工单位	××市政建设集团有限公司			
环境温度(℃)	10	检测日期	××年××月××日

时间 (时/分)	生产厂家	碾压段落 (桩号)	初压温度 (℃)	复压温度 (℃)	终压温度 (℃)	备注
××	××沥青混凝土公司	K0+135～K0+182	125	100	85	
××	××沥青混凝土公司	K0+135～K0+182	125	100	85	
××	××沥青混凝土公司	K0+135～K0+182	125	100	85	
××	××沥青混凝土公司	K0+135～K0+182	125	100	85	
××	××沥青混凝土公司	K0+135～K0+182	125	100	85	
××	××沥青混凝土公司	K0+135～K0+182	125	100	85	

质检员	×××	测温人	×××

本表由施工单位填写。

《碾压沥青混凝土测温记录》填表说明

本表参照《热拌再生沥青混合料路面施工及验收规程》(CJJ 43)标准填写。

【填写依据】

1. 初压温度应符合表6-8的有关规定,以能稳定混合料,且不产生推移、发裂为准。
2. 终压温度应符合表6-8的有关规定。终压宜选用双轮钢筒式压路机,碾压至无明显轮迹为止。

表6-8 沥青混合料碾压温度(℃)

施工工序	石油沥青的标号			
	50号	70号	90号	110号
开始碾压的混合料内部温度不低于	135～150	130～145	125～135	120～130
碾压终了的表面温度,不低于	80～85	70～80	65～75	60～40
	75	70	60	55

注:1. 表中未列入的130号、160号及30号沥青的施工温度由试验确定;
  2. 常温下宜用低值、低温下宜用高值;
  3. 视压路机类型而定,轮胎压路机取高值,振动压路机取低值。

【填写要点】

1. 本表适用于单位工程沥青混合料施工温度的测试记录。
2. 本表由施工单位负责填写,现场监理员负责监督。
3. 沥青混合料的到场温度检测,必须每车进行检测,到场的温度不低于120～150℃,若不能满足要求,必须退料,不能使用。

表式 C5-3-5

箱涵顶进施工记录
(表 C5-3-5)

编 号	×××

工程名称	××桥梁工程		
施工单位	××市政建设集团		
箱涵断面尺寸	___m×___m	顶进方式	
千斤顶配备		箱体重量	5　t
设计最大顶力	1000kN	记录开始日期	××年××月××日

日期(班次)		进尺(cm)	高程(m)						中线(mm)		顶力(kN)	土质情况	备注
			前		中		后		左	右			
			设计	实际	设计	实际	设计	实际					
××日	早	100	85.260	85.265			85.260	85.259	13	−13	500	砂质黏土	
	中	200	85.260	85.260			85.260	85.257	10	−10	550	砂质黏土	
	晚	290	85.260	85.259			85.260	85.257	9	−9	580	砂质黏土	
××日	早	380	85.260	85.258			85.260	85.255	8	−8	600	砂质黏土	
	中	470	85.260	85.255			85.260	85.254	9	−9	620	砂质黏土	
	晚	550	85.260	85.258			85.260	85.257	10	−10	650	砂质黏土	
××日	早	630	85.260	85.259			85.260	85.258	9	−10	680	砂质黏土	
	中	700	85.260	85.261			85.260	85.265	9	−10	700	砂质黏土	
	晚												
××日	早												
	中												
	晚												
××日	早												
	中												
	晚												
××日	早												
	中												
	晚												

施工负责人	×××	施工员	×××	测量员	×××

本表由施工单位填写。

《箱涵顶进施工记录》填表说明

【填写依据】

1.顶进设备及其布置应符合下列规定：

(1)应根据计算的最大顶力确定顶进设备。千斤顶的顶力可按额定顶力的60%～70%计算。

(2)高压油泵及其控制阀等工作压力应与千斤顶匹配。

(3)液压系统的油管内径应按工作压力和计算流量选定,回油管路主油管的内径不得小于10mm,分油管的内径不得小于6mm。

(4)油管应清洗干净,油路布置合理,密封良好,液压油脂应过滤。

(5)顶进过程中,当液压系统发生故障时应立即停止运转,严禁在工作状态下检修。

2.顶进箱涵的后背,必须有足够的强度、刚度和稳定性。墙后填土,宜利用原状土,或用砂砾、灰土(水泥土)夯填密实。

3.安装顶柱(铁),应与顶力轴线一致,并与横梁垂直,应做到平、顺、直。当顶程长时,可在4～8m处加横梁一道。

【填写要点】

1.本记录表与顶管工程顶进记录表填写大致相仿,是管道工程顶进的一个特殊情况,适用于埋地跨越铁路、公路、城市道路断面以钢性箱体涵顶进施工的质量验收记录。

2.检验批的划分：

按《建筑工程施工质量验收统一标准》(GB/T 50300－2013)的规定,结合箱涵顶进工序宜按箱涵整个长度划分为一个检验批。

3.填写注意：

(1)进尺：按地下作业条件(早、中、晚)以4h划分；进尺则填作业班实际长度(考虑顶进、纠偏工艺)。

(2)高程：前、中、后是指顶进箱体三点高程,重点在前后两点,中间点可不填,因箱体为刚性,中部不受控。

(3)中线：是左右侧偏差情况(以设计中线为基准)。

(4)顶力：随土质、顶进长度递增。

(5)土质：按掘进土质如实填写。

(6)备注：需示出设计箱涵流水面坡率。

4.本表由施工单位项目测量负责人填写。

箱涵顶进施工每日早、中、晚三班检查或临时增加检查均采用本记录,检测记录内容包括顶力、进尺,箱体前、中、后高程,中线左右偏差,土质变化情况等,按规定进尺检测及加密频度检测均应采用书面记录形式。

表式 C5-4-2

焊缝综合质量检查汇总记录
(表 C5-4-2)

编 号	×××

工程名称	××市××路(××路～××路)热力外线工程		
施工单位	××市政建设集团有限公司		
工程部位或起止桩号	K0+0.00～K0+741.5	要求焊缝等级	无损探伤Ⅱ级

序号	焊缝编号	焊工代号	焊接日期	外观质量	内部质量等级 射线	内部质量等级 超声	焊缝质量综合评价	备注
1	K0+01.05－G1	001 003	××年××月××日	Ⅱ	Ⅰ4		合格	
2	K0+03.75－H1	002 004	××年××月××日	Ⅱ	Ⅰ4		合格	
3	K0+03.317－G2	001 003	××年××月××日	Ⅱ	Ⅰ4		合格	
4	K0+05.682－H2	002 004	××年××月××日	Ⅱ	Ⅰ4		合格	

综合说明：

监理(建设)单位	施工单位		
	技术负责人	质检员	填表人
×××	×××	×××	×××

××年××月××日

本表由施工单位填写。

《焊缝综合质量检查汇总记录》填表说明

本表参照《现场设备、工业管道焊接工程施工规范》(GB 50236—2011)标准填写。

【填写依据】

1. 焊接前检查

(1)组对前应对焊件的主要结构尺寸与形状、坡口形式和尺寸、坡口表面进行检查,其质量应符合设计文件、焊接工艺文件及《现场设备、工业管道焊接工程施工规范》(GB 50236—2011)的有关规定。当设计文件、相关规定对坡口表面要求进行无损检测时,检测及对缺陷的处理应在施焊前完成。

(2)组对后应检查组对构件焊缝的形状、位置、错边量、角变形、组对间隙、搭接接头的搭接量和贴合、带垫板对接接头的贴合等,其质量应符合设计文件、焊接工艺文件及《现场设备、工业管道焊接工程施工规范》(GB 50236—2011)的有关规定。

(3)焊接前应检查坡口及坡口两侧的清理质量。清理宽度及清理后的表面质量应符合《现场设备、工业管道焊接工程施工规范》(GB 50236—2011)及焊接工艺文件的规定。

(4)焊接前应检查焊接材料的干燥及清洗质量,其质量应符合《现场设备、工业管道焊接工程施工规范》(GB 50236—2011)第4章及焊接工艺文件的规定。

(5)对有焊前预热规定的焊件,焊接前应检查预热温度并记录,预热温度及预热区域宽度应符合设计文件、焊接工艺文件及《现场设备、工业管道焊接工程施工规范》(GB 50236—2011)的有关规定。

2. 焊接中间检查

(1)定位焊缝焊完后,应清除渣皮进行检查,其质量应符合《现场设备、工业管道焊接工程施工规范》(GB 50236—2011)及焊接工艺文件的规定。对发现的缺陷清除后,再进行焊接。

(2)对有冲击韧性要求的焊缝,施焊时应测量焊接线能量并记录,焊接线能量应符合焊接工艺文件的规定。

(3)多层焊每层焊完后,应立即对层间进行清理,并应进行外观检查,清除缺陷后,再进行下一层的焊接。

(4)对规定进行层间无损检测的焊缝,无损检测应在外观检查合格后进行,表面无损检测应在射线检测及超声检测前进行,经检验的焊缝在评定合格后,再继续进行焊接。

(5)对道间温度有明确规定的焊缝,应检查记录道间温度,道间温度应符合焊接工艺文件的规定。

(6)对中断焊接的焊缝,继续焊接前应进行清理、检查,对发现的缺陷应进行清除,并应符合规定的预热温度后方可施焊。

(7)焊接双面焊件时应清理并检查焊缝根部的背面,清除缺陷后方可施焊背面焊缝。规定清根的焊缝,应在清根后进行外观检查及规定的无损检测,清除缺陷后方可施焊。

(8)对规定进行后热的焊缝,应检查后热温度和后热时间。后热温度、后热时间和加热区域范围应符合《现场设备、工业管道焊接工程施工规范》(GB 50236—2011)有关规定和焊接工艺文件的规定。

(9)设计文件或相关标准规定制作产品焊接检查试件时,产品焊接检查试件的准备、焊接、试样制备和检查方法应符合设计文件和国家现行有关标准的规定。

3. 焊接后检查

(1)除设计文件和焊接工艺文件有特殊要求的焊缝外,焊缝应在焊完后立即去除渣皮、飞溅物,清理干净焊缝表面,并应进行焊缝外观检查。

(2)除设计文件和焊接工艺文件另有规定外,焊缝无损检测应在该焊缝焊接完成并经外观检查合格后进行。对有延迟裂纹倾向的材料,无损检测应在焊接完成24h后进行。对有再热裂纹倾向的接头,无损检测应在热处理后进行。

(3)应按设计文件和国家现行有关标准的规定对焊缝进行表面无损检测。磁粉检测和渗透检测应按现行行业标准《承压设备无损检测 第4部分 磁粉检测》(JB/T 4730.4)和《承压设备无损检测 第5部分 渗透检测》(JB/T 4730.5)的规定进行。

(4)焊缝的内部质量应按设计文件和国家现行有关标准的规定进行射线检测或超声检测,并应符合下列规定:

1)焊缝的射线检测和超声检测应符合现行行业标准《承压设备无损检测 第2部分 射线检测》(JB/T 4730.2)和《承压设备无损检测 第3部分 超声检测》(JB/T 4730.3)的规定。

2)射线检测和超声检测的技术等级应符合工程设计文件和国家现行有关标准的规定。射线检测不得低于AB级,超声检测不得低于B级。

3)当现场进行射线检测时,应按有关规定划定控制区和监督区,设置警告标志。操作人员应按规定进行安全操作防护。

4)射线检测或超声检测应在被检验的焊缝覆盖前或影响检验作业的工序前进行。

(5)对焊缝无损检测时发现的不允许缺陷,应消除后进行补焊,并应对补焊处采用原规定的方法进行检验,直至合格。对规定进行抽样或局部无损检验的焊缝,当发现不允许缺陷时,并应采用原规定的方法进行扩大检验。

(6)当必须在焊缝上开孔或开孔补强时,应对开孔直径1.5倍或开孔补强板直径范围内的焊缝进行射线或超声波检测,确认焊缝合格后,方可进行开孔。被补强板覆盖的焊缝应磨平,管孔边缘不应存在焊接缺陷。

(7)设计文件没有规定进行射线照相检验或超声波检验的焊缝,质检人员应对全部焊缝的可见部分进行外观检查,当质检人员对焊缝不可见部分的外观质量有怀疑时,应做进一步检验。

(8)焊缝焊后热处理检查应符合下列规定:

1)对炉内进行整体热处理的焊缝,以及炉内分段局部热处理的焊缝,应检查并记录进出炉温度、升温速度、降温速度、恒温温度和恒温时间、有效加热区内最大温差、任意两测温点间的温差等参数,热处理相关参数应符合设计文件、国家现行有关标准和热处理工艺文件的规定。

2)对炉外进行整体热处理的焊缝,应检查并记录升温速度、降温速度、恒温温度和恒温时间、任意两测温点间的温差等参数、测温点数量和位置。热处理相关参数应符合设计文件、国家现行有关标准和热处理工艺文件的规定。

3)对进行局部加热热处理的焊缝,应检查和记录升温速度、降温速度、恒温温度和恒温时间、任意两测温点间的温差等参数和加热区域宽度。热处理参数及加热区域宽度应符合设计文件、热处理工艺文件和《现场设备、工业管道焊接工程施工规范》(GB 50236—2011)的有关规定。

4)焊缝热处理效果应通过设计文件、国家现行有关标准规定的检查方法进行检查。

5)当热处理效果或热处理记录曲线存在疑问时,宜通过其他检测方法进行复查与评估。

(9)当焊缝及其附近表面进行酸洗、钝化处理时,其质量应符合设计文件和国家现行有关标准的规定。

(10)当对焊缝进行化学成分分析、焊缝铁素体含量测定、焊接接头金相检验、产品试件力学性能等检验时,其检验结果应符合设计文件和国家现行有关标准的规定。

(11)焊缝的强度试验及严密度试验应在射线照相检验或超声波检验以及焊缝热处理后进行。焊缝的强度试验及严密度试验方法及要求应符合设计文件和国家现行有关标准的规定。

(12)焊缝焊完后应在焊缝附近做焊工标记及其他规定的标记。标记方法不得对材料表面构成损害或污染。低温用钢及有色金属不得使用硬印标记。当奥氏体不锈钢和有色金属材料采用色码标记时,印色不应含有对材料产生损害的物质。

表式 C5-4-3

焊缝排位记录及示意图
(表 C5-4-3)

编　号	×××

工程名称	××市××路(××路～××路)热力外线工程		
施工单位	××市政建设集团有限公司		
施工部位	K0+0.00～K0+741.5	绘图日期	××年××月××日

示意图：应表示出焊缝相对位置及焊缝编号

```
         K0+03.317-G2         K0+01.05-G1
    ─────────┐   ┌─────────────────────×──────── 供　水
             │   │                     ×
    ─────────┘   └──────────────────────────────
                                        ×
    ─────────┐   ┌─────────────────────×──────── 回　水
             │   │                     ×
    ─────────┘   └──────────────────────────────
         K0+05.682-H2         K0+03.75-H1      ○
```

焊缝编号	桩号(部位)	焊工代号	备注	焊缝编号	桩号(部位)	焊工代号	备注
K0+01.05－G1	K0+01.05	001 003	供水				
K0+03.317－G2	K0+03.317	001 003	供水				
K0+05.682－H2	K0+05.682	002 004	回水				
K0+03.75－H1	K0+03.75	002 004	回水				

专业负责人	×××	施工员	×××	绘图人	×××

本表由施工单位填写。

表式 C5-4-4

聚乙烯管道连接记录
(表 C5-4-4)

编 号	×××

工程名称	××市政管道工程	工程编号	GH3-2
施工单位	××市政建设集团有限公司	单位代码	×××
连接方法	☑热熔；□电熔；	接口形式	端面式
管道材质	DPRR管	管道生产厂家	××市××公司	标准尺寸比(SDR)	SDR 21
机具编号		施工部位(桩号)	K0+210.5		

焊口编号	焊工证号	连接时间(月/日)	规格(D_e)	环境温度(℃)	热板温度(℃)	压力(bar)				焊环尺寸(mm)		备注
						P_0	P_1	P_2	P_3	宽	高	
1	3416	××/××	160×7.7	20	150	4	6	7	8	5	5	
2	3416	××/××	200×9.6	20	150	4.2	6.1	7	8	5	5	

管材、管件检查情况：

外观：合格　　　　　　　　　　　　　　　　　　　　　圆度：符合要求

质检员	施工员	填表人
×××	×××	×××

本表由施工单位填写。

《聚乙烯管道连接记录》填表说明

本表参照《聚乙烯燃气管道工程技术规程(附条文说明)》(CJJ 63)标准填写。

【填写依据】

1. 主控项目

(1)管节及管件、橡胶圈等的产品质量应符合相关规范的规定;

检查方法:检查产品质量保证资料;检查成品管进场验收记录。

(2)承插、套筒式连接时,承口、插口部位及套筒连接紧密,无破损、变形、开裂等现象;插入后胶圈应位置正确,无扭曲等现象;双道橡胶圈的单口水压试验合格;

检查方法:逐个接口检查;检查施工方案及施工记录,单口水压试验记录;用钢尺、探尺量测。

(3)聚乙烯管、聚丙烯管接口熔焊连接应符合下列规定:

1)焊缝应完整,无缺损和变形现象;焊缝连接应紧密,无气孔、鼓泡和裂缝;电熔连接的电阻丝不裸露;

2)熔焊焊缝焊接力学性能不低于母材;

3)热熔对接连接后应形成凸缘,且凸缘形状大小均匀一致,无气孔、鼓泡和裂缝;接头处有沿管节圆周平滑对称的外翻边,外翻边最低处的深度不低于管节外表面;管壁内翻边应铲平;对接错边量不大于管材壁厚的10%,且不大于3mm。

检查方法:观察;检查熔焊连接工艺试验报告和焊接作业指导书,检查熔焊连接施工记录、熔焊外观质量检验记录、焊接力学性能检测报告。

检查数量:外观质量全数检查;熔焊焊缝焊接力学性能试验每200个接头不少于1组;现场进行破坏性检验或翻边切除检验(可任选一种)时,现场破坏性检验每50个接头不少于1个,现场内翻边切除检验每50个接头不少于3个;单位工程中接头数量不足50个时,仅做熔焊焊缝焊接力学性能试验,可不做现场检验。

(4)卡箍连接、法兰连接、钢塑过渡接头连接时,应连接件齐全、位置正确、安装牢固,连接部位无扭曲、变形;

检查方法:逐个检查。

2. 一般项目

(1)承插、套筒式接口的插入深度应符合要求,相邻管口的纵向间隙应不小于10mm;环向间隙应均匀一致;

检查方法:逐口检查,用钢尺量测;检查施工记录。

(2)聚乙烯管、聚丙烯管的接口转角应不大于1.5°;硬聚氯乙烯管的接口转角应不大于1.0°。

检查方法:用直尺量测曲线段接口;检查施工记录。

(3)熔焊连接设备的控制参数满足焊接工艺要求;设备与待连接管的接触面无污物,设备及组合件组装正确、牢固、吻合;焊后冷却期间接口未受外力影响;

检查方法:观察,检查专用熔焊设备质量合格证明书、校检报告,检查熔焊记录。

(4)卡箍连接、法兰连接、钢塑过渡连接件的钢制部分以及钢制螺栓、螺母、垫圈的防腐要求应符合设计要求;

检查方法:逐个检查;检查产品质量合格证明书、检验报告。

表式 C5-4-5

聚乙烯管道焊接工作汇总表
(表 C5-4-5)

编　号	×××

工程名称	××管道工程	工程编号	GH1-3
施工单位	××市政工程有限公司	施工单位代码	2107156171348
施工日期	××年××月××日起至××年××月××日止		

一、工程概况

管线总长	150m	压力等级	Ⅰ级	宏观照片数	
焊口总数	20个(其中:电熔焊口数5个;热熔焊口数15个)				

二、操作人员情况

姓　名	×××	×××			
焊工证号	0522760	0683442			

三、施工机具

机具编号	机-065	机-087			
品　牌	××牌	××牌			
规　格	DRJ-630	JDB-200			
校验证书编号	检 201403060	检 201403071			

四、管材情况

规格(D_e)	160×7.7	管道材质	DPRR管	存放时间	2个月	标准尺寸比	SDR 21

五、管件情况

管件名称	电熔管件	钢塑接头	弯　头	端　帽	阀　门
规格(D_e)					
数　量					
存放时间					

其他说明:

监理(建设)单位	施　工　单　位	
	技术负责人	质检员
×××	×××	×××

本表由施工单位填写。

《聚乙烯管道焊接工作汇总表》填表说明

本表参照《聚乙烯燃气管道工程技术规程(附条文说明)》(CJJ 63)标准填写。

【填写依据】

1. 一般规定

(1)管道施工前应制定施工方案,确定连接方法、连接条件、焊接设备及工具、操作规范、焊接参数、操作者的技术水平要求和质量控制方法。

(2)管道连接前应对连接设备按说明书进行检查,在使用过程中应定期校核。

(3)管道连接前,应核对欲连接的管材、管件规格、压力等级;检查管材表面,不宜有磕、碰、划伤,伤痕深度不应超过管材壁厚的10%。

(4)管道连接应在环境温度-5~45℃范围内进行。当环境温度低于-5℃或在风力大于5级天气条件下施工时,应采取防风、保温措施等,并调整连接工艺。管道连接过程中,应避免强烈阳光直射而影响焊接温度。

使用全自动焊机或非热熔焊接时,焊接过程的参数可以不记录;全自动、电熔焊机以焊机打印的记录为准。《聚乙烯管道连接记录》表中:P_0——拖动压力;P_1——接缝压力;P_2——吸热压力;P_3——冷却压力。

(5)对穿越铁路、公路、河流、城市主要道路的管道,应减少接口,且穿越前应对连接好的管段进行强度和严密性试验。

(6)管材、管件从生产到使用之间的存放时间,黄色管道不宜超过1年,黑色管道不宜超过2年。超过上述期限时必须重新抽样检验,合格后方可使用。

2. 聚乙烯管道连接

(1)直径在90mm以上的聚乙烯燃气管材、管件连接可采用热熔对接连接或电熔连接;直径小于90mm的管材及管件宜使用电熔连接。聚乙烯燃气管道和其他材质的管道、阀门、管路附件等连接应采用法兰或钢塑过渡接头连接。

(2)对不同级别、不同熔体流动速率的聚乙烯原料制造的管材或管件,不同标准尺寸比(SDR值)的聚乙烯燃气管道连接时,必须采用电熔连接。施工前应进行试验,判定试验连接质量合格后,方可进行电熔连接。

(3)热熔连接的焊接接头连接完成后,应进行100%外观检验及10%翻边切除检验,并应符合国家现行标准《聚乙烯燃气管道工程技术规程(附条文说明)》(CJJ 63)的要求。

(4)电熔连接的焊接接头连接完成后,应进行外观检查,并应符合国家现行标准《聚乙烯燃气管道工程技术规程(附条文说明)》(CJJ 63)的要求。

(5)电熔鞍形连接完成后,应进行外观检查,并应符合国家现行标准《聚乙烯燃气管道工程技术规程(附条文说明)》(CJJ 63)的要求。

(6)钢塑过渡接头金属端与钢管焊接时,过渡接头金属端应采取降温措施,但不得影响焊接接头的力学性能。

(7)法兰或钢塑过渡连接完成后,其金属部分应按设计要求的防腐等级进行防腐,并检验合格。

连接工作完成后应填写《聚乙烯管道焊接工作汇总表》。

表式 C5-4-6

钢管变形检查记录
(表 C5-4-6)

编　号	×××

工程名称	××市政管道工程
施工单位	××市政建设集团有限公司

检查位置 (桩号)	公称直径 (mm)	横径量测值 (mm)	竖径量测值 (mm)	竖向变形值 (%)	备注
K0+260.0	1000		998	0	
K0+320.0	1200		1198	0	

检查结论：

☑ 合　格

☐ 不合格

日期　××年××月××日

监理(建设)单位	施　工　单　位	
	技术负责人	质检员
×××	×××	×××

本表由施工单位填写。

《钢管变形检查记录》填表说明

【填写依据】

当钢管公称直径≥800mm时,应在回填完成后检查钢管竖向变形值。

$$竖向变形值 = \frac{|标准内直径(D_i) - 回填后竖向内直径(D)|}{标准内直径(D_i)}$$

柔性管道回填至设计高程时,应在12~24h内测量并记录管道变形率,管道变形率应符合设计要求;设计无要求时,钢管或球墨铸铁管道变形率应不超过2%,化学建材管道变形率应不超过3%;当超过时,应采取下列处理措施:

(1)当钢管或球墨铸铁管道变形率超过2%,但不超过3%时;化学建材管道变形率超过3%,但不超过5%时,应采取下列处理措施:

1)挖出回填材料至露出管径85%处,管道周围内应人工挖掘以避免损伤管壁;

2)挖出管节局部有损伤时,应进行修复或更换;

3)重新夯实管道底部的回填材料;

4)选用适合回填材料按相关规范的规定重新回填施工,直至设计高程;

5)按本条规定重新检测管道变形率。

(2)钢管或球墨铸铁管道的变形率超过3%时,化学建材管道变形率超过5%时,应挖出管道,并会同设计单位研究处理。

表式 C5-4-7

管架(固、支、吊、滑)安装调整记录
(表 C5-4-7)

编　号	×××

工程名称	××市××路热力外线工程			
施工单位	××市政建设集团有限公司			
工程部位 (起止桩号)	2#固定支架（K0+0.00～K0+118.0）	调整日期	××年××月××日	
管架编号	型式	安装位置	固定状况	调整值	备注
2	2[36a	供水	良好	2mm	DN1000
2	2[36a	回水	良好	1.8mm	DN1000

监理(建设)单位	施工单位		
	技术负责人	施工员	质检员
×××	×××	×××	×××

本表由施工单位填写。

《管架(固、支、吊、滑)安装调整记录》填表说明

本表参照《城填供热管网工程施工及验收规范》(CJJ 28)标准填写。
【填写依据】

1. 管道支、吊架安装前应进行标高和坡降测量并放线,固定后的支、吊架位置应正确,安装应平整、牢固,与管道接触良好。

2. 管沟敷设的管道,在沟口0.5m处应设支、吊架;管道滑托、吊架的吊杆应处于与管道热位移方向相反的一侧。其偏移量应按设计要求进行安装,设计无要求时应为计算位移量的1/2。

 两根热伸长方向不同或热伸长量不等的供热管道,设计无要求时,不应共用同一吊杆或同一滑托。

3. 固定支架应按设计规定安装,安装补偿器时,应在补偿器预拉伸(压缩)之后固定。

4. 导向支架或滑动支架的滑动面应洁净平整,不得有歪斜和卡涩现象。其安装位置应从支承面中心向位移反方向偏移,偏移量应为设计计算位移值的1/2或符合设计文件规定,绝热层不得妨碍其位移。

5. 弹簧支、吊架安装高度应按设计要求进行调整。弹簧的临时固定件,应待管道安装、试压、保温完毕后拆除。

6. 支、吊架和滑托应按设计要求焊接,由有上岗证的焊工施焊,不得有漏焊、缺焊、咬肉或裂纹等缺陷。管道与固定支架、滑托等焊接时,管壁上不得有焊痕等现象存在。

7. 管道支架用螺栓紧固在型钢的斜面上时,应配置与翼板斜度相同的钢制斜垫片找平。

8. 管道安装时,不宜使用临时性的支、吊架;必须使用时,应做出明显标记,且应保证安全。其位置应避开正式支、吊架的位置,且不得影响正式支、吊架的安装。管道安装完毕后,应拆除临时支、吊架。

9. 固定支架、导向支架等型钢支架的根部,应做防水护墩。

10. 管道支、吊架安装的质量应符合下列规定:

(1)支、吊架安装位置应正确,埋设应牢固,滑动面应洁净平整,不得有歪斜和卡涩现象。

(2)活动支架的偏移方向、偏移量及导向性能应符合设计要求。

(3)管道支、吊架安装的允许偏差及检验方法应符合表6-9的规定。

表6-9 管道支、吊架安装的允许偏差及检验方法

序号	项 目		允许偏差(mm)	检验方法
1	支、吊架中心点平面位置		25	钢尺测量
2	支架标高		−10	水准仪测量
3	两个固定支架间的其他支架中心线	距固定支架每10m处	5	钢尺测量
		中心处	25	钢尺测量

表式 C5-4-8

补偿器安装记录
(表 C5-4-8)

编　号　×××

工程名称	××市××路(××路～××路)热力工程									
施工单位	××市政建设集团有限公司									
工程部位	1#竖井				记录日期		××年××月××日			
安装部位	补偿器序号	型式	规格	材质	固定支架间距(m)	设计参数		安装时环境温度(℃)	安装预拉量(mm)	备注
						压力(MPa)	温度(℃)		设计 / 实测	
供水	G-B1		WA52002A	不锈钢	1.05	1.6	150	17		
回水	H-B1		WA52002A	不锈钢	3.75	1.6	150	18		

补偿器安装记录(示意图)及说明：

```
           2.267      1.05
        |─────────|────────|
        ┌─────────┐        ╳
    ────┤  G-B1   ├────────╳──── 供 水
        └─────────┘        ╳

        ┌─────────┐        ╳
    ────┤  H-B1   ├────────╳──── 回 水
        └─────────┘        ╳
        |────────|─────────|
          1.818       3.75
                            ①
```

补偿器在自然条件下安装。补偿器安装符合设计要求,合格。

监理(建设)单位	施工单位		
	技术负责人	施工员	质检员
×××	×××	×××	×××

本表由施工单位填写。

《补偿器安装记录》填表说明

【填写依据】

(1)补偿器安装前,应检查下列内容:

1)使用的补偿器应符合国家现行标准《金属波纹管膨胀节通用技术条件》(GB/T 12777)、《城市供热管道用波纹管补偿器》(CJ/T 402)、《城市供热补偿器 焊制套筒补偿器》(CJ/T 3016.2)的有关规定。

2)对补偿器的外观进行检查。

3)按照设计图纸核对每个补偿器的型号和安装位置。

4)检查产品安装长度,应符合管网设计要求。

5)检查接管尺寸,应符合管网设计要求。

6)校对产品合格证。

(2)波纹管补偿器安装应符合下列规定:

1)波纹管补偿器应与管道保持同轴。

2)有流向标记(箭头)的补偿器,安装时应使流向标记与管道介质流向一致。

(3)焊制套筒补偿器安装应符合下列规定:

1)焊制套筒补偿器应与管道保持同轴。

2)焊制套筒补偿器芯管外露长度及大于设计规定的伸缩长度,芯管端部与套管内挡圈之间的距离应大于管道冷收缩量。

3)采用成型填料圈密封的焊制套筒补偿器,填料的品种及规格应符合设计规定,填料圈的接口应做成与填料箱圆柱轴线成45°的斜面,填料应逐圈装入、逐圈压紧,各圈接口应相互错开。

4)采用非成型填料的补偿器,填注密封填料时应按规定依次均匀注压。

(4)直埋补偿器的安装应符合下列规定:

1)回填后固定端应可靠锚固,活动端应能自由活动。

2)带有预警系统的直埋管道中,在安装补偿器处,预警系统连线应做相应的处理。

(5)一次性补偿器的安装应符合下列规定:

1)一次性补偿的预热方式视施工条件可采用电加热或其他热媒预热管道,预热升温温度应达到设计的指定温度。

2)预热到要求温度后,应与一次性补偿器的活动端缝焊接,焊缝外观不得有缺陷。

(6)球形补偿器的安装应符合下列规定:

1)与球形补偿器相连接的两垂直臂的倾斜角度应符合设计要求,外伸部分应与管道坡度保持一致。

2)试运行期间,应在工作压力和工作温度下进行观察,应转动灵活,密封良好。

(7)方型补偿器的安装应符合下列规定:

1)水平安装时,垂直臂应水平放置,平行臂应与管道坡度相同。

2)垂直安装时,不得在弯管上开孔安装放风管和排水管。

3)方形补偿器处滑托的预偏移量应符合设计要求。

4)冷紧应在两端同时、均匀、对称地进行,冷紧值的允许误差为10mm。

表式 C5-4-9

防腐层施工质量检查记录
(表 C5-4-9)

编　号	×××

工程名称	××市××路燃气管线工程		
施工单位	××市政建设集团有限公司		
管道(设备)规格	DN 500	防腐材料	环氧煤沥青
执行标准	CJJ 33—2005	防腐等级	加强级
设计最小厚度	0.6mm	检查日期	××年××月××日
设计检漏电压	5 kV	实际检漏电压	5 kV

检查区域（桩号）	检查部位		检查项目及结果				
	本体	固定口	厚度（最小值）(mm)	电绝缘性检查	外观检查	粘结力检查	现场除锈
T1-T2		T19	0.8	合格	合格	合格	
T2-T3		T22	0.8	合格	合格	合格	
T3-T4		T34	0.8	合格	合格	合格	
T4-T5		T48	0.8	合格	合格	合格	
T5-T8		T72	0.8	合格	合格	合格	
T5-T8		T81	0.8	合格	合格	合格	
T5-T8		T91	0.8	合格	合格	合格	
T8-T9		T107	0.8	合格	合格	合格	
T9-T10		T102	0.8	合格	合格	合格	
T10-T11		T114	0.8	合格	合格	合格	

检查结论：

☑ 合　格
☐ 不合格

监理(建设)单位	施工单位		
	技术负责人	施工员	质检员
×××	×××	×××	×××

本表由施工单位填写。

《防腐层施工质量检查记录》填表说明

本表参照《给水排水管道工程施工及验收规范》(GB 50268)标准填写。

【填写依据】

外防腐层的外观、厚度、电火花试验、粘结力应符合设计要求,设计无要求时应符合表 6-10 的规定:

表 6-10 外防腐层的外观、厚度、电火花试验、粘结力的技术要求

材料种类	防腐等级	构造	厚度(mm)	外观	电火花试验		粘结力
石油沥青涂料	普通级	三油二布	≥4.0	外观均匀无褶皱、空泡、凝块	16kV	用电火花检漏仪检查无打火花现象	以夹角为45°～60°边长10～50mm的切口,从角尖端撕开防腐层:首层沥青层应100%地粘附在管道的外表面
石油沥青涂料	加强级	四油三布	≥5.5	外观均匀无褶皱、空泡、凝块	18kV	用电火花检漏仪检查无打火花现象	以夹角为45°～60°边长10～50mm的切口,从角尖端撕开防腐层:首层沥青层应100%地粘附在管道的外表面
石油沥青涂料	特加强级	五油四布	≥7.0	外观均匀无褶皱、空泡、凝块	20kV	用电火花检漏仪检查无打火花现象	以夹角为45°～60°边长10～50mm的切口,从角尖端撕开防腐层:首层沥青层应100%地粘附在管道的外表面
环氧煤沥青涂料	普通级	三油	≥0.3	外观均匀无褶皱、空泡、凝块	2kV	用电火花检漏仪检查无打火花现象	以小刀割开一舌形切口,用力撕开切口处的防腐层,管道表面仍为漆皮所覆盖,不得露出金属表面
环氧煤沥青涂料	加强级	四油一布	≥0.4	外观均匀无褶皱、空泡、凝块	2.5kV	用电火花检漏仪检查无打火花现象	以小刀割开一舌形切口,用力撕开切口处的防腐层,管道表面仍为漆皮所覆盖,不得露出金属表面
环氧煤沥青涂料	特加强级	六油二布	≥0.6	外观均匀无褶皱、空泡、凝块	3kV	用电火花检漏仪检查无打火花现象	以小刀割开一舌形切口,用力撕开切口处的防腐层,管道表面仍为漆皮所覆盖,不得露出金属表面
环氧树脂玻璃钢	加强级	—	≥3	外观平整光滑、色泽均匀,无脱层、起壳和固化不完全等缺陷	3～3.5kV	用电火花检漏仪检查无打火花现象	以小刀割开一舌形切口,用力撕开切口处的防腐层,管道表面仍为漆皮所覆盖,不得露出金属表面

表式 C5-4-10

牺牲阳极埋设记录
(表 C5-4-10)

编　号	×××

工程名称	××市××路燃气管线工程
施工单位	××市政建设集团有限公司
安装单位	××工程技术有限公司

序号	埋设位置（桩号）	阳极类型	规格	数量	埋设日期	阳极开路电位（-V）			备注
A1	K0+100	镁合金	11kg/支	3	××年××月××日	1.521	1.569	1.518	
A2	K0+400	镁合金	11kg/支	3	××年××月××日	1.564	1.541	1.578	
A3	K0+510	锌阳极	25kg/支	1	××年××月××日		1.041		
AD1	K0+540	镯式阳极	DN500	1	××年××月××日				穿越××铁路
A4	K0+600	锌阳极	25kg/支	1	××年××月××日		1.082		
AD2	K0+670	镯式阳极	DN500	1	××年××月××日				穿越规划暗河
AD3	K0+697	镯式阳极	DN500	1	××年××月××日				穿越规划暗河
A5	K0+750	镁合金	11kg/支	3	××年××月××日	1.565	1.547	1.566	
C1	K0+900				××年××月××日				中间点测试柱
A6	K0+000	镁合金	11kg/支	3	××年××月××日	1.561	1.578	1.591	

技术负责人	施工员	质检员
×××	×××	×××

本表由施工单位填写。

《牺牲阳极埋设记录》填表说明

本表参照《给水排水管道工程施工及验收规范》(GB 50268)标准填写。

【填写依据】

1. 牺牲阳极保护法的施工应符合下列规定：

(1)根据工程条件确定阳极施工方式，立式阳极宜采用钻孔法施工，卧式阳极宜采用开槽法施工；

(2)牺牲阳极使用之前，应对表面进行处理，清除表面的氧化膜及油污；

(3)阳极连接电缆的埋设深度不应小于 0.7m，四周应垫有 50～100mm 厚的细砂，砂的顶部应覆盖水泥护板或砖，敷设电缆要留有一定富裕量；

(4)阳极电缆可以直接焊接到被保护管道上，也可通过测试桩中的连接片相连。与钢质管道相连接的电缆应采用铝热焊接技术，焊点应重新进行防腐绝缘处理，防腐材料、等级应与原有覆盖层一致；

(5)电缆和阳极钢芯宜采用焊接连接，双边焊缝长度不得小于 50mm；电缆与阳极钢芯焊接后，应采取防止连接部位断裂的保护措施；

(6)阳极端面、电缆连接部位及钢芯均要防腐、绝缘；

(7)填料包可在室内或现场包装，其厚度不应小于 50mm；并应保证阳极四周的填料包厚度一致、密实；预包装的袋子须用棉麻织品，不得使用人造纤维织品；

(8)填包料应调拌均匀，不得混入石块、泥土、杂草等；阳极埋地后应充分灌水，并达到饱和；

(9)阳极埋设位置一般距管道外壁 3～5m，不宜小于 0.3m，埋设深度(阳极顶部距地面)不应小于 1m。

2. 牺牲阳极埋设时应由安装单位对阳极埋设位置(管线桩号)、阳极类型、规格、数量、牺牲阳极开路电位等进行检查并记录。

表式 C5-4-11

顶管施工记录

(表 C5-4-11)

编　号　｜×××

工程名称	××市××路排水工程									
施工单位	××市政建设集团有限公司									
位置(桩号)	Y10		管材	钢筋混凝土管			管径	1600mm			
顶进设备规格	××		顶进推力	23167kN			顶进措施				
接管形式	平接口		土质	淤泥质黏土			水文状况				
日期(月/日)	班次	进尺(m)	累计进尺(m)	中线位移偏差(mm)		管底高程偏差(mm)		相邻管间错口(mm)	对顶管节错口(mm)	最大顶力(t)	发生意外情况及采取的措施
				偏左	偏右	偏上	偏下				
××/××	8:10	1.0	5.30	12		7		10	11		
××/××	12:05	1.0	6.30	9		5		12	9		
××/××	16:20	1.0	7.30	3		13		7	14		
××/××	20:01	1.0	8.30		18	17		16	12		
××/××	0:03	1.0	9.30		21	10		13	18		
××/××	4:12	1.0	10.30		29		18	10	22		
××/××	8:15	1.0	11.30	14		11		8	17		

备注：

技术负责人	×××	质检员	×××	测量人	×××

本表由施工单位填写。

《顶管施工记录》填表说明

本表参照《给水排水管道工程施工及验收规范》(GB 50268－2008)标准填写。

【填写要点】

1.本表适用于非开挖部位地下给排水和小三线管道施工,顶进分项管道工程检验批质量的检查验收记录。

2.本记录按《给水排水管道工程施工及验收规范》(GB 50268－2008)要求,由每班施工队员提拱原始资料,测量员每测一次认真负责填写一次。

3.填写注意事项:

土质应视掘进出土实际情况鉴定;坡度增减按设计变坡点界定。上坡(上游)为"－",下坡(下游)为"＋";高程偏差与中心偏差以 mm 计。

表式 C5-4-12

浅埋暗挖法施工检查记录
(表 C5-4-12)

编　号	×××

工程名称	××市××路(××路～××路)热力外线工程		
施工单位	××市政建设集团有限公司		
施工部位 (桩号)	隧道(K0+008.5～K0+034.4)	检查日期	××年××月××日
防水层做法	LDPE 片材防水	二衬做法	C30S8 抗渗混凝土
检查项目	检查内容及要求	允许偏差	检查结果
结构尺寸	宽度　　　　6.8m	30mm	符合要求
	拱度　　　　1.2m	20mm	符合要求
	高度　　　　4.8m	±25mm	符合要求
	接茬平整度	±10mm	符合要求
	垂直度	±10mm	符合要求
	内壁平整度	±10mm	符合要求
	格栅间距	±30mm	符合要求
	中线左右偏差	±15mm	符合要求
	高程偏差	±10mm	符合要求
混凝土质量等级	是否符合设计要求(抗压、抗折、抗渗)		合格
外观质量	内表面光滑、密实、止水带位置 准确、防水层不渗不漏		合格

综合结论：

☑ 合　格

☐ 不合格

监理(建设) 单位	施工单位		
	单　位	技术负责人	施工员	质检员
×××	×××	×××	×××	×××

本表由施工单位填写。

《浅埋暗挖法施工检查记录》填表说明

本表参照《给水排水管道工程施工及验收规范》(GB 50268)标准填写。

【填写依据】

1. 原材料的产品质量保证资料应齐全,每生产批次的出厂质量合格证明书及各项性能检验报告应符合国家相关标准规定和设计要求;

   检查方法:检查产品质量合格证明书、各项性能检验报告、进场复验报告。

2. 伸缩缝的设置必须根据设计要求,并应与初期支护变形缝位置重合;

   检查方法:逐缝观察;对照设计文件检查。

3. 混凝土抗压、抗渗等级必须符合设计要求。

   检查数量:

   (1)同一配比,每浇筑一次垫层混凝土为一验收批,抗压强度试块各留置一组;同一配比,每浇筑管道每30m混凝土为一验收批,抗压强度试块留置2组(其中1组作为28d强度);如需要与结构同条件养护的试块,其留置组数可根据需要确定;

   (2)同一配比,每浇筑管道30m混凝土为一验收批,留置抗渗试块1组;

   检查方法:检查混凝土抗压、抗渗试件的试验报告。

4. 模板和支架的强度、刚度和稳定性,外观尺寸、中线、标高、预埋件必须满足设计要求;模板接缝应拼接严密,不得漏浆;

   检查方法:检查施工记录、测量记录。

5. 止水带安装牢固,浇筑混凝土时,不得产生移动、卷边、漏灰现象;

   检查方法:逐个观察。

6. 混凝土表面光洁、密实,防水层完整不漏水;

   检查方法:逐段观察。

7. 二次衬砌模板安装质量、混凝土施工的允许偏差应分别符合表6-11、表6-12的规定。

表6-11 二次衬砌模板安装质量的允许偏差

	检查项目	允许偏差	检查数量		检查方法
			范围	点数	
1	拱部高程(设计标高加预留沉降量)	±10mm	每20m	1	用水准仪测量
2	横向(以中线为准)	±10mm	每20m	2	用钢尺量测
3	侧模垂直度	≤3‰	每截面	2	垂球及钢尺量测
4	相邻两块模板表面高低差	≤2mm	每5m	2	用尺量测,取较大值

注:本表项目只适用分项工程检验,不适用分部及单位工程质量验收。

表 6-12 二次衬砌混凝土施工的允许偏差

序号	检查项目	允许偏差（mm）	检查数量		检查方法
			范围	点数	
1	中线	≤30	每 5m	2	用经纬仪测量,每侧计一点
2	高程	+20,-30	每 20m	1	用水准仪测量

【填写要点】

浅埋暗挖法施工检查记录是采取浅埋暗挖法施工工程在其二衬完工以后,对工程整体情况进行检查的评价记录。检查内容主要包括:工程结构混凝土强度,抗压、抗折、抗渗是否符合设计要求;结构尺寸是否达到质量验收标准;外观质量是否合格等。

表内"结构尺寸、中线左右偏差、高程偏差、混凝土强度、外观质量"应按设计要求和有关技术规范规定进行施工并按实际检查结果填写。

表式 C5-4-13

盾构法施工记录
（表 C5-4-13）

编　号	×××

工程名称	××段隧道工程		
施工单位	××市政工程有限公司		
施工部位（桩号）	×××～×××	地质状况	粉质黏土
盾构型号	DYL-3A	管片合格证编号	05673178
注浆设备	螺旋式注浆机	注浆材料	水泥浆

日期	班次	环号	中心线水平位移(mm) 偏左	中心线水平位移(mm) 偏右	管底高程(mm) (+)	管底高程(mm) (-)	圆环垂直变形(<__‰D)	环向错台(≤__mm)	管片间错台(≤__mm)	备注
××年××月××日	1	3	100		20		12	9	14	
××年××月××日	1	6		80	20		10	11	12	
××年××月××日	1	9		80	20		12	8	15	
××年××月××日	1	12	110			60	8	13	11	
××年××月××日	1	15		120		50	6	6	9	
××年××月××日	1	18	100				9	9	13	
××年××月××日	2	21	110			80	7	12	12	
××年××月××日	2	24		90	10		5	7	8	
××年××月××日	2	27	100		40		11	5	5	
××年××月××日	2	30		120		40	12	13	10	
××年××月××日	2	33	110		20		15	10	12	
××年××月××日	2	36	80				30	10	8	

技术负责人	×××	质检员	×××	测量人	×××

本表由施工单位填写。

《盾构法施工记录》填表说明

本表参照《盾构法隧道施工与验收规范》(GB 50446)标准填写。

【填写依据】

盾构法施工记录适用于盾构法施工完成的管(隧)道工程,记录盾构掘进施工过程中的工程质量情况。管道贯通后的允许偏差见表 6-13。

表 6-13 管道贯通后的允许偏差

	检查项目		允许偏差(mm)	检查数量		检查方法
				范围	点数	
1	相邻管片间的高差	环向	15	每5环	4	用钢尺量测
		纵向	20			
2	环缝张开		2		1	插片检查
3	纵缝张开		2			
4	衬砌环直径圆度		8‰D_1		4	用钢尺量测
5	管底高程	输水管道	±150		1	用水准仪测量
		套管或管廊	±100			
6	管道中心水平轴线		±150			用经纬仪测量

注:环缝、纵缝张开的允许偏差仅指直线段。

表式 C5-4-15

小导管施工记录
(表 C5-4-15)

编　　号	×××

工程名称	××市××路(××路～××路)热力外线工程		
施工单位	××市政建设集团有限公司	工程部位	隧道(K0+0.00～K0+741.5)
钢管规格	φ32	日期	××年××月××日

序号	桩号	位置	长度(m)	直径(mm)	角度(°)	间距(m)	根数	压力(kg/cm^2)	浆量(L)	施工班次
1	K0+734.85	拱顶	1.75	32	11	0.3	18	0.4	0.44	
2	K0+734.35	拱顶	1.75	32	12	0.3	18	0.3	0.42	
3	K0+733.85	拱顶	1.75	32	10	0.3	18	0.2	0.43	
4	K0+733.35	拱顶	1.75	32	13	0.3	18	0.3	0.45	
5	K0+732.85	拱顶	1.75	32	10	0.3	18	0.2	0.46	

草图：

技术负责人	质检员	记录人
×××	×××	×××

本表由施工单位填写。

表式 C5-4-16

大管棚施工记录
(表 C5-4-16)

编 号	×××

工程名称	××地铁工程		
施工单位	××市政建设集团	工程部位	××～××
钢管规格	φ319×6	起止桩号	K0+085～K0+210
		施工日期	××年××月××日

钻孔数	钻孔角度	钻孔深度	钻孔间距	总进尺	开钻时间	结束时间	钻孔口径	钻机型号
	117°	10m	3m	5m	8:00	11:00	80mm	××

编号	情 况	长度(m)	编号	情 况	长度(m)
1	管内填充材料采用混凝土 管节连续紧固	2			

草图：

监理(建设)单位	施工单位		
	技术负责人	施工员	质检员
×××	×××	×××	×××

本表由施工单位填写。

《小导管施工记录》、《大管棚施工记录》填表说明

本表参照《地下铁道工程施工及验收规范》(GB 50299—1999,2003 版)标准填写。

【填写依据】

1. 超前导管或管棚应进行设计,其参数值应符合表 6-14 要求:

表 6-14 导管、管棚各项参数值

支护形式	适用地层	钢管直径(mm)	钢管长度(m) 每根长	钢管长度(m) 总长度	钢管钻设计浆孔的间距	钢管沿拱的环向布置间距(mm)	钢管沿拱的环向外侧角	沿隧道纵向的两排钢管搭接长度(mm)
导管	上层	40~50	3~5	3~5	100~150	300~500	5°~15°	1
管棚	土层或不稳定岩石	80~180	4~6	10~40	100~150	300~500	不大于3°	1.5

注:1. 导管和管棚采用的钢管应直顺,其不钻入围岩部分可不钻孔;
  2. 导管如锤击打入时,尾部应补强,前端应加工成尖锥形;
  3. 管棚采用的钢管纵向连接丝扣长度不小于150mm,管棚长200mm,并均采用厚壁钢管制作。

2. 导管和管棚安装前应将工作面封闭严密、牢固,清理干净并侧放出钻孔位置后方可施工。

3. 导管采用钻孔施工时,其孔眼深度应大于导管长度;采用锤击或钻机顶入时,其顶入长度不应小于管长的 90%。

4. 管棚施工应符合下列规定:

(1) 钻孔的外擂角允许偏差为 5%;

(2) 钻孔应由高孔位向低孔位进行;

(3) 钻孔孔径应比钢管直径大 30~40mm;

(4) 遇卡钻、坍孔时应注浆后重钻;

(5) 钻孔合格后应及时安装钢管,其接长时连接必须牢固。

表式 C5-4-17

隧道支护施工记录

(表 C5-4-17)

编　号	×××

工程名称	××市××路(××路～××路)热力外线工程
施工单位	××市政建设集团有限公司

桩号	施工部位	围岩状况	格栅间距(mm)	中线偏差(mm)	标高偏差(mm)	格栅连接状况	喷混凝土厚度(cm)	混凝土强度等级(MPa)	班次
K0+734.85	拱项	无	500	3	4	符合要求	30	C20	
K0+734.85	拱项	无	500	6	2	符合要求	30	C20	
K0+734.85	拱项	无	500	2	3	符合要求	30	C20	
K0+734.85	拱项	无	500	1	4	符合要求	30	C20	
K0+734.85	拱项	无	500	2	5	符合要求	30	C20	
K0+734.85	拱项	无	500	3	2	符合要求	30	C20	
K0+734.85	拱项	无	500	2	1	符合要求	30	C20	

监理(建设)单位	施工单位		
	技术负责人	施工员	质检员
×××	×××	×××	×××
××年××月××日	××年××月××日	××年××月××日	××年××月××日

本表由施工单位填写。

《隧道支护施工记录》填表说明

本表参照《地下铁道工程施工及验收规范》(GB 50299－1999,2003 版)标准填写。

【填写依据】

隧道结构竣工后混凝土抗压强度和抗渗压力必须符合设计要求,无露筋露石,裂缝应修补好,结构允许偏差值应符合表 6-15 规定。

表 6-15 隧道结构允许偏差值

项目	允许偏差												检查方法
	垫层	先贴防水保护层	后贴防水保护层	底板	顶板		墙		柱子	变形缝	预留洞	预埋件	
					上表面	下表面	内墙	外墙					
平面位置 (mm)	±30	—	—	—	—	—	±10	±15	纵向±20 横向±10	±10	±20	±20	以线路中线为准用尺检查
垂直度 (‰)					—	—	2	3	1.5	3	—	—	线锤加尺检查
直顺度 (mm)	—				—				5				拉线检查
平整度 (mm)	5	5	10	15	5	10	5	10	5				用 2m 靠尺检查
高程 (mm)	+5 −10	+0 −10	+20 −10	±20	+30 0	+30 0	—						用水准仪测量
厚度 (mm)	±10	—		±15	±10		±15		—	—	—	—	用尺检查

表式 C5-4-18

注浆检查记录
(表 C5-4-18)

编 号	×××

工程名称	××市地铁×号线××站～××站区间工程
施工单位	××城建地铁工程有限公司
注浆材料	水泥、膨润土(钠土)、粉煤灰、水玻璃、缓凝剂
注浆设备型号	浆液站

注浆位置(环号)	注浆日期	注浆压力(MPa)	注入材料量(kg)	饱满情况	备注
01	××年××月××日	0.27	2.62	饱满	
02	××年××月××日	0.28	2.95	饱满	
03	××年××月××日	0.26	2.69	饱满	
04	××年××月××日	0.28	2.55	饱满	
05	××年××月××日	0.26	2.74	饱满	
06	××年××月××日	0.28	2.64	饱满	
07	××年××月××日	0.25	2.75	饱满	
08	××年××月××日	0.27	2.64	饱满	
09	××年××月××日	0.25	2.78	饱满	
10	××年××月××日	0.25	2.67	饱满	

其他说明：

监理(建设)单位	施工单位		
	技术负责人	质检员	记录人
×××	×××	×××	×××

本表由施工单位填写。

《注浆检查记录》填表说明

本表参照《地下铁道工程施工及验收规范》(GB 50299—1999,2003 版)标准填写。

【填写依据】

1. 锚杆注浆应符合下列规定

(1)水泥应采用 525 号以上的普通硅酸盐水泥,必要时可掺外加剂。

(2)水泥浆液的水灰比应为 0.4～0.5,水泥砂浆灰砂比宜为 1∶1～1∶2。

(3)锚固段注浆必须饱满密实,并宜采用二次注浆,注浆压力宜为 0.4～0.6MPa。接近地表或地下构筑物及管线的锚杆,应适当控制注浆压力。

2. 超前预注浆施工应符合下列规定

(1)注浆段的长度应满足设计要求。

(2)注浆管应根据设计要求选用。

(3)注浆孔的布置角度及深度应符合设计要求。

(4)注浆作业应满足下列要求:

1)注浆前应进行压水或压入稀浆试验,发现与设计不符时,应立即调整。

2)在涌水量大、压力高的地段钻孔时,应先设置带闸阀的孔口管;当面围岩破碎时,应先设置止浆墙和孔口管。

3)分段注浆时,应设置止浆塞。

4)注浆过程中应做好施工记录,发现问题应及时处理。

3. 质量检验及标准

(1)超前锚杆施工质量应符合表 6-16 的规定:

表 6-16 超前锚杆施工质量标准

序号	项目	规定值或允许偏差	检查方法
1	长度	不小于设计	尺量
2	孔位(mm)	±50	尺量
3	钻孔深度(mm)	±50	尺量
4	孔径	符合设计要求	尺量

(2)超前小导管注浆施工质量应符合表 6-17 的规定:

表 6-17 超前小导管注浆施工质量标准

序号	项目	规定值或允许偏差	检查方法和频率
1	长度	不小于设计	尺量;检查 10%
2	孔位(mm)	±50	尺量;检查 10%
3	钻孔深度(mm)	±50	尺量;检查 10%
4	孔径	符合设计要求	尺量;检查 10%
5	注浆压力	符合设计要求	压力表:全部检查

表式 C5-5-1

设备基础检查验收记录

(表 C5-5-1)

编 号	×××

工程名称	××污水处理厂	设备名称	×××
基础施工单位	××市政工程有限公司	设备位号	16
设备安装单位	××设备安装工程公司	验收日期	××年××月××日

	检查项目	设计要求 (mm)	允许偏差 (mm)	实测偏差 (mm)
1	混凝土强度(MPa)	C30	—	C30
2	外观检查(表面平整度、裂缝、孔洞、蜂窝、麻面、露筋)	无	—	无
3	基础位置(纵、横轴线)		±10	6
4	基础顶面标高		5	2
5	外形尺寸:基础上平面外形尺寸 凸台上平面外形尺寸 凹穴尺寸		±15	+8
6	基础上平面的水平度(包括地坪上需安装设备的部分):每米 全长		2	1
7	垂直度		3	2
8	预埋地脚螺栓:标高(顶端) 中心距(在根部和顶部处测量)		2	1
9	预埋地脚螺栓孔:中心位置 深度 孔壁的铅垂度(全深)		2 4 2	1 3 1
10	预埋活动地脚螺栓锚板: 标高 中心位置 平整度(带槽的锚板) (每米) 平整度(带螺纹的锚板) (每米)		3 5 2 2	2 4 1 1
11	锅炉 相应两柱子定位中心线的间距		5	4
12	锅炉 各组对称四根柱子定位中心点的两对角线长度之差		10	6

说明: 附基础示意图:

结论: ☑合 格 □不合格

监理(建设)单位	基础施工单位		设备安装单位	
	施工负责人	质检员	施工负责人	质检员
×××	×××	×××	×××	×××

此表由安装单位填写。

《设备基础检查验收记录》填表说明

本表参照《机械设备安装工程施工及验收通用规范》(GB 50231)标准填写。

【填写依据】

设备安装前应对设备基础的混凝土强度、外观质量进行检查,并对设备基础纵、横轴线进行复核,对设备基础外形尺寸、水平度、垂直度、预埋地脚螺栓、地脚螺栓孔、预埋栓板以及锅炉设备基础立柱相邻位置、四立柱间对角线等进行量测,并附基础示意图,填写《设备基础检查验收记录》。混凝土设备基础尺寸允许偏差和检验方法见表 6-18。

表 6-18 混凝土设备基础尺寸允许偏差和检验方法

项目		允许偏差(mm)	检验方法
坐标位置		20	钢尺检查
不同平面的标高		0,−20	水准仪或拉线、钢尺检查
平面外形尺寸		±20	钢尺检查
凸台上平面外形尺寸		0,−20	钢尺检查
凹穴尺寸		+20,0	钢尺检查
平面水平度	每米	5	水平尺、塞尺检查
	全长	10	水准仪或拉线、钢尺检查
垂直度	每米	5	经纬仪或吊线、钢尺检查
	全高	10	
预埋地脚螺栓	标高(顶部)	+20,0	水准仪或拉线、钢尺检查
	中心距	±2	钢尺检查
预埋地脚螺栓孔	中心线位置	10	钢尺检查
	深度	+20,0	钢尺检查
	孔垂直度	10	吊线、钢尺检查
预埋活动地脚螺栓锚板	标高	+20,0	水准仪或拉线、钢尺检查
	中心线位置	5	钢尺检查
	带槽锚板平整度	5	钢尺、塞尺检查
	带螺纹孔锚板平整度	2	钢尺、塞尺检查

注:检查坐标、中心线位置时,应沿纵、横两个方向量测,并取其中的较大值。

表式 C5-5-2

钢制平台/钢架制作安装检查记录
（表 C5-5-2）

编　号	×××

工程名称	××污水处理厂		
施工单位	××市政工程有限公司		
安装位置	×××	图号 W-4-1	检查日期 ××年××月××日

主要检查项目		主要技术要求	检查结果
立柱	底座与柱基中心线偏差	中心线偏差≤20mm	符合标准要求
	垂直度偏差	≤5mm	符合标准要求
	弯曲度偏差	≤3mm	符合标准要求
立柱对角线偏差		≤10mm	符合标准要求
平台标高偏差		≤10mm	符合标准要求
栏杆	水平度偏差	≤10mm	符合标准要求
	立柱垂直度偏差	≤1.5‰	符合标准要求
	外观	平直、无锈	符合标准要求
梯子踏步间距偏差		±15mm	符合标准要求
平台边缘围板		牢固、结实、材质、规格	符合标准要求
钢结构构件焊接质量		无气孔、夹渣、凸瘤等	符合标准要求

有关说明：

综合结论：
☑合格
□不合格

监理(建设)单位	施工单位		
	技术负责人	施工员	质检员
×××	×××	×××	×××

本表由施工单位填写。

表式 C5-5-3

设备安装检查记录(通用)
(表 C5-5-3)

编　　号	×××

工程名称	××市××设备安装工程				
施工单位	××设备安装工程有限公司				
安装部位					
设备名称	水净化器			设备位号	××
规格型号	×××	执行标准	GB 50321	检查日期	××年××月××日

主要检查项目		设计要求(mm)	允许偏差(mm)	实测偏差(mm)
标高			5	2
中心线位置	纵向		4	1
	横向		4	2
垂直度			5	3
水平度	纵向		5	2
	横向		5	1
设备固定	固定方式	焊接		
	设备垫铁安装	合格		

说明：

综合结论：
☑合格
□不合格

监理(建设)单位	施工单位		
	技术负责人	施工员	质检员
×××	×××	×××	×××

本表由施工单位填写。

《设备安装检查记录(通用)》填表说明

本表参照《机械设备安装工程施工及验收通用规范》(GB 50231)标准填写。

【填写依据】

1. 设备就位前,应按施工图和有关建筑物的轴线或边缘线及标高线,划定安装的基准线。
2. 互相有连接、衔接或排列关系的设备,应划定共同的安装基准线。必要时,应按设备的具体要求,埋设一般的或永久性的中心标版或基准点。
3. 平面位置安装基准线与基础实际轴线或与厂房墙(柱)的实际轴线、边缘线的距离,其允许偏差为+20mm。
4. 设备定为基准的面、线或点对安装基准线的平面位置和标高的允许偏差,应符合表6-19的规定。

表6-19 设备的平面位置和标高对安装基准线的允许偏差

项目	允许偏差(mm)	
	平面位置	标高
与其他设备无机械联系的	±10	+20;−10
与其他设备有机械联系的	±2	±1

5. 设备找正、调平的定位基准面、线或点确定后,设备的找正、调平均应在给定的测量位置上进行检验;复检时亦不得改变原来测量的位置。
6. 设备的找正、调平的测量位置,当设备技术文件无规定时,宜在下列部位中选择:
(1)支撑滑动部件的导向面。
(2)保持转运部件的导向面或轴线。
(3)部件上加工精度较高的表面。
(4)设备上应为水平或铅垂的主要轮廓面。
(5)连续运输设备和金属结构上,宜选在可调的部位,两测点间距离不宜大于6m。
7. 设备安装精度的偏差,宜符合下列要求:
(1)能补偿受力或温度变化后所引起的偏差。
(2)能补偿使用过程中磨损所引起的偏差。
(3)不增加功率消耗。
(4)使转运平稳。
(5)使机件在负荷作用下受力较小。
(6)能有利于有关机件的连接、配合。
(7)有利于提高被加工件的精度。
(8)两测点间距离不宜大于6m。

【填写要点】

给水、污水处理、燃气、供热、轨道交通、垃圾卫生填埋厂(场)、站中使用的通用设备安装均可采用本表。应在安装中检查设备的标高、中心线位置、垂直度、纵横向水平度及设备固定的形式,使之符合设计要求,达到质量标准。

表式 C5-5-4

设备联轴器对中检查记录
(表 C5-5-4)

编 号：×××

工程名称	××市××设备安装工程			
施工单位	××设备安装工程有限公司			
设备名称	除渣机	规格型号	×××	设备位号 3
安装部位	—			
执行标准	—	检查日期	××年××月××日	

设备联轴器布置示意图

略

径 向					轴 向					端面间隙	
径向位移允许值 (mm)	实测值 (mm)				轴向倾斜允许值 (mm)	实测值 (mm)				允许值 (mm)	实测值 (mm)
	a_1	a_2	a_3	a_4		b_1	b_2	b_3	b_4		
0.05	0.03	0.03	0.04	0.03	0.2/1000	0.1/1000	0	0	0.1/1000	3～5	4

综合结论：
☑合格
□不合格

技术负责人	施工员	质检员
×××	×××	×××

本表由施工单位填写。

《设备联轴器对中检查记录》填表说明

本表参照《机械设备安装工程施工及验收通用规范》(GB 50231)标准填写。

【填写依据】

设备联轴器安装完成后应对联轴器对中情况进行检查并记录,内容包括:径向位移值,轴向倾斜值,端面间隙值,并附联轴器布置示意图。

1. 凸缘联轴器装配时,两个半联轴器端面应紧密接触,两轴心的径向位移不应大于 0.03mm。

2. 弹性套柱销联轴器装配时,两轴心径向位移、两轴线倾斜和端面间隙的允许偏差应符合表 6-20 的规定。

表 6-20 弹性套柱销联轴器装配允许偏差

联轴器外形最大尺寸 D(mm)	两轴心径向位移(mm)	两轴线倾斜	端面间隙 s(mm)
71	0.04	0.2/1000	2～4
80			
95			
106			
130	0.05		3～5
160			
190			
224			
250			4～6
315			
400			
475	0.08		5～7
600	0.10		

3. 弹性柱销联轴器装配时,两轴心径向位移、两轴线倾斜和端面间隙的允许偏差应符合表 6-21 规定。

表 6-21 弹性柱销联轴器装配允许偏差

联轴器外形最大直径 D(mm)	两轴心径向位移(mm)	两轴线倾斜	端面间隙 s(mm)
90～160	0.05	0.2/1000	2～3
195～200	0.05		2.5～4
280～320	0.08		3～5
360～410	0.08		4～6
480	0.10		5～7
540	0.10		6～8
630	0.10		6～8

4. 弹性柱销齿式联轴器装配时,两轴心径向位移、两轴线倾斜和端面间隙的允许偏差应符合表 6-22 的规定。

表 6-22 弹性柱销齿式联轴器装配允许偏差

联轴器外形最大直径 D(mm)	两轴心径向位移(mm)	两轴线倾斜	端面间隙 s(mm)
78～118	0.08	0.5/1000	2.5
158～260	0.1		4～5
300～515	0.15		6～8
560～770	0.2		10
860～1158	0.25		13～15
1440～1640	0.3		18～20

表式 C5-5-5

容器安装检查记录
（表 C5-5-5）

编 号	×××

工程名称	××市××设备安装工程		
施工单位	××市政设备安装工程有限公司	容器名称	
规格型号		位号	检查日期	××年××月××日

	主要检查项目	主要技术要求	检查结果
基础检查	带腿容器	表面平整、无裂纹和疏松	合格
	平底容器	砂浆找平、符合设计要求	
严密性试验	压力容器	符合"容规"等规定要求	合格
	压力水箱	无渗漏（1.25P 10min）	
	无压水箱	无渗漏（灌水 24h）	
箱、罐安装	标高偏差	±10mm	
	中心线偏差	≤10mm	5
	垂直度偏差	≤2mm/m	3
	水平度偏差	≤2mm/m	0
	接口方向	符合图纸要求	1
	液位计、温度计	零件齐全、无渗漏	合格
	压力表	安装齐全、在有效期	合格
	安全泄放装置（无压罐不得安装）	已校验、铅封齐全	合格
	水位调节装置	动作灵活、无渗漏	合格
	取样管	畅通、位置正确	合格
	内部防腐层	完整、符合设计要求	合格
	二次灌浆	符合图纸及标准要求	合格

有关说明：

综合结论：
☑合格
□不合格

监理（建设）单位	施工单位		
	技术负责人	施工员	质检员
×××	×××	×××	×××

本表由施工单位填写。

《容器安装检查记录》填表说明

本表参照《锅炉安装工程施工及验收规范》(GB 50273)标准填写。

【填写依据】

容器(箱罐)安装前应进行基础检查及容器严密性试验,安装中应对容器安装的标高、中心线、垂直度、水平度、接口方向及液位计、温度计、压力表、安全泄放装置、水位调节装置、取样口位置、内部防腐层、二次灌浆等内容进行检查并记录。

锅筒、集箱安装:

1.吊装前,应对锅筒、集箱进行检查,且应符合下列要求:

(1)锅筒、集箱表面和焊接短管应无机械损伤,各焊缝及其热影响区表面应无裂纹、未熔合、夹渣、弧坑和气孔等缺陷;

(2)锅筒、集箱两端水平和垂直中心线的标记位置应正确,当需要调整时应根据其管孔中心线重新标定或调整;

(3)胀接管孔壁的表面粗糙度不应大于 $12.5\mu m$,且不应有凹痕、边缘毛刺和纵向刻痕;管孔的环向或螺旋形刻痕深度应不大于 0.5mm,宽度应不大于 1mm,刻痕至管孔边缘的距离应不小于 4mm;

注:表面粗糙度数值为轮廓算术平均偏差。

(4)胀接管孔直径及其允许偏差,应符合表 6-23 的规定。

表 6-23 胀接管孔直径与允许偏差　　　　　　　　　　　　　　　　　　　　单位:mm

管孔直径		32.3	38.3	42.3	51.5	57.5	60.5	64.0	70.5	76.5	83.6	89.6	102.7
允许偏值	直径	+0.34 0			+0.40 0				+0.46 0				
	圆度	0.14			0.15				0.19				
	圆柱度	0.14			0.15				0.19				

2.锅筒应在钢架安装找正并固定后,方可起吊就位。非钢梁直接支持的锅筒,应安设牢固的临时性搁架;临时性搁架应在锅炉水压试验灌水前拆除。

3.锅筒、集箱就位找正时,应根据纵向和横向安装基准线以及标高基准线按图 6-1 所示对锅筒、集箱中心线进行检测,其安装的允许偏差应符合表 6-24 的规定。

表 6-24 锅筒、集箱安装的允许偏差　　　　　　　　　　　　　　　　　　　　单位:mm

检测项目	允许偏差
主锅筒的标高	±5
锅筒纵向和横向中心线与安装基准线的水平方向距离	±5
锅筒、集箱全长的纵向水平度	2
锅筒全长的横向水平度	1
上、下锅筒之间水平方向距离和垂直方向距离	±3
上锅筒与上集箱的轴心线距离	±3

续表

检测项目	允许偏差
上锅筒与过热器集箱的水平和垂直距离;过热器集箱之间的水平和垂直距离	±3
上、下集箱之间的距离,上、下集箱与相邻立柱中心距离	±3
上、下锅筒横向中心线相对偏移	2
锅筒横向中心线和过热器集箱横向中心线相对偏移	3

注:锅筒纵向和横向中心线两端所测距离的长度之差不应大于2mm。

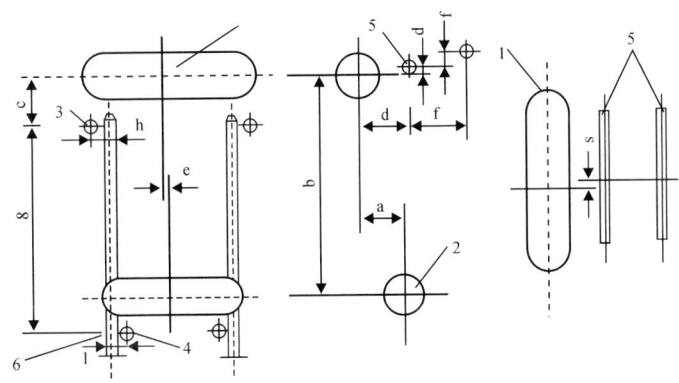

图 6-1　锅筒、集箱间的距离

4. 安装前,应对锅筒、集箱的支座和吊挂装置进行检查,且应符合下列要求:
(1)接触部位圆弧应吻合,局部间隙不宜大于2mm;
(2)支座与梁接触应良好,不得有晃动现象;
(3)吊挂装置应牢固,弹簧吊挂装置应整定,并应进行临时固定。

5. 锅筒、集箱就位时,应在其膨胀方向预留支座的膨胀间隙,并应进行临时固定。膨胀间隙应符合随机技术文件的规定。

6. 锅筒内部装置的安装,应在水压试验合格后进行。其安装应符合下列要求:
(1)锅筒内零部件的安装,应符合产品图样的要求;
(2)蒸汽、给水连接隔板的连接应严密不漏,焊缝应无漏焊和裂纹;
(3)法兰接合面应严密;
(4)连接件的连接应牢固,且应有防松装置。

表式 C5-5-6

安全附件安装检查记录
(表 C5-5-6)

编 号	××××

工程名称	××工程				
施工单位	××机电安装工程有限公司				
设备/系统名称	锅炉	设备规格型号	WNS 2.8-1.0/95/70	设备所在系统	
工作介质	水	设计(额定)压力	1.0MPa	最大工作压力	1.5MPa

检 查 项 目		检 查 结 果	
压力表	量程及精度等级	0～1.6MPa；0.4级	
	校验日期	××年××月××日 数量	××块
	外观检查	☑合格	☐不合格
	在最大工作压力处应划红线	☑已划；	☐未划
	旋塞或针型阀是否灵活	☑灵活；	☐不灵活
	蒸汽压力表管是否设存水弯管	☑已设；	☐未设
	铅封是否完好	☑完好；	☐不完好
安全阀	开启压力范围	1.0～1.5MPa	
	校验日期	××年××月××日 数量	××个
	铅封是否完好	☑完好；	☐不完好
	安全阀排放管应引至安全地点	☑是；	☐不是
水位计(液位计)	水(液)位计应划出高、低水(液)位红线	☑已划；	☐未划
	水(液)位计旋塞(阀门)是否灵活	☑灵活；	☐不灵活
温度计	量程及精度等级	100℃ Ⅱ级	
	校验日期	××年××月××日 数量	21支
	传感系统是否正常	☑正常；	☐不正常
报警联锁装置	高低限位(声、光)报警	☑灵敏、准确	☐不合格
	联锁装置工作情况	☑动作迅速、正确	☐不合格

说明：

安全附件安装符合设计和规范要求。

综合结论：

☑ 合 格　　☐ 不合格

监理(建设)单位	施 工 单 位		
	技术负责人	施工员	质检员
×××	×××	×××	×××

本表由施工单位填写。

《安全附件安装检查记录》填表说明

本表参照《锅炉安装工程施工及验收规范》(GB 50273)标准填写。

【填写依据】

1. 锅炉交付使用前，必须对锅炉的安全附件进行检查、调试并记录。

2. 锅炉和省煤器安全阀的定压和调整应符合表6-25的规定。锅炉上装有两个安全阀时，其中的一个按表中较高值定压，另一个按较低值定压。装有一个安全阀时，应按较低值定压。

表6-25 安全阀定压规定

项次	工作设备	安全阀开启压力(MPa)
1	蒸汽锅炉	工作压力+0.02MPa
		工作压力+0.04MPa
2	热水锅炉	1.12倍工作压力，但不少于工作压力+0.07MPa
		1.14倍工作压力，但不少于工作压力+0.10MPa
3	省煤器	1.1倍工作压力

3. 压力表的刻度极限值，应大于或等于工作压力的1.5倍，表盘直径不得小于100mm。

4. 安装水位表应符合下列规定：

(1)水位表应有指示最高、最低安全水位的明显标志，玻璃板(管)的最低可见边缘应比最低安全水位低25mm；最高可见边缘应比最高安全水位高25mm。

(2)玻璃管式水位表应有防护装置。

(3)电接点式水位表的零点应与锅筒正常水位重合。

(4)采用双色水位表时，每台锅炉只能装设一个，另一个装设普通水位表。

(5)水位表应有放水旋塞(或阀门)和接到安全地点的放水管。

5. 锅炉的高、低水位报警器和超温、超压报警器及联锁保护装置必须按设计要求安装齐全和有效，并进行启动、联动试验并做好试验记录。

6. 蒸汽锅炉安全阀应安装通向室外的排汽管。热水锅炉安全阀泄水管应接到安全地点。在排汽管和泄水管上不得装设阀门。

7. 检查项目主要包括压力表、安全阀、水位计(液位计)、报警装置等附件的安装、校验和工作情况。

8. 安装检查及记录除应按《建筑给水排水及采暖工程施工质量验收规范》(GB 50242)的要求以外，尚应符合《锅炉安装工程施工及验收规范》(GB 50273)等现行国家有关规范、规程、标准的规定及产品样本、使用说明书的要求。

9. 安全附件安装检查应由施工单位报请建设(监理)单位共同进行。

【填写要点】

1. 记录的内容应包括锅炉型号、工作介质、设计(额定)压力、最大工作压力、各检查项目的检查结果、必要的说明及结论等。

2. 检查记录应根据检查的项目，按照实际情况及时、认真填写，不得漏项，填写内容要齐全、清楚、准确，结论应明确。各项内容的填写应符合设计及规范的要求，签字应齐全。

表式 C5-5-9

软化水处理设备安装调试记录
(表 C5-5-9)

编 号	××××

工程名称	××配水厂设备安装工程		
施工单位	××市政工程有限公司		
安装单位	××设备安装工程有限公司		
设备规格型号	GFR-IA	数 量	1
软化设备工艺			

调试过程记录：

(1)设备运行正常。
(2)初次排出的软水,颜色带有微黄,测试 pH 值为 5.5,呈酸性,三到五分钟后,出水转为无色,pH 值为 7(中性),同时软水硬度为合格。
……

周期制水量	100m³	再生一次用盐量	10kg
生　水		软化水	
YD (mmol/L)	15	YD (mmol/L)	5
JD (mmol/L)	20	JD (mmol/L)	10
Cl^- (mg/L)	5	Cl^- (mg/L)	3
pH	9	pH	8

综合结论：　☑ 合　格　　□ 不合格

监理(建设)单位	施工单位		
×××	×××		

本表由施工单位填写。

表式 C5-5-10

燃烧器及燃料管道安装检查记录
（表 C5-5-10）

编　号	××××

工程名称	××市××供热工程
施工单位	××工程技术有限公司

锅炉型号	SHL2.9－1.6/150/90	位号	5#	检查日期	××年××月××日

序号	项　目	要　求	实　际	备　注
1	燃烧器的标高偏差	±5mm	3	
	各燃烧器之间的距离偏差	±3mm	2	
	调风装置调节是否灵活	灵活	合格	
	燃烧器装卸是否方便	方便	合格	
2	室内油箱总容积	≤1m³	0.2	
	油位计种类	非玻璃	合格	
	室内油箱是否装设紧急排放管	装设	合格	引至安全地点
	室内油箱是否装设通气管	装设	合格	应装设阻燃器
3	每台锅炉供油干线上是否有关闭阀和快速切断阀	装设	合格	
	每个燃烧器前的燃油支管上是否有关闭阀	装设	合格	
	每台锅炉的回油管上是否有止回阀	装设	合格	

其他说明：

符合燃烧器及燃料管道的安装要求和设计要求。

监理(建设)单位	施工单位		
	技术负责人	施工员	质检员
×××	×××	×××	×××

本表由施工单位填写。

表式 C5-5-11

管道/设备保温施工检查记录
(表 C5-5-11)

编　号　××××

工程名称	××供热管线工程		
工程部位	K1+236～K1+987供热管道		
施工单位	××设备安装工程公司		
设备名称	供热管道	管线编号/桩号	供水003/K1+236～K1+987
保温材料品种	岩棉	保温材料厚度	100mm
生产厂家	××保温材料厂	检查日期	××年××月××日

基层处理与涂漆情况：

　　管道基层干净,涂刷防腐漆,已做处理,管道试压合格。

保温层施工情况：

　　车阀门、法兰及其他可拆卸部件的周围留出孔隙,保温层断面45°角,并封闭严密。保温支、托架两侧留有空隙,管道能正常转动。

保护层施工情况：

　　保温结构层间粘贴紧密、平整,压缝、圆弧均匀,伸缩缝布置合理,接缝错开,嵌缝保满。

直埋热力管道接口保温(套袖连接)气密性试验结果：

　　接口气密性试验结果合格。

综合结论：

　　☑　合　格
　　□　不合格

监理(建设)单位	施　工　单　位		
	技术负责人	施工员	质检员
×××	×××	×××	×××

本表由施工单位填写。

表式 C5-5-12

净水厂水处理工艺系统调试记录
(表 C5-5-12)

编 号	××××

工程名称	××净水厂水处理工程
施工单位	××自来水公司
安装单位	××市设备安装工程公司
处理工艺	
处理水量	200m³/d(设计产水量)

调试过程记录：

(1)××月××日××时,开启设备,运转正常。
(2)检测经处理后,排放的水的各项指标。
……

清水池水质	优		清水池注满水时间		5h
絮凝时间	2min	廊道流速(m/s) 起端	5	末端	3
沉淀池溢流率	50m³/(m·d)	澄清池清水区上升流速		10mm/s	
进入滤池前水浑浊度					
滤池冲洗流速	配水干管(渠)进口处流速		20m/s		
	配水支管进口处流速		30m/s		
	孔眼流速		30m/s		
快滤池流速	进水管流速	50m/s	出水管速度		30m/s
	冲洗水管速度	40m/s	排水管速度		50m/s

综合结论：
☑ 合　格
☐ 不合格

建设单位	监理单位	设计单位	施工单位	
×××	×××	×××	×××	

本表由施工单位填写。

《净水厂水处理工艺系统调试记录》填表说明

本表参照《室外给水设计规范》(GB 50013)标准填写。

【填写依据】

1. 设计隔板絮凝池时,宜符合下列要求:
(1)絮凝时间宜为 20~300min;
(2)絮凝池廊道的流速,应按由大到小渐变进行设计,起端流速宜为 0.5~0.6m/s,末端流速宜为 0.2~0.3m/s;
(3)隔板间净距宜大于 0.5m。

2. 设计机械絮凝池时,宜符合下列要求:
(1)絮凝时间为 15~20min;
(2)池内设 3~4 档搅拌机;
(3)搅拌机的转速应根据浆板边缘处的线速度通过计算确定,线速度宜自第一档的 0.5m/s 逐渐变小至末档的 0.2m/s。
(4)池内宜设防止水体短流的设施。

3. 设计折板絮凝池时,宜符合下列要求:
(1)絮凝时间为 12~20min;
(2)絮凝过程中的速度应逐段降低,分段数不宜少于三段,各段的流速可分别为:
第一段:0.25~0.35m/s;
第二段:0.15~0.25m/s;
第三段:0.10~0.15m/s。
(3)折板夹角采用 90°~120°;
(4)折板夹角采用直板。

4. 设计栅条(网格)絮凝池时,宜符合下列要求:
(1)絮凝池宜设计成多格竖流式;
(2)絮凝时间宜为 12~20min,用于处理低温或低浊水时,絮凝时间可适当延长;
(3)絮凝池竖井流速、过栅(过网)和过孔流速应逐段递减,分段数宜分三段,流速分别为:
竖井平均流速:前段和中段 0.14~0.12m/s,末段 0.14~0.10m/s;
过栅(过网)流速:前段 0.30~0.25m/s,中段 0.25~0.22m/s,末段不安放栅条(网格);
竖井之间孔洞流速:前段 0.30~0.20m/s,中段 0.20~0.15m/s,末段 0.14~0.10m/s。
(4)絮凝池宜布置成 2 组或多组并联形式;
(5)絮凝池内应有排池设施。

5. 平流沉淀池的沉淀时间,宜为 1.5~3.0h。

6. 平流沉淀池的水平流速可采用 10~25mm/s,水流应避免过多转折。

7. 平流沉淀池的有效水深,可采用 3.0~3.5m。沉淀池的每格宽度(或导流墙间距)宜为 3~8m,最大不超过 15m,长度与宽度之比不得小于 4;长度与深度之比不得小于 10。

8. 平流沉淀池宜采用穿孔墙配水和溢流堰集水,溢流率不宜超过 300m³/(m·d)。

9. 滤池应有下列管(渠),其管径(断面)宜根据表 6-26 所列流速通过计算确定。

表 6-26　各种管渠和流速　　　　　　　　单位:m/s

管(渠)名称	流　速
进　水	0.8~1.2
出　水	1.0~1.5
冲洗水	2.0~2.5
排　水	1.0~1.5
初滤水排放	3.0~4.5
输　气	10~15

表式 C5-5-13

加药、加氯工艺系统调试记录
(表 C5-5-13)

编　号	××××

工程名称	××水厂设备安装工程
施工单位	××市政工程有限公司
安装单位	××设备安装工程公司
处理工艺	

调试过程记录：
(1)系统开启，各仪表正常。
(2)自动控制运转正常。
……

水质化验	合格			
远方/就地转换开关	正常			
输入流量信号				
输入余氯信号				
氯气流量信号输出	正常			
瓶重报警信号				
加氯阀门	开启			
余氯分析仪	正常			
氯气检测器	正常			
通风	良好			

综合结论：
☑ 合　格
☐ 不合格

建设单位	监理单位		施工单位	安装单位
×××	×××		×××	×××

本表由施工单位填写。

《加药、加氯工艺系统调试记录》填表说明

【填写依据】

1. 手动

（1）首先确认水射器前工作水压力满足要求，然后打开压力水阀门，用手试真空接口的抽吸力。如抽吸力小或向外出水，则需检查水射器后的闸阀是否开启及管道是否畅通。

（2）真空调节阀安装完毕，要进行密封性试验。先把氯瓶与调节阀之间所有接头装好拧紧，然后打开氯瓶，用氯水或pH试纸依次检查所有的接头。如发生白色烟气或试纸变色，则表明该接头泄漏，需重接，直到无泄漏为止。

（3）排气管至室外，出口应低于流量控制器，并检查所有管道安装是否正确。

（4）检查管道的气密性：关闭调节阀，将黑色旋钮转至"OFF"，打开水射器压力管阀门，水射器开始工作，数秒钟内气源指示器转至红色，表明气密性良好。如指示器无变化，则表明气密性不合格。

（5）在管路气密性良好的情况下，将调节阀黑色旋钮转至"ON"，使系统运行。调整流量控制阀红色旋钮直到所需要的加氯量。

（6）停止调试：关闭氯瓶阀门，指示器显示红色后关闭电源、水源，调试完毕。

2. 自动控制

该加氯机有流量配比控制、直接余氯控制和复合环路（流量、余氯）控制等三种控制方式供选用。

（1）检查所有应接入的信号（流量、余氯等）是否正常。

（2）启动已经过手动调试的加氯机。

（3）将加氯机控制按钮转至"自动"位置上。

（4）观察、记录余氯数据，并采取变化水量的办法，检查余氯变化幅度、变化时间值（滞后时间）是否正常。

（5）设置高低余氯报警值，并用手动调节氯量调节阀，检验报警效果。

表式 C5-5-14

水处理工艺管线验收记录
(表 C5-5-14)

编　号： ××××

工程名称	××污水管线工程
施工单位	××市政工程有限公司
安装单位	××设备安装公司
管线类别	GC2

资料审查	1	施工图纸、设计文件、设计变更文件	齐全有效,符合要求
	2	主要材料合格证或试验记录	有出厂合格证和试验记录
	3	施工测量记录	施工测量记录齐全,符合要求
	4	焊接、水密性、气密性试验记录	试验记录齐全,符合要求
	5	吹扫、清洗记录	记录齐全,符合要求
	6	施工记录	施工记录齐全,符合要求
	7	中间验收记录	中间验收记录齐全,符合要求
	8	工程质量事故处理记录	
	9	回填土压实度检验记录	压实度检验记录齐全,符合要求
复验	1	管道的位置及高程	位置和高程符合设计及规范要求
	2	管道及附属构筑物的断面尺寸	断面尺寸符合设计及规范要求
	3	管道配件安装的位置和数量	
	4	管道的冲洗及消毒等	
	5		

外观情况	外观质量平直,无污染,防腐处理符合要求。
备注	

综合结论：
☑ 合　格
☐ 不合格

建设单位	监理单位	施工单位	
×××	×××	×××	

本表由施工单位填写。

《水处理工艺管线验收记录》填表说明

本表参照《城市污水处理厂工程质量验收规范》(GB 50334)标准填写。

【填写依据】

1. 主控项目

(1)管道基础的高程和固定支架的安装位置应符合设计要求。

检验方法:检查施工记录。

(2)管道安装的接口以及和闸阀的连接必须牢固严密。

检验方法:观察检查,检查试验报告。

(3)在管道穿越墙体和楼板处应按规定设置套管。

检验方法:观察检查。

2. 一般项目

(1)管道的检查井砌筑应灰浆饱满,灰缝平整,抹面坚实,不得有空鼓、裂缝等现象。

检验方法:观察检查,用小锤敲击。

(2)检查井的允许偏差应符合表 6-27 的规定。

表 6-27 检查井的允许偏差和检验方法

项次	名称	项目		允许偏差(mm)	检验方法
1	检查井	标高	井盖	±5	用水准仪测量
			流槽	±10	
		断面尺寸	圆形井(直径)	±20	用尺量检查
			圆形井(内边长与宽)		用尺量检查

(3)闸、阀启闭时应满足在工作压力下无泄漏。

检验方法:观察检查。

(4)管道焊缝应饱满,表面平整,不得有裂纹、烧伤、结瘤等现象,并按设计要求做探伤检测。

检验方法:观察检查,检查检测报告。

(5)管口粘接应牢固,连接件之间应严密、无孔隙。

检验方法:观察检查。

(6)焊接及粘接的管道允许偏差应符合表 6-28 的规定。

(7)管道安装的线位应准确、直顺。

检验方法:仪器检测、观察检查。

(8)管道中线位置、高程的允许偏差应符合表 6-29 的规定。

(9)部件安装应平直、不扭曲,表面不应有裂纹、重皮和麻面等缺陷,外圆弧应均匀。

检验方法:观察检查。

(10)部件安装的允许偏差应符合表 6-30 的规定。

表 6-28 焊接及粘接的管道允许偏差和检验方法

项次	名称	项目			允许偏差(mm)	检验方法
1	碳素钢管道	焊口平直度	管壁厚	10mm 以内	管壁厚 1/4	用样板尺和尺检查
				10mm 以上	3	
		焊缝加强层	高度		+1	用焊接工具尺检查
			宽度		+3,-1	
		咬肉	深度		0.5	用焊接工具尺和尺检查
			连续长度		25	
			总长度(两侧)		小于焊缝长度的 10%	
2	不锈钢管道	焊口平直度	管壁厚	10mm 以内	管壁厚 1/5	用样板尺和尺检查
				10~20mm	2	
				20mm 以上	3	
		焊缝加强层	高度		+1	用焊接工具尺检查
			宽度		+1	
		咬肉	深度		0.5	用焊接工具尺和尺检查
			连续长度		25	
			总长度(两侧)		小于焊缝长度的 10%	
3	工程塑料管道	焊口平直度	管壁厚	10mm 以内	管壁厚的 1/4	用样板尺和尺检查
				10mm 以上	3	

表 6-29 管道中线位置、高程的允许偏差

项次	名称	项目			允许偏差(mm)	检验方法
1	混凝土管道	位置	室外	给排水	30	用测量仪器和尺量检查
			室内		15	
		高程	室外	给水	±20	
				排水	±10	
			室内	给排水		
2	铸铁及球墨铸铁管道	位置	室内	给排水	30	
			室外		15	
		高程	室外给水	DN400mm 以下	±30	
				DN400mm 以上	±30	
			室外排水		±10	
			室内给排水		±10	
3	碳素钢管道	位置	室外	加工及地沟	20	
				埋地	30	
			室内	加工及地沟	10	
				埋地	15	
		高程	室外	加工及地沟	±10	
				埋地	±15	
			室内	加工及地沟	±5	
				埋地	±10	
4	不锈钢管道	位置	室内	加工及地沟	20	
				埋地	10	
		高程	室外	加工及地沟	±10	
				埋地	±5	
5	工程塑料管道	位置	室外	加工及地沟	20	
				埋地	30	
			室内	加工及地沟	10	
				埋地	15	
		高程	室外	加工及地沟	±10	
				埋地	±15	
			室内	加工及地沟	±5	
				埋地	±10	

注：DN 为管道公称直径。

表 6-30 部件安装允许偏差和检验方法

项次	名称	项目			允许偏差(mm)	检验方法
1	碳素钢管道的部件	弯管	椭圆率	DN150mm 以内	10% *	用外卡钳和尺检查
				DN400mm 以内	8% *	
			褶皱不平度	DN120mm 以内	4	
				DN200mm 以内	5	
				DN400mm 以内	7	
		补偿器与拉伸长度		填写式和波形	±5	检查预拉伸记录
				ΠΩ形	±10	
2	不锈钢管道的部件	弯管	椭圆率	不锈钢管道	中低压 8% *	用外卡钳和尺检查
					高压 5%	
			褶皱不平度	不锈钢管道 DN150mm 以内	3%	
				DN150~250mm	2.5%	
				DN200mm 以外	2%	
		不锈钢ΠΩ形补偿器预拉伸长度			±10	检查预拉伸记录
3	工程塑料管道的部件	弯管	椭圆率		6% *	用外卡钳和尺检查
			褶皱不平度	DN50mm 以内	2	
				DN100mm 以内	3	
				DN200mm 以内	4	
		补偿器ΠΩ形预拉伸长度			+10	检查预拉伸记录

注：1. * 为管道最大外径与最小外径之差同最大外径之比；
　　2. DN 为管道公称直径。

表式 C5-5-15

污泥处理工艺系统调试记录

(表 C5-5-15)

编　号	××××

工程名称	××污水厂安装工程
施工单位	××市政工程有限公司
安装单位	××设备安装工程公司
处理工艺	

调试过程记录：

(1) ××月××日××时,开启设备进行调试。
(2) 设备运转正常,无异常现象。
……

远程/现场控制转换	符合要求
控制室设备、仪表启动及信号	符合要求
污泥处理相关机械启动情况	符合要求
排泥管、槽、池	符合要求
相关闸、阀等附件	符合要求
吸泥机、刮泥机运转情况	使用方便,灵活
反冲洗回流情况	符合要求
排泥池、浓缩池	符合要求
提升泵、脱水机	符合要求
其他	

综合结论：

☑ 合　格
☐ 不合格

建设单位	监理单位	施工单位		
×××	×××	×××		

本表由施工单位填写。

表式 C5-6-1

电缆敷设检查记录

(表 C5-6-1)

编　号	×××

工程名称	××市政路桥工程			
工程部位	路堑下1.2m			
施工单位	××市政建设集团有限公司			
检查日期	××年××月××日	天气情况　晴	气温	25℃
敷设方式	明敷			
电缆编号	起点	终点	规格型号	用途
N_1	K5+325	K6+325	380V　2.5mm	路灯干线

序号	检查项目及要求	检查结果
1	电缆规格符合设计规定,排列整齐,无机械损伤;标志牌齐全、正确、清晰	合格
2	电缆的固定、弯曲半径、有关距离和单芯电力电缆的相序排列符合要求	合格
3	电缆终端、电缆接头安装牢固,相色正确	合格
4	电缆金属保护层、铠装、金属屏蔽层接地良好	合格
5	电缆沟内无杂物,盖板齐全,隧道内无杂物,照明、通风排水等符合设计要求	合格
6	直埋电缆路径标志应与实际路径相符,标志应清晰牢固、间距适当	合格
7	电缆桥架接地符合标准要求	合格

监理(建设)单位	施工单位		
	技术负责人	施工员	质检员
×××	×××	×××	×××

本表由施工单位填写。

表式 C5-6-2

电气照明装置安装检查记录
(表 C5-6-2)

编　号	×××

工程名称	××污水处理厂新增控制室
工程部位	控制室①～③/Ⓐ～Ⓒ
施工单位	××市政工程有限公司
检查日期	××年××月××日

序号	检查项目及要求	检查结果
1	照明配电箱(盘)安装	符合要求
2	电线、电缆导管和线槽敷设	符合要求
3	电线、电缆导管穿线和线槽敷线	符合要求
4	普通灯具安装	符合要求
5	专用灯具安装	符合要求
6	建筑物景观照明灯、航空障碍标志灯和庭院灯安装	符合要求
7	开关、插座、风扇安装	符合要求
8		
9		
10		
11		
12		
13		
14		
15		
16		

监理(建设)单位	施工单位		
	技术负责人	施工员	质检员
×××	×××	×××	×××

本表由施工单位填写。

《电气照明装置安装检查记录》填表说明

本表参照《电气装置安装工程 电气设备交接试验标准》(GB 50150—2006)标准填写。

【填写依据】

1. 柜、屏、台、箱、盘的安装

(1)柜、屏、台、箱、盘的金属框架及基础型钢必须接地(PE)或接零(PEN)可靠;装有电器的可开启门,门和框架的接地端子间应用裸编织铜线连接,且有标识。

(2)低压成套配电柜、控制柜(屏、台)和动力、照明配电箱(盘)应有可靠的电击保护。柜(屏、台、箱、盘)内保护导体最小截面积 S_P 不应小于表 6-31 的规定。

表 6-31 保护导体的截面积

相线的截面积 $S(mm^2)$	相应保护导体的最小截面积 $S_P(mm^2)$
$S \leqslant 16$	S
$16 < S \leqslant 35$	16
$35 < S \leqslant 400$	$S/2$
$400 < S \leqslant 800$	200
$S > 800$	$S/4$

注:S 指柜(屏、台、箱、盘)电源进线相线截面积,且两者(S、S_P)材质相同。

(3)手车、抽出式成套配电柜推拉应灵活,无卡阻碰撞现象。动触头与静触头的中心线应一致,且触头接触紧密,投入时,接地触头先与主触头接触;退出时,接地触头后与主触头脱开。

(4)高压成套配电柜必须按相关规定交接试验合格,且应符合下列规定:

1)继电保护元器件、逻辑元件、变送器和控制用计算机等单体校验合格,整组试验动作正确,整定参数符合设计要求;

2)凡经法定程序批准,进入市场投入使用的新高压电气设备和继电保护装置,按产品技术文件要求交接试验。

(5)低压成套配电柜交接试验,必须符合相关规定。

(6)柜、屏、台、箱、盘间线路的线间和线对地间绝缘电阻值,馈电线路必须大于 0.5MΩ 时,二次回路必须大于 1MΩ。

(7)柜、屏、台、箱、盘间二次回路交流工频耐压试验,当绝缘电阻大于 10MΩ 时,用 2500V 兆欧表摇测 1min,应无闪络击穿现象;当绝缘电阻值在 1~10MΩ 时,做 1000V 交流工频耐压试验,时间 1min,应无闪络击穿现象。

(8)直流屏试验,应将屏内电子器件从线路上退出,检测主回路线间和线对地间绝缘电阻值应大于 0.5MΩ,直流屏所附蓄电池组的充、放电应符合产品技术文件要求;整流器的控制调整和输出特性试验应符合产品技术文件要求。

(9)照明配电箱(盘)安装应符合下列规定:

1)箱(盘)内配线整齐,无绞接现象。导线连接紧密,不伤芯线,不断股。垫圈下螺丝两侧压的导线截面积相同,同一端子上导线连接不多于 2 根,防松垫圈等零件齐全;

2)箱(盘)内开关动作灵活可靠,带有漏电保护的回路,漏电保护装置动作电流不大于 30mA,动作时间不大于 0.1s;

3)照明箱(盘)内,分别设置零线(N)和保护地线(PE线)汇流排,零线和保护地线经汇流排配出。

2. 灯具安装

(1)灯具的固定应符合下列规定:

1)灯具重量大于3kg时,固定在螺栓或预埋吊钩上;

2)软线吊灯,灯具重量在0.5kg以下时,采用软电线自身吊装;大于0.5kg的灯具采用吊链,且软电线编叉在吊链内,使电线不受力;

3)灯具固定牢固可靠,不使用木楔。每个灯具固定用螺钉或螺栓不少于2个;当绝缘台直径在75mm及以下时,采用1个螺钉或螺栓固定。

(2)花灯吊钩圆钢直径不应小于灯具挂销直径,且不应小于6mm。大型花灯的固定及悬吊装置,应按灯具重量的2倍做载试验。

(3)当钢管做灯杆时,钢管内径不应小于10mm,钢管厚度不应小于1.5mm。

(4)固定灯具带电部件的绝缘材料以及提供防触电保护的绝缘材料,应耐燃烧和防明火。

(5)当设计无要求时,灯具的安装高度和使用电压等级应符合下列规定:

1)一般敞开式灯具,灯头对地面距离不小于下列数值(采用安全电压时除外):

①室外:2.5m(室外墙上安装);

②厂房:2.5m;

③室内:2m;

④软吊线带升降器的灯具在吊线展开后:0.8m。

2)危险性较大及特殊危险场所,当灯具距地面高度小于2.4m时,使用额定电压为36V及以下的照明灯具,或有专用保护措施。

(6)当灯具距地面高度小于2.4m时,灯具的可接近裸导体必须接地(PE)或接零(PEN)可靠,并应有专用接地螺栓,且有标识。

3. 开关、插座、风扇安装

(1)当交流、直流或不同电压等级的插座安装在同一场所时,应有明显的区别,且必须选择不同结构、不同规格和不能互换的插座;配套的插头应按交流、直流或不同电压等级区别使用。

(2)插座接线应符合下列规定:

1)单相两孔插座,面对插座的右孔或上孔与相线连接,左孔或下孔与零线连接;单相三孔插座,面对插座的右孔与相线连接,左孔与零线连接。

2)单相三孔、三相四孔及三相五孔插座的接地(PE)或接零(PEN)线接在上孔。插座的接地端子不与零线端子连接。同一场所的三相插座,接线的相序一致。

3)接地(PE)或接零(PEN)线在插座间不串联连接。

(3)特殊情况下插座安装应符合下列规定:

1)当接插有触电危险家用电器的电源时,采用能断开电源的带开关插座,开关断开相线;

2)潮湿场所采用密封型并带保护地线触头的保护型插座,安装高度不低于1.5m。

(4)照明开关安装应符合下列规定:

1)同一建筑物、构筑物的开关采用同一系列的产品,开关的通断位置一致,操作灵活、接触可靠;

2)相线经开关控制;民用住宅无软线引至床边的床头开关。

(5)吊扇安装应符合下列规定:

1)吊扇挂钩安装牢固,吊扇挂钩的直径不小于吊扇挂销直径,且不小于8mm;有防振橡胶垫;挂销的防松零件齐全、可靠;

2)吊扇扇叶距地高度不小于2.5m;

3)吊扇组装不改变扇叶角度,扇叶固定螺栓防松零件齐全;

4)吊杆间、吊杆与电机间螺纹连接,啮合长度不小于20mm,且防松零件齐全紧固;

5)吊扇接线正确,当运转时扇叶无明显颤动和异常声响。

(6)壁扇安装应符合下列规定:

1)壁扇底座采用尼龙塞或膨胀螺栓固定;尼龙塞或膨胀螺栓的数量不少于2个,且直径应小于8mm,固定牢固可靠;

2)壁扇防护罩扣紧,固定可靠,当运转时扇叶和防护罩无明显颤动和异常声响。

表式 C5-6-3

电线(缆)钢导管安装检查记录
(表 C5-6-3)

编　号	×××

工程名称	××市政道路工程	分部工程	交通安全设施主体工程
施工单位	××市政建设集团有限公司	检查日期	××年××月××日

序号	用途	管径(mm)	弯曲半径(mm)	埋深	连接方式	管口临时封堵	接地情况	检查结果
1	路灯干线导管	25	100	1.5m	焊接	合格	良好	合格

监理(建设)单位	施　工　单　位		
	技术负责人	施工员	质检员
×××	×××	×××	×××

本表由施工单位填写。

《电线(缆)钢导管安装检查记录》填表说明

本表参照《电气装置安装工程电缆线路施工及验收规范》(GB 50168)标准填写。

【填写依据】

1. 电缆管不应有穿孔、裂缝和显著的凹凸不平,内壁应光滑;金属电缆管不应有严重锈蚀;塑料电缆管应有满足电缆线路敷设条件所需保护性能的品质证明文件。在易受机械损伤的地方和在受力较大处直埋时,应采用足够强度的管材。

2. 电缆管的加工应符合下列要求:

(1)管口应无毛刺和尖锐棱角;

(2)电缆管弯制后,不应有裂缝和显著的凹瘪现象,其弯扁程度不宜大于管子外径的10%;电缆管的弯曲半径不应小于所穿入电缆的最小允许弯曲半径;

(3)无防腐措施的金属电缆管应在外表涂防腐漆,镀锌管锌层剥落处也应涂防腐漆。

3. 电缆管的内径与电缆外径之比不得小于1.5。

4. 每根电缆管的弯头不应超过3个,直角弯不应超过2个。

5. 电缆管明敷时应符合下列要求:

(1)电缆管应安装牢固;电缆管支撑点间的距离应符合设计规定;当设计无规定时,不宜超过3m;

(2)当塑料管的直线长度超过30m时,宜加装伸缩节;

(3)对于非金属类电缆管在敷设时宜采用预制的支架固定,支架间距不宜超过2m。

6. 敷设混凝土类电缆管时,其地基应坚实、平整,不应有沉陷。敷设低碱玻璃钢管等抗压不抗拉的电缆管材时,应在其下部添加钢筋混凝土垫层。电缆管直埋敷设应符合下列要求:

(1)电缆管的埋设深度不应小于0.7m;在人行道下面敷设时,不应小于0.5m;

(2)电缆管应有不小于0.1%的排水坡度。

7. 电缆管的连接应符合下列要求:

(1)金属电缆管不宜直接对焊,宜采用套管焊接的方式,连接时应两管口对准、连接牢固、密封良好;套接的短套管或带螺纹的管接头的长度,不应小于电缆管外径的2.2倍。采用金属软管及合金接头作电缆保护接续管时,其两端应固定牢靠、密封良好。

(2)硬质塑料管在套接或插接时,其插入深度宜为管子内径的1.1~1.8倍。在插接面上应涂胶合剂粘牢密封;采用套接时套管两端应采取密封措施。

(3)水泥管宜采用管箍或套接方式进行连接,管孔应对准,接缝应严密,管箍应有防水垫密封圈,防止地下水和泥浆渗入。

8. 引至设备的电缆管管口位置,应便于与设备连接并不妨碍设备拆装和进出。并列敷设的电缆管管口应排列整齐。

9. 利用电缆保护钢管作接地线时,应先焊好接地线,再敷设电缆。有螺纹连接的电缆管,管接头处应焊接跳线,跳线截面应不小于30mm^2。

表式 C5-6-4

成套开关柜(盘)安装检查记录
(表 C5-6-4)

编　号	×××

工程名称	××污水处理厂工程		
分部工程		检查日期	××年××月××日
施工单位	××市政工程有限公司		
开关柜(盘)名称	××	型号	××	数量	××
生产厂	××电气设备公司	出厂日期	××年××月××日

项目	检查项目			允许偏差(mm)	最大偏差(mm)
基础型钢安装	基础位置	中心线	纵		
			横		
		高　程			
	不直度			<1mm/m,且<5	0
	水平度			<1mm/m,且<5	0
	位置及不平行度			<5	
	型钢外廓尺寸(长×宽)				
	接地连接方式				
开关柜安装	垂直度			<1.5mm/m	0.7
	水平偏差	相邻两柜顶部		<2	1
		成列柜顶部		<5	3
	柜面偏差	相邻两柜		<1	0
		成列柜面		<5	2
	柜间接缝			<2	1
	与基础型钢接地连接方式				

检查结果：

合格

监理(建设)单位	施　工　单　位		
	技术负责人	施工员	质检员
	×××	×××	×××

本表由施工单位填写。

表式 C5-6-5

盘、柜安装及二次结线检查记录
(表 C5-6-5)

编 号	×××

工程名称	××污水处理厂改建工程		
工程部位	污水处理设备机房控制柜	安装地点	配电室机房
施工单位	××设备安装工程有限公司		
盘、柜名称	动力控制柜	出厂编号	××—×××
序列编号	APF—3—1A	额定电压	380V	安装数量	1台
生产厂	××电气设备公司	检查日期	××年××月××日

序号	检 查 项 目	检 查 结 果
1	盘柜安装位置正确,符合设计要求,偏差符合国家现行规范要求	合格
2	基础型钢安装偏差符合设计及规范要求	合格
3	盘柜的固定及接地应可靠,漆层应完好,清洁整齐	合格
4	盘柜内所装电器元件应符合设计要求,安装位置正确,固定牢固	合格
5	二次回路接线应正确,连接可靠,回路编号标志齐全清晰,绝缘符合要求	合格
6	手车或抽屉式开关柜在推入或拉出时应灵活,机械闭锁可靠	合格
7	柜内一次设备安装质量符合国家现行有关标准规范的规定	合格
8	操作及联动试验正确,符合设计要求	合格
9	按国家现行规范进行的所有电气试验全部合格	合格
10		
11		

监理(建设)单位	施 工 单 位		
	技术负责人	施工员	质检员
	×××	×××	×××

本表由施工单位填写。

《盘、柜安装及二次结线检查记录》填表说明

本表参照《建筑电气工程施工质量验收规范》(GB 50303)标准填写。

【填写依据】

1. 盘、柜的安装：

(1)基础型钢的安装应符合下列要求：

1)允许偏差应符合表6-32的规定。

表6-32 基础型钢安装的允许偏差

项 目	允许偏差	
	mm/m	mm/全长
不直度	<1	<5
水平度	<1	<5
位置误差及不平行度		<5

注：环形布置按设计要求。

2)基础型钢安装后，其顶部宜高出抹平地面10mm；手车式成套柜按产品技术要求执行。基础型钢应有明显的可靠接地。

(2)盘、柜安装在振动场所，应按设计要求采取防振措施。

(3)盘、柜及盘、柜设备与各构件间连接应牢固。主控制盘、继电保护盘和自动装置盘等不宜与基础型钢焊死。

(4)盘、柜单独或成列安装时，其垂直度、水平偏差以及盘、柜面偏差和盘、柜间接缝的允许偏差应符合表6-33的规定。

模拟母线应对齐，其误差不应超过视差范围，并应完整、安装牢固。

表6-33 盘、柜安装的允许偏差

项 目		允许偏差(mm)
垂直度(每米)		<1.5
水平偏差	相邻两盘顶部	<2
	成列盘顶部	<5
盘面偏差	相邻两盘边	<1
	成列盘顶部	<5
盘间接缝		<2

(5)端子箱安装应牢固、封闭良好，并应能防潮、防尘。安装的位置应便于检查；成列安装时，应排列整齐。

(6)盘、柜、台、箱的接地应牢固良好。装有电器的可开启的门，应以裸铜软线与接地的金属构架可靠地连接。

成套柜应装有供检修用的接地装置。

(7)成套柜的安装应符合下列要求：

1)机械闭锁、电气闭锁应动作准确、可靠；

2)动触头与静触头的中心线应一致,触头接触紧密;

3)二次回路辅助开关的切换接点应动作准确,接触可靠;

4)柜内照明齐全。

(8)抽屉式配电柜的安装尚应符合下列要求:

1)抽屉推拉应灵活轻便,无卡阻、碰撞现象,抽屉应能互换;

2)抽屉的机械联锁或电气联锁装置应动作正确可靠,断路器分闸后,隔离触头才能分开;

3)抽屉与柜体间的二次回路连接插件应接触良好;

4)抽屉与柜体间的接触及柜体、框架的接地应良好。

(9)手车式柜的安装尚应符合下列要求:

1)检查防止电气误操作的"五防"装置齐全,并动作灵活可靠;

2)手车推拉应灵活轻便,无卡阻、碰撞现象,相同型号的手车应能互换;

3)手车推入工作位置后,动触头顶部与静触头底部的间隙应符合产品要求;

4)手车和柜体间的二次回路连接插件应接触良好;

5)安全隔离板应开启灵活,随手车的进出而相应动作;

6)柜内控制电缆的位置不应妨碍手车的进出,并应牢固;

7)手车与柜体间的接地触头应接触紧密,当手车推入柜内时,其接地触头应比主触头先接触,拉出时接地触头比主触头后断开。

(10)盘柜的漆层应完整,无损伤。固定电器的支架等应刷漆。安装于同一室内且经常监视的盘、柜,其盘面颜色宜和谐一致。

2.盘、柜上的电器安装:

(1)电器的安装应符合下列要求:

1)电器元件质量良好,型号、规格应符合设计要求,外观应完好,且附件齐全,排列整齐,固定牢固,密封良好;

2)各电器应能单独拆装更换而不应影响其他电器及导线束的固定;

3)发热元件宜安装在散热良好的地方;两个发热元件之间的连线应采用耐热导线或裸铜线套瓷管;

4)熔断器的熔体规格、自动开关的整定值应符合设计要求;

5)切换压板应接触良好,相邻压板间应有足够安全距离,切换时不应碰及相邻的压板;对于一端带电的切换压板,应使在压板断开情况下,活动端不带电;

6)信号回路的信号灯、光字牌、电铃、电笛、事故电钟等应显示准确,工作可靠;

7)盘上装有装置性设备或其他有接地要求的电器,其外壳应可靠接地;

8)带有照明的封闭式盘、柜应保证照明完好。

(2)端子排的安装应符合下列要求:

1)端子排应无损坏,固定牢固,绝缘良好;

2)端子应有序号,端子排应便于更换且接线方便;离地高度宜大于350mm;

3)回路电压超过400V者,端子板应有足够的绝缘并涂以红色标志;

4)强、弱电端子宜分开布置;当有困难时,应有明显标志并设空端子隔开或设加强绝缘的隔板;

5)正、负电源之间以及经常带电的正电源与合闸或跳闸回路之间,宜以一个空端子隔开;

6)电流回路应经过试验端子,其他需断开的回路宜经特殊端子或试验端子。试验端子应接触良好。

7）潮湿环境宜采用防潮端子；

8）接线端子应与导线截面匹配，不应使用小端子配大截面导线。

3. 二次回路的连接件均应采用铜质制品；绝缘件应采用自熄性阻燃材料。

4. 盘、柜的正面及背面各电器、端子牌等应标明编号、名称、用途及操作位置，其标明的字迹应清晰、工整，且不易脱色。

5. 盘、柜上的小母线应采用直径不小于 6mm 的铜棒或铜管，小母线两侧应有标明其代号或名称的绝缘标志牌，字迹应清晰、工整，且不易脱色。

6. 二次回路的电气间隙和爬电距离应符合下列要求：

（1）盘、柜内两导体间，导电体与裸露的不带电的导体间，应符合表 6-34 的要求；

（2）屏顶上小母线不同相或不同极的裸露载流部分之间，裸露载流部分与未经绝缘的金属体之间，电气间隙不得小于 12mm；爬电距离不得小于 20mm。

表 6-34　允许最小电气间隙及爬电距离　　　　　　　　　　　　单位：mm

额定电压（V）	电气间隙		爬电距离	
	额定工作电流		额定工作电流	
	≤63A	>63A	≤63A	>63A
≤60	3.0	5.0	3.0	5.0
60<V≤300	5.0	6.0	6.0	8.0
300<V≤500	8.0	10.0	10.0	12.0

7. 二次回路结线：

（1）二次回路结线应符合下列要求：

1）按图施工、接线正确；

2）导线与电气元件间采用螺栓连接、插接、焊接或压接等，均应牢固可靠；

3）盘、柜内的导线不应有接头，导线芯线应无损伤；

4）电缆芯线和所配导线的端部均应标明其回路编号，编号应正确，字迹清晰且不易脱色；

5）配线应整齐、清晰、美观，导线绝缘应良好，无损伤；

6）每个接线端子的每侧接线宜为 1 根，不得超过 2 根。对于插接式端子，不同截面的两根导线不得接在同一端子上；对于螺栓连接端子，当接两根导线时，中间应加平垫片；

7）二次回路接地应设专用螺栓。

（2）盘、柜内的配线电流回路应采用电压不低于 500V 的铜芯绝缘导线，其截面不应小于 2.5mm²；其他回路截面不应小于 1.5mm²；对电子元件回路、弱电回路采用锡焊连接时，在满足载流量和电压降及有足够机械强度的情况下，可采用不小于 0.5mm² 截面的绝缘导线。

（3）用于连接门上的电器、控制台板等可动部位的导线尚应符合下列要求：

1）应采用多股软导线，敷设长度应有适当裕度；

2）线束应有外套塑料管等加强绝缘层；

3）与电器连接时，端部应绞紧，并应加终端附件或搪锡，不得松散、断股；

4）在可动部位两端应用卡子固定。

(4)引入盘、柜内的电缆及其芯线应符合下列要求：

1)引入盘、柜的电缆应排列整齐,编号清晰,避免交叉,并应固定牢固,不得使所接的端子排受到机械应力；

2)铠装电缆在进入盘、柜后,应将钢带切断,切断处的端部应扎紧,并应将钢带接地；

3)使用于静态保护、控制等逻辑回路的控制电缆,应采用屏蔽电缆。其屏蔽层应按设计要求接地；

4)橡胶绝缘的芯线应外套绝缘管保护；

5)盘、柜内的电缆芯线,应按垂直或水平有规律地配置,不得任意歪斜交叉连接。备用芯长度应留有适当余量；

6)强、弱电回路不应使用同一根电缆,并应分别成束分开排列。

(5)直流回路中具有水银接点的电器,电源正极应接到水银侧接点的一端。

(6)在油污环境,应采用耐油的绝缘导线。在日光直射环境,橡胶或塑料绝缘导线应采取防护措施。

表式 C5-6-6

避雷装置安装检查记录
(表 C5-6-6)

编 号	×××

工程名称	××水泵厂电气设备安装工程		
工程部位	配电室	安装地点	配电室顶①/Ⓐ轴
施工单位	××电气安装工程公司		
施工图号	电施-8A	检查日期	××年××月××日

1. ☑ 避雷针　　□ 避雷网(带)

序号	材质规格	长度(m)	结构形式	外观检查	焊接质量	焊接处防腐处理
1	镀锌圆钢(HPB235)	4mm×40m	×××	合格	合格	已防腐
2						
3						

2. 引下线

序号	材质规格	条数	断接点高度	连接方式	防腐	接地极组号	接地电阻
1	φ25柱筋	2	1.2m	焊接	√		0.4Ω
2							
3							

检查结论	避雷装置安装符合要求。

监理(建设)单位	施 工 单 位		
	技术负责人	施工员	质检员
×××	×××	×××	×××

本表由施工单位填写。

《避雷装置安装检查记录》填表说明

本表参照《电气装置安装工程接地装置施工及验收规范》(GB 50169)标准填写。

【填写依据】

1. 避雷针(线、带、网)的接地应遵守下列规定：

(1)避雷针(带)与引下线之间的连接应采用焊接或热剂焊(放热焊接)；

(2)避雷针(带)的引下线及接地装置使用的紧固件均应使用镀锌制品。当采用没有镀锌的地脚螺栓时应采取防腐措施；

(3)建筑物上的防雷设施采用多根引下线时，应在各引下线距地面 1.5～1.8m 处设置断接卡，断接卡应加保护措施；

(4)装有避雷针的金属筒体，当其厚度不小于 4mm 时，可作避雷针的引下线。筒体底部应至少有 2 处与接地体对称连接；

(5)独立避雷针及其接地装置与道路或建筑物的出入口等的距离应大于 3m。当小于 3m 时，应采取均压措施或铺设卵石或沥青地面；

(6)独立避雷针(线)应设独立的集中接地装置。当有困难时，该接地装置可与接地网连接，但避雷针与主接地网的地下连接点至 35kV 及以下设备与主接地网的地下连接点，沿接地体的长度不得小于 15m；

(7)独立避雷针的接地装置与接地网的地中距离不应小于 3m；

(8)发电厂、变电站配电装置的架构或屋顶上的避雷针(含悬挂避雷线的构架)应在其附近装设集中接地装置，并与主接地网连接。

2. 建筑物上的避雷针或防雷金属网应和建筑物顶部的其他金属物体连接成一个整体。

3. 装有避雷针和避雷线的构架上的照明灯电源线，必须采用直埋于土壤中的带金属护层的电缆或穿入金属管的导线。电缆的金属护层或金属管必须接地，埋入土壤中的长度应在 10m 以上，方可与配电装置的接地网相连或与电源线、低压配电装置相连接。

4. 发电厂和变电所的避雷线线档内不应有接头。

5. 避雷针(网、带)及其接地装置应采取自下而上的施工程序。首先安装集中接地装置，后安装引下线，最后安装接闪器。

表式 C5-6-7

起重机电气安装检查记录
(表 C5-6-7)

编　号	×××

工程名称	××污水处理厂		
工程部位	K2 处理池		
施工单位	××市政工程有限公司	检查日期	××年××月××日
设备型号	ZH-4/32	额定数据　5T	安装地点　厂房吊车梁

序号	检 查 项 目	检查结果
1	滑接线及滑接器安装符合设计及规范要求	符合要求
2	安全式滑接线及滑接器安装符合设计及规范要求	符合要求
3	悬吊式软电缆安装符合设计及规范要求	符合要求
4	配线安装符合产品及规范要求	符合要求
5	控制箱(柜)、控制器、限位器、制动装置及撞杆安装等符合产品及规范要求	符合要求
6	轨道接地良好,符合设计及规范要求	符合要求
7	电气设备和线路绝缘电阻测试	符合要求
8	照明装置安装符合产品及规范要求	符合要求
9	安全保护装置、制动装置经模拟试验和调整完毕,校验合格。声光信号装置显示正确,清晰可靠	符合要求
10		
11		

监理(建设)单位	施 工 单 位		
	技术负责人	施工员	质检员
×××	×××	×××	×××

本表由施工单位填写。

表式 C5-6-8

电机安装检查记录
(表 C5-6-8)

编 号	×××

工程名称	××污水处理厂电气工程		
工程部位	2#机房	安装地点	2#机房③/Ⓑ~Ⓒ轴
施工单位	××设备安装工程公司		
设备名称	三相四线电动机	设备位号	
电机型号	10FJ2A	额定数据	380V/25A
生产厂	××电动机厂	产品编号	054617
		检查日期	××年××月××日

序号	检查项目及规范要求	检查结果
1	安装位置符合设计及规范要求	符合要求
2	电机引出线牢固,绝缘层良好,接线紧密可靠,引出线不受外力	符合要求
3	盘动转子时转动灵活,无卡阻现象,轴承无异响	符合要求
4	轴承上下无框动,前后无窜动	符合要求
5	电刷与换向器或集电环的接触良好	符合要求
6	电机外壳及油漆完整,接地良好	符合要求
7	电机的保护、控制、测量、信号、励磁等回路的调试完毕,运行正常	符合要求
8	测定电机定子绕组、转子绕组及励磁绕组绝缘电阻符合要求	符合要求
9	电气试验按现行国家标准试验合格	符合要求
10		

监理(建设)单位	施 工 单 位		
	技术负责人	施工员	质检员
×××	×××	×××	×××

本表由施工单位填写。

《电机安装检查记录》填表说明

本表参照《电气装置安装工程旋转电机施工及验收规范》(GB 50170)标准填写。

【填写依据】

1. 一般规定

(1)本表适用于异步电动机、同步电动机、励磁机及直流电机的安装。

(2)电机性能应符合电机周围工作环境的要求。

(3)电机基础、地脚螺栓孔、沟道、孔洞、预埋件及电缆管位置。

2. 保管和起吊

(1)电机运达现场后,外观检查应符合下列要求:

1)电机应完好,不应有损伤现象;

2)定子和转子分箱装运的电机,其铁饼、转子和轴颈应完整;无锈蚀现象;

3)电机的附件、备件应齐全,无损伤;

4)产品出厂技术资料应齐全。

(2)电机及其附件宜存放在清洁、干燥的仓库或厂房内;当条件不允许时,可就地保管,但应有防火、防潮、防尘及防止小动物进入等措施。

保管期间,应按产品的要求定期盘动转子。

(3)起吊电机转子时,不应将吊绳绑在集电环、换向器或轴颈部分。

起吊定子和穿转子时,不得碰伤定子绕组和铁芯。

3. 检查和安装

(1)电机安装时,电机的检查应符合下列要求:

1)盘动转子应灵活,不得有碰卡声;

2)润滑脂的情况正常,无变色、变质及变硬等现象,其性能应符合电机的工作条件;

3)可测量空气间隙的电机,其间隙的不均匀度应符合产品技术条件的规定,当无规定时,各点空气间隙与平均空气间隙之差与平均空气间隙之比宜为±5%;

4)电机的引出线鼻子焊接或压接应良好,编号齐全,裸露带电部分的电气间隙应符合国家有关产品标准的规定;

5)绕线式电机应检查电刷的提升装置,提升装置应有"启动"、"运行"的标志,动作顺序应是先短路集电环,后提起电刷。

(2)当电机有下列情况之一时,应做轴转子检查:

1)出厂日期超过制造厂保证期限;

2)经外观检查或电气试验,质量可疑的;

3)开启式电机经端部检查可疑时;

4)试运转时有异常情况。

注:当制造厂规定不允许解体者,发生本条所述情况时,另行处理。

(3)电机轴转子检查,应符合下列要求:

1)电机内部清洁无杂物;

2)电机的铁芯、轴颈、集电环和换向器应清洁、无伤痕和锈蚀现象;通风孔无阻塞;

3)绕组绝缘层应完好,绑线无松动现象;

4)定子槽楔应无断裂、凸出和松动现象,按制造厂工艺规范要求检查,端部槽楔必须嵌紧;
5)转子的平衡块及平衡螺丝应紧固锁牢,风扇方向应正确,叶片无裂纹;
6)磁极及铁轭固定良好,励磁绕组紧贴磁极,不应松动;
7)鼠笼式电机转子铜导电条和端环应无裂纹,焊接应良好,浇铸的转子表面应光滑平整,导电条和端环不应有气孔、缩孔、夹渣、裂纹、细条、断条和浇铸不满等现象;
8)电机绕组应连接正确,焊接良好;
9)直流电机的磁极中心线与几何中心线应一致;
10)检查电机的滚动轴承,应符合下列要求:
①轴承工作面应光滑清洁,无麻点、裂纹或锈蚀,并记录轴承型号;
②轴承的滚动体与内外圈接触良好,无松动,转动灵活无卡涩,其间隙符合产品技术条件的规定;
③加入轴承内的润滑脂应填满其内部空隙的 2/3;同一轴承内不得填入不同品种的润滑脂。
(4)电机的换向器或集电环应符合下列要求:
1)表面应光滑,无毛刺、黑斑、油垢,当换向器的表面不平程度达到 0.2mm 时,应进行处理;
2)换向器片间绝缘应凹下 0.5～1.5mm,换向片与绕组的焊接应良好。
(5)电机电刷的刷架、刷握及电刷的安装应符合下列要求:
1)同一组刷握应均匀排列在与轴线平行的同一直线上;
2)刷握的排列,应使相邻不同极性的一对刷架彼此错开;
3)各组电刷应调整在换向器的电气中性线上;
4)带有倾斜角的电刷的锐角尖应与转动方向相反;
5)电机电刷的安装除应符合本条规定外,尚应符合规范要求。
(6)箱式电机的安装,尚应符合下列要求:
1)定子搬运、吊装时应防止定子绕组的变形;
2)定子上下瓣的接触面应清洁,连接后使用 0.05mm 的塞尺检查,接触应良好;
3)必须测量空气间隙,其误差应符合产品技术条件的规定;
4)定子上下瓣绕组的连接,必须符合产品技术条件的规定。
(7)多速电机的安装,应符合下列要求:
1)电机的接线方式,极性应正确;
2)连锁切换装置应动作可靠;
3)电机的操作程序应符合产品技术条件的规定。
(8)有固定转向要求的电机,试车前必须检查电机与电源的相序并应一致。

表式 C5-6-9

变压器安装检查记录
(表 C5-6-9)

编　号	×××

工程名称	××污水处理厂电气工程		
工程部位	2#配电室	安装地点	2#配电室
施工单位	××市政电力工程公司		
变压器型号	JAZF—13	出厂编号	0512×21	检查日期	××年××月××日

序号	检 查 项 目 及 规 范 要 求	检查结果
1	安装位置正确,符合设计要求	合格
2	变压器与母线的连接紧密,螺栓锁紧装置齐全,瓷套管不受外力	合格
3	瓷套管完好、无裂痕、瓷铀无损伤,清洁无污物	合格
4	本体、冷却装置及所有附件无缺陷,且不渗油	合格
5	轮子的制动装置应牢固	合格
6	油漆应完整,相色标志正确	合格
7	储油柜、冷却装置等油路阀门均应打开,且指示正确	合格
8	接地线与主接地网的连接符合设计要求,接地应可靠	合格
9	储油柜与充油套管的油位正常	合格
10	分接头的位置应符合运行要求,且指示正确	合格
11	相位及接线组别符合变压器并列运行条件	合格
12	测温装置指示正确,整定值符合要求	合格
13	电气试验合格,报告齐全	合格
14		

监理(建设)单位	施 工 单 位		
	技术负责人	施工员	质检员
×××	×××	×××	×××

本表由施工单位填写。

《变压器安装检查记录》填表说明

本表参照《电气装置安装工程 电力变压器、油浸电抗器、互感器施工及验收规范》(GB 50148)标准填写。

【填写依据】

1.本体就位应符合下列要求：

(1)变压器、电抗器基础的轨道应水平，轨距与轮距应配合；装有气体继电器的变压器、电抗器，应使其顶盖沿气体继电器气流方向有1‰～1.5‰的升高坡度(制造厂规定不须安装坡度者除外)。当与封闭母线连接时，其套管中心线应与封闭母线中心线相符；

(2)装有滚轮的变压器、电抗器，其滚轮应能灵活转动，在设备就位后，应将滚轮用能拆卸的制动装置加以固定。

2.密封处理应符合下列要求：

(1)所有法兰连接处应用耐油密封垫(圈)密封；密封垫(圈)必须无扭曲、变形、裂纹和毛刺，密封垫(圈)应与法兰面的尺寸相配合；

(2)法兰连接面应平整、清洁；密封垫应擦拭干净，安装位置应准确；其搭接处的厚度应与其原厚度相同，橡胶密封垫的压缩量不宜超过其厚度的1/3。

3.有载调压切换装置的安装应符合下列要求：

(1)传动机构中的操作机构、电动机、传动齿轮和框杆应固定牢靠，连接位置正确，且操作灵活，无卡阻现象；传动机构的摩擦部分应涂以适合当地气候条件的润滑脂；

(2)切换开关的触头及其连接线应完整无损，且接触良好，其限流电阻应完好，无断裂现象；

(3)切换装置的工作顺序应符合产品出厂要求；切换装置在极限位置时，其机械联锁与极限开关的电气联锁动作应正确；

(4)位置指示器应动作正常，指示正确。

(5)切换开关油箱内应清洁，油箱应做密封试验，且密封良好；注入油箱中的绝缘油，其绝缘强度应符合产品的技术要求。

4.冷却装置的安装应符合下列要求：

(1)冷却装置在安装前应按制造厂规定的压力值用气压或油压进行密封试验，并应符合下列要求：

1)散热器、强迫油循环风冷却器，持续30min应无渗漏；

2)强迫油循环水冷却器，持续1h应无渗漏，水、油系统应分别检查渗漏。

(2)冷却装置安装前应用合格的绝缘油经净油机循环冲洗干净，并将残油排尽；

(3)冷却装置安装完毕后应立即注满油；

(4)风扇电动机及叶片应安装牢固，并应转动灵活无卡阻；试转时应无振动、过热；叶片应无扭曲变形或与风筒碰擦等情况，转向应正确；电动机的电源配线应采用具有耐油性能的绝缘导线；

(5)管路中的阀门应操作灵活，开闭位置应正确；阀门及法兰连接处应密封良好；

(6)外接油管路在安装前，应进行彻底除锈并清洗干净；管道安装后，油管应涂黄漆，水管应涂黑漆，并应有流向标志；

(7)油泵转向应正确，转动时应无异常噪声、振动或过热现象；其密封应良好，无渗油或进气现象；

(8)差压继电器、流速继电器应经校验合格,且密封良好,动作可靠；

(9)水冷却装置停用时,应将水放尽。

5.储油柜的安装应符合下列要求：

(1)储油柜安装前,应清洗干净；

(2)胶囊式储油柜中的胶囊或隔膜式储油柜中的隔膜应完整无破损；胶囊在缓慢充气胀开后检查应无漏气现象；

(3)胶囊沿长度方向应与储油柜的长轴保持平行,不应扭偏；胶囊口的密封应良好,呼吸应通畅；

(4)油位表动作应灵活,油位表或油标管的指示必须与储油柜的真实油位相符,不得出现假油位。油位表的信号接点位置正确,绝缘良好。

6.升高座的安装应符合下列要求：

(1)升高座安装前,应先完成电流互感器的试验；电流互感器出线端子板应绝缘良好,其接线螺栓和固定件的垫块应紧固,端子板应密封良好,无渗油现象；

(2)安装升高座时,应使电流互感器铭牌位置面向油箱外侧,放气塞位置应在升高座最高处；

(3)电流互感器和升高座的中心应一致；

(4)绝缘筒应安装牢固,其安装位置不应使变压器引出线与之相碰。

7.套管的安装应符合下列要求：

(1)套管安装前应进行下列检查：

1)瓷套表面应无裂缝、伤痕；

2)套管、法兰颈部及均压球内壁应清擦干净；

3)套管应经试验合格；

4)充油套管无渗油现象,油位指示正常。

(2)充油套管的内部绝缘已确认受潮时,应予干燥处理；110kV及以上的套管应真空注油；

(3)高压套管穿缆的应力锥应进入套管的均压罩内,其引出端头与套管顶部接线柱连接处应擦拭干净,接触紧密；高压套管与引出线接口的密封波纹盘结构(魏德迈结构)的安装应严格按制造厂的规定进行；

(4)套管顶部结构的密封垫应安装正确,密封应良好,连接引线时不应使顶部结构松扣；

(5)充油套管的油标应面向外侧,套管末屏应接地良好。

8.气体继电器的安装应符合下列要求：

(1)气体继电器安装前应经检验鉴定。

(2)气体继电器应水平安装,其顶盖上标志的箭头应指向储油柜,其与连通管的连接应密封良好。

9.安全气道的安装应符合下列要求：

(1)安全气道安装前,其内壁应清拭干净；

(2)隔膜应完整,其材料和规格应符合产品的技术规定,不得任意代用；

(3)防爆隔膜信号接线应正确,接触良好。

10.压力释放装置的安装方向应正确；阀盖和升高座内部应清洁,密封良好；电接点应动作准确,绝缘应良好。

11.吸湿器与储油柜间的连接管的密封应良好；管道应通畅；吸湿剂应干燥；油封油位应在油

面线上或按产品的技术要求进行。

12.净油器内部应擦拭干净,吸附剂应干燥;其滤网安装方向应正确并在出口侧;油流方向应正确。

13.所有导气管必须清拭干净,其连接处应密封良好。

14.测温装置的安装应符合下列要求:

(1)温度计安装前应进行校验,信号接点应动作正确,导通良好;绕组温度计应根据制造厂的规定进行整定。

(2)顶盖上的温度计座内应注以变压器油,密封应良好,无渗油现象;闲置的温度计座也应密封,不得进水。

(3)膨胀式信号温度计的细金属软管不得有压扁或急剧扭曲,其弯曲半径不得小于50mm。

15.靠近箱壁的绝缘导线,排列应整齐,应有保护措施;接线盒应密封良好。

16.控制箱的安装应符合现行的国家标准《电气装置安装工程 盘、柜及二次回路结线施工及验收规范》(GB 50171)的有关规定。

17.电力变压器安装应符合相应规范的规定,并通过电力部门检查认定。

检验方法:检查施工记录及认定报告。

18.电力变压器安装允许偏差应符合表6-35的规定。

表6-35 电力变压器安装允许偏差及检验方法

项次	项目	允许偏差(mm)	检验方法
1	基础轨道平面位置	10	尺量检查
2	基础轨道标高	±10	用水准仪和直尺检查
3	基础轨道水平度	1/1000	用水准仪和直尺检查
4	电力变压器垂直度	1/1000	用线坠和直尺检查

表式 C5-6-10

高压隔离开关、负荷开关及熔断器安装检查记录
（表 C5-6-10）

编　号　×××

工程名称	××水泵厂电气工程		
工程部位	配电室	安装地点	配电室
施工单位	××市电子设备安装公司	检查日期	××年××月××日
设备名称	高压隔离开关	额定数据	380V/25A
生产厂	××电力设备厂	型号　KHF-1A	出厂编号　0213117

序号	检 查 项 目	检查结果
1	操动机构、传动装置安装应牢固，动作灵活可靠，位置指示正确	符合要求
2	合闸时三相不同期值应符合产品的技术规定	符合要求
3	相间距离及分闸时触头打开角度和距离，符合产品的技术规定	符合要求
4	触头接触紧密良好	符合要求
5	油漆完整，相色标志正确，接地良好	符合要求
6	安装位置正确，符合设计及规范要求	符合要求
7	设备外观完好，瓷绝缘无损伤，无污痕	符合要求
8	按现行国家规范进行的所有电气试验全部合格	符合要求
9	熔断器熔体的额定电流符合设计要求	符合要求
10	开关的闭锁装置动作灵活、准确、可靠	符合要求
11		

监理（建设）单位	施 工 单 位		
	技术负责人	施工员	质检员
×××	×××	×××	×××

本表由施工单位填写。

《高压隔离开关、负荷开关及熔断器安装检查记录》填表说明

【填写依据】

1.隔离开关、负荷开关及高压熔断器的试验项目,应包括下列内容:
(1)测量绝缘电阻;
(2)测量高压限流熔丝管熔丝的直流电阻;
(3)测量负荷开关导电回路的电阻;
(4)交流耐压试验;
(5)检查操动机构线圈的最低动作电压;
(6)操动机构的试验。

2.隔离开关与负荷开关的有机材料传动杆的绝缘电限值,不应低于表 6-36 的规定。

表 6-36　绝缘拉杆的绝缘电阻标准

额定电压(kV)	3~15	20~35	63~220	330~500
绝缘电阻值(MΩ)	1200	3000	6000	1000

3.测量高压限流熔丝管熔丝的直流电阻值,与同型号产品相比不应有明显差别。

4.测量负荷开关导电回路的电阻值,宜采用电流不小于 100A 的直流压降法。测试结果不应超过产品技术条件规定。

5.交流耐压试验,应符合下述规定:三相同一箱体的负荷开关,应按相间及相对地进行耐压试验,其余均按相对地或外壳进行。试验电压应符合 GB 50150-2006 中表 10.0.5 的规定。对负荷开关还应按产品技术条件规定进行每个断口的交流耐压试验。

6.检查操动机构线圈的最低动作电压,应符合制造厂的规定。

7.操动机构的试验,应符合下列规定:
(1)动力式操动机构的分、合闸操作,当其电压或气压在下列范围时,应保证隔离开关的主闸刀或接地闸刀可靠地分闸和合闸。
1)电动机操动机构:当电动机接线端子的电压在其额定电压的 80%~110% 范围内时;
2)压缩空气操动机构:当气压在其额定气压的 85%~110% 范围内时;
3)二次控制线圈和电磁闭锁装置:当其线圈接线端子的电压在其额定电压的 80%~110% 范围内时。
(2)隔离开关、负荷开关的机械或电气闭锁装置应准确可靠。

注:1. 本条第 1 款第 2 项所规定的气压范围为操动机构的储气筒的气压数值;
　　2. 具有可调电源时,可进行高于或低于额定电压的操动试验。

表式 C5-6-11

电缆头(中间接头)制作记录

(表 C5-6-11)

编　号	×××

工程名称	××污水处理厂工程
工程部位	总配电室
施工单位	××市电力设备安装公司
电缆敷设方式	穿管敷设
记录日期	××年××月××日

序号	施工记录 \ 电缆编号			ZD-013			
1	电缆起止点			总配电室—车间动力柜			
2	制作日期			2014.3.4			
3	天气情况			晴			
4	电缆型号			YJV22			
5	电缆截面			4×185+1×120			
6	电缆额定电压						
7	电缆头型号						
8	保护壳型式						
9	接地线规格			25mm²			
10	绝缘带型号规格						
11	绝缘填料	型号规格					
		绝缘情况	制作前				
			制作后				
12	芯线连接方法			压接			
13	相序校对			正常			
14	工艺标准						
15	备用长度			5m			

监理(建设)单位	施工单位		
	技术负责人	质检员	操作人员
×××	×××	×××	×××

本表由施工单位填写。

《电缆头(中间接头)制作记录》填表说明

本表参照《电气装置安装工程电缆线路施工及验收规范》(GB 50168)标准填写。

【填写依据】

主控项目：

1. 高压电力电缆直流耐压试验必须按相关规范的规定交接试验合格。
2. 低压电线和电缆,线间和线对地间的绝缘电阻值必须大于 $0.5\mathrm{M}\Omega$。
3. 铠装电力电缆头的接地线应采用铜绞线或镀锡铜编织线,截面积不应小于表 6-37 的规定。

表 6-37　电缆芯线和接地线截面积　　　　　　　　　　单位:mm^2

电缆芯线截面积	接地线截面积
120 及以下	16
150 以下	25

注:电缆芯线截面积在 $16mm^2$ 及以下,接地线截面积与电缆芯线截面积相等。

4. 电线、电缆接线必须准确,并联运行电线或电缆的型号、规格、长度、相位应一致。

一般项目：

1. 芯线与电器设备的连接应符合下列规定：

(1) 截面积在 $10mm^2$ 及以下的单股铜芯线和单股铝芯线直接与设备、器具的端子连接;

(2) 截面积在 $2.5mm^2$ 及以下的多股铜芯线拧紧搪锡或接续端子后与设备、器具的端子连接;

(3) 截面积大于 $2.5mm^2$ 的多股铜芯线,除设备自带插接式端子外,接续端子后与设备或器具的端子连接;多股铜芯线与插接式端子连接前,端部拧紧搪锡;

(4) 多股铝芯线接续端子后与设备、器具的端子连接;

(5) 每个设备和器具的端子接线不多于 2 根电线。

2. 电线、电缆的芯线连接金具(连接管和端子),规格应与芯线的规格适配,且不得采用开口端子。

3. 电线、电缆的回路标记应清晰,编号准确。

表式 C5-6-13

自动扶梯安装记录
(表 C5-6-13)

编 号	×××

工 程 名 称	××地铁9#站工程
施 工 单 位	××市政工程有限公司
安 装 单 位	××电梯公司

序号	检测项目	设计要求	检测数值	偏差数值
1	机房宽度	1630mm	1630mm	
2	机房深度	1000mm	1000mm	
3	支承宽度	1600mm	1600mm	
4	支承长度	1630mm	1630mm	
5	中间支承强度	—	—	
6	支承水平间距	11486mm	11486mm	0～+15mm
7	扶梯提升高度	4500mm	4510mm	−15～+15mm
8	支承预埋铁尺寸	1630×160×25mm	1630×160×25mm	
9	提升设备搬运的连接附件	φ130 预留孔	φ130 预留孔	

检查意见：

符合设计及规范要求。

日期：××年××月××日

监理(建设)单位	施工单位	安 装 单 位		
		技术负责人	测量员	质检员
×××	×××	×××	×××	×××

本表由施工单位填写。

《自动扶梯安装记录》填表说明

本表参照《电梯工程施工质量验收规范》(GB 50310)标准填写。

【填写依据】

1. 主控项目

(1)自动扶梯的梯级或自动人行道的踏板或胶带上空,垂直净高度严禁小于2.3m。

(2)在安装前,井道周围必须设有保证安全的栏杆或屏障,其高度严禁小于1.2m。

2. 一般项目

(1)土建工程应按照土建布置图进行施工,且其主要尺寸允许误差应为:

提升高度$-15\sim+15$mm;跨度$0\sim+15$mm。

(2)根据产品供应商的要求应提供设备进场所需的通道和搬运空间。

(3)在安装之前,土建施工单位应提供明显的水平基准线标识。

(4)电源零线和接地线应始终分开。接地装置的接地电阻值不应大于4Ω。

第7章 施工试验记录表格填写范例及说明

表式 C6-1

施工试验记录(通用) (表 C6-1)		编 号	×××
		试验编号	
工程名称及部位	××市××人行过街天桥		
规格、材质	不锈钢复合管	试验日期	××年××月××日

试验项目：

荷载试验

试验内容：

将压力传感器通过支座安装在垂直于天桥走向方向,且垂直于栏杆,另一段通过螺旋丝杠施加压力,并随时监测水平压力的变化。待达到设计压力时暂停加载,并保持荷载稳定。

1号点：≥×××； 2号点：≥×××； 3号点：≥×××；
4号点：≥×××； 5号点：≥×××； 6号点：≥×××；
7号点：≥×××； 8号点：≥×××； 9号点：≥×××；
10号点：≥×××； 11号点：≥×××； 12号点：≥×××；
13号点：≥×××； 14号点：≥×××； 15号点：≥×××。

结论：

根据测试数据分析,栏杆抗水平推力大于×××,符合相关设计要求。

批准	×××	审核	×××		×××
检测试验单位			××工程试验检测中心		
报告日期			××年××月××日		

本表由施工单位填写。

表式 C6-2-1

最大干密度与最佳含水率试验报告

（表 C6-2-1）

编　号	×××
试验编号	××－×××
委托编号	××－×××

CMA
(2014) 量认(京)字(U0375)号

工程名称及部位	××市××路综合市政工程		
委托单位	×××市政建设集团有限公司	委托人	×××
种类	素土	取样地点	×××
委托日期	××年××月××日	试验日期	××年××月××日
试验方法	环刀法		
试验依据	《公路土工试验规程》(JTG E40－2007)		

干密度 (g/cm³) vs 含水率 (%) 曲线图

结论： 最大干密度＝1.82g/cm³　　　最佳含水率＝14.0%

批准	×××	审核	×××	试验检测试验×××
检测试验单位	××工程试验检测中心			
报告日期	××年××月××日			

本表由施工单位填写。

表式 C6-2-2

土壤压实度试验报告（环刀法）

(表 C6-2-2)

(2014)量认(京)字(U0375)号

编　号	×××
试验编号	××－×××
委托编号	××－×××

工程名称	××市××路××桥梁工程		
委托单位	××市政建设集团有限公司	委托人	×××
部　位	顶管以上 50mm 内	种　类	2:8 灰土
最大干密度	1.83g/cm³	要求压实度	90%
试验依据	《公路土工试验规程》(JTG E40—2007)	试验日期	××年××月××日

	检验桩号	东辅路		东主路		西辅路					
	取样位置	顶管以上50mm内		顶管以上50mm内		顶管以上50mm内					
	取样深度	20cm		20cm		20cm					
湿密度	环刀+土质量(g)	602		607		610					
	环刀质量(g)	200		200		200					
	土质量(g)	402		407		410					
	环刀容积(cm³)	200		200		200					
	湿密度(g/cm³)	2.01		2.035		2.05					
干密度	盒　号	7	8	9	10	11	12				
	盒+湿土质量(g)	37.2	38.0	38.8	41.3	37.6	39.3				
	盒+干土质量(g)	34.8	35.5	36	38.8	35	36.5				
	水质量(g)	2.4	2.5	2.8	3.0	2.6	2.8				
	盒质量(g)	17.3	17.2	16.6	16.9	17.3	16.7				
	干土质量(g)	17.5	18.3	19.4	21.4	17.7	19.8				
	含水率(%)	13.5	13.8	14.3	14.2	14.6	14.2				
	平均含水率(%)	15.5		15.6		15.8					
	干密度(g/cm³)	1.74		1.76		1.77					
	压实度(%)	95.1		96.2		96.7					

备注	本试验经二次平行测定后，其平行差值不得大于规定。取其算术平均值。

批准	×××	审核	×××		
检测试验单位	××工程试验检测中心				
报告日期	××年××月××日				

本表由试验单位填写。

表式 C6-2-3

土壤(或道路基层材料)压实度检验报告

(表 C6-2-3)

(2014)量认(京)字(U0375)号

编 号	×××
试验编号	××-×××
委托编号	××-×××

工程名称及部位	××道路工程		
委托单位	××市政建设集团有限公司	委托人	×××
回填材料	2∶8灰土	试验日期	××年××月××日
最大干密度	1.83g/cm³	要求压实度	90%
试验依据	《公路土工试验规程》(JTG E40—2007)	试验日期	××年××月××日

序号	检验桩号	取样位置	取样深度	干密度 (g/cm³)	压实度 (%)	结论
1	K30+280	左3m	10cm	1.75	95.6	合格
2	K30+300	中	10cm	1.73	94.5	合格
3	K30+320	右5m	10cm	1.76	96.2	合格

备注				
批准	×××	审核	×××	×××
检测试验单位	××工程试验检测中心			
报告日期	××年××月××日			

本表由检测单位填写。

《土壤（或道路基层材料）压实度检验报告》填表说明

【填写依据】

依据《公路土工试验规程》（JTG E40－2007）检验土壤压实度。

1. 目的和适用范围

本试验方法适用于细粒土。

2. 仪器设备

(1) 环刀：内径 6～8cm，高 2～5.4cm，壁厚 1.5～2.2mm。

(2) 天平：感量 0.1g。

(3) 其他：修土刀、钢丝锯、凡士林等。

3. 试验步骤

(1) 按工程需要取原状土或制备所需状态的扰动土样，整平两端，环刀内壁涂一薄层凡士林，刀口向下放在土样上。

(2) 用修土刀或钢丝锯将土样上部削成略大于环刀直径的土柱，然后将环刀垂直下压，边压边削，至土样伸出环刀上部为止。削去两端余土，使土样与环刀口面齐平，并用剩余土样测定含水率。

(3) 擦净环刀外壁，称环刀与土合质量 m_1，准确至 0.1g。

4. 结果整理

(1) 按下列公式计算湿密度及干密度：

$$\rho = \frac{m_1 - m_2}{V}$$

$$\rho_d = \frac{\rho}{1 + 0.01w}$$

式中　ρ——湿密度（g/cm³），计算至 0.01；

　　　m_1——环刀与土合质量（g）；

　　　m_2——环刀质量（g）；

　　　V——环刀体积（cm³）；

　　　ρ_d——干密度（g/cm³），计算至 0.01；

　　　w——含水率（%）。

(2) 精密度和允许差。

本试验须进行二次平行测定，取其算术平均值，其平行差值不得大于 0.03g/cm³。

5. 试验报告

(1) 土的鉴别分类和状态描述。

(2) 土的含水率 w（%）。

(3) 土的湿密度 ρ（g/cm³）。

(4) 土的干密度 ρ_d（g/cm³）。

表式 C6-2-4

砂浆配合比申请单
（表 C6-2-4）

编　号	×××
委托编号	2014－0385

工程名称及部位	××市××道路改扩建工程（K2＋310～K3＋460）					
委托单位	××市政建设集团有限公司			委托人	×××	
砂浆种类	水泥砂浆			强度等级	M 10	
水泥品种	P·O 42.5			试验编号	××－××××	
水泥厂别	××水泥厂			水泥进场日期	××年××月××日	
砂产地	密云 中砂		粗细级别	中砂	试验编号	××－×××
掺合料名称	种类	掺量（％）	试验编号	外加剂	种类	掺量（％）	试验编号
	粉煤灰	8.6％	××－×××				
申请日期	××年××月××日			要求使用日期	××年××月××日	

表式 C6-2-4

砂浆配合比通知单
（表 C6-2-4）

(2014)量认(京)字(U0375)号

编　号	×××
配合比编号	2014－3558
试验编号	2014－3156
委托编号	2014－03587

强度等级	M 10	试验日期	××年××月××日

配　合　比					
材料名称	水泥	砂	白灰膏	掺合料	外加剂
每立方米用量（kg/m³）	190	1450	/	155	
比例	1	7.63	/	0.82	

注：砂浆稠度为70～100mm，白灰膏稠度为(120±5)mm。

批准	×××	审核	×××	试验	×××
检测试验单位					
报告日期					

申请单由施工单位填写，通知单由试验室填写。

《砂浆配合比申请表》填表说明

【填写依据】

1. 委托单位应依据设计强度等级、技术要求、施工部位、原材料情况等,向试验部门提出配合比申请单,试验部门依据配合比申请单,按照《砌体结构工程施工质量验收规范》(GB 50203—2011)的相关规定,并执行《砌筑砂浆配合比设计规程》(JGJ/T 98—2010)签发配合比通知单。

2. 砌筑砂浆应采用经试验确定的重量配合比,施工中要严格按配合比计量施工,不得随意变更。

3. 如砂浆的组成材料(水泥、骨料、外加剂等)有变化,其配合比应重新试配选定。

4. 砂浆的品种、强度等级、稠度、分层度、强度必须满足设计要求及《砌筑砂浆配合比设计规程》(JGJ/T 98—2010),如品种、强度等级有变动,应征得设计单位的同意,并办理洽商。

5. 混合砂浆所用生石灰、黏土及电石渣均应化膏使用,其使用稠度宜为(120±5)mm 计量。

水泥砂浆和水泥石灰砂浆中掺用微沫剂,其掺量应事先通过试验确定。水泥黏土砂浆中,不得掺入有机塑化剂。

【填写要点】

1. "砂浆种类"栏应填写清楚,如水泥砂浆、混合砂浆。

2. "强度等级"栏应按照设计要求填写。

3. 所用的水泥、砂、掺合料、外加剂等要据实填写,并要在复试合格后再做试配,填好试验编号。

4. 配合比通知单应字迹清楚,无涂改,签字齐全。

《砂浆配合比通知单》填表说明

【填写依据】

1. 现场搅拌的砂浆应有试验室签发的配合比通知单。

2. 委托单位应依据设计强度等级、技术要求、施工部位、原材料情况等向试验部门进行砂浆配合比试配委托,试验部门出具砂浆配合比通知单。

3. 砌筑砂浆应采用经试验室确定的重量配合比,施工中应严格按配合比计量施工,不得随意变更。

4. 砂浆拌制前,应测定砂的含水率,并根据测试结果调整材料用量,提出施工配合比。

5. 如砂浆的组成材料(水泥、骨料、外加剂)发生变化,其配合比应重新试配选定。

6. 依据的标准:《砌筑砂浆配合比设计规程》(JGJ/T 98—2010)。

7. 砂浆配合比通知单由有相应资质等级的试验室签发。检验人、审核人、负责人签字,单位盖章。

表式 C6-2-5

砂浆抗压强度试验报告
（表 C6-2-5）

(2014) 量认(京)字(U0375)号

编　号	×××
试验编号	2014－0621
委托编号	2014－0635

工程名称及部位	××市××道路工程挡土墙（K3＋260～K4＋330）		
委托单位	××市政建设集团有限公司	委托人	×××
砂浆种类及等级	水泥砂浆 M10	试样编号	×××
配合比编号	××－×××	稠　度	70mm
水泥品种及强度等级	P·O 42.5	试验编号	2014－0082
砂产地及种类	潮白河　中砂	试验编号	2014－0071
掺合料种类	/	试验编号	/
外加剂名称	/	试验编号	/
试件成型日期	××年××月××日	要求龄期	28d	要求试验日期	××年××月××日
养护条件	标准养护	试件制作人	×××
试验依据	×××	委托日期	××年××月××日

	试压日期	实际龄期(d)	试件边长(mm)	荷载(kN) 单块	荷载(kN) 平均	抗压强度（MPa）	达设计强度等级（％）
试验结果	××年××月××日	28	70.7	54.6	62.7	12.5	125
				56.3			
				69.8			
				65.5			
				60.7			
				69.4			

结论：

　　合格

批准	×××	审核	×××	试验	×××
检测试验单位	××工程试验检测中心				
报告日期	××年××月××日				

本表由试验单位填写。

《砂浆抗压强度试验报告》填表说明

【填写依据】

(1)配制砂浆用的材料要求。

1)水泥进场使用前,应分批对其强度、安定性进行复验。检验批应以同一生产厂家、同一编号为一批。

当在使用中对水泥质量有怀疑或水泥出厂超过3个月(快硬硅酸盐水泥超过1个月)时,应复查试验,并按其结果使用。不同品种的水泥,不得混合使用。

2)砂浆用砂不得含有有害杂物。砂浆用砂的质量应满足《建设用砂》(GB/T 14684)的规定。

3)拌制砂浆用水,其水质应符合《混凝土用水标准》(JGJ 63)的规定。

(2)砌筑砂浆应有配合比申请单和试验室签发的配合比通知单。当砌筑砂浆的组成材料有变更时,其配合比应重新确定。

(3)凡在砂浆中掺入有机塑化剂、早强剂、缓凝剂、防冻剂等,应经检验和试配符合要求后,方可使用。有机塑化剂应有砌体强度的型式检验报告。

(4)砂浆现场拌制时,各组分材料应采用重量计量。

(5)砌筑砂浆应采用机械搅拌,自投料完算起,搅拌时间应符合下列规定:

1)水泥砂浆不得少于2min;

2)水泥粉煤灰砂浆和掺用外加剂的砂浆不得少于3min;

3)掺用有机塑化剂的砂浆,应为3~5min。

(6)砂浆应随拌随用,水泥砂浆应分别在3h内使用完毕;当施工期间最高气温超过30℃时,应分别在拌成后2h内使用完毕。

注:对掺用缓凝剂的砂浆,其使用时间可根据具体情况延长。

(7)应有按规定留置的龄期为28d标养试块的抗压强度试验报告。

(8)应按单位工程分种类、强度等级汇总填写《砂浆试块强度统计、评定记录》。

(9)按同类、同强度等级砂浆为一验收批,并应符合下列要求:

$$f_{2,m} \geqslant f_2$$
$$f_{2,min} \geqslant 0.75 f_2$$

式中 $f_{2,m}$——同一验收批中砂浆立方体抗压强度各组平均值(MPa);

$f_{2,min}$——同一验收批中砂浆立方体抗压强度最小一组值(MPa);

f_2——验收批砂浆设计强度等级所对应的立方体抗压强度(MPa)。

当施工出现下列情况时,可采用非破损或微破损检验方法对砂浆和砌体强度进行原位检测,推定砂浆强度,并应有法定单位出具的检测报告:

1)砂浆试块缺乏代表性或试块数量不足;

2)对砂浆试块的试验结果有怀疑或有争议;

3)砂浆试块的试验结果,已判定不能满足设计要求,需要确定砂浆和砌体强度。

(10)砌筑砂浆试块的留置及必试项目按规定进行。

(11)用于承重结构的砌筑砂浆试块按规定实行有见证取样和送检的管理。

表式 C6-2-6

砂浆试块强度统计、评定记录
（表 C6-2-6）

编　号	×××
工程名称	××市××路雨污水工程	强度等级	M7.5
施工单位	××市政建设集团有限公司	养护方法	标准养护
统计期	××年××月××日～××年××月××日	结构部位	检查井

试块组数 n	强度标准值 f_2 (MPa)	平均值 $f_{2,m}$ (MPa)	最小值 $f_{2,min}$ (MPa)	$0.75f_2$
8	7.5	11.5	9.1	5.6

每组强度值 (MPa)	12.6	10.6	9.8	10.6	14.6	11.0	9.1	13.4		

判定式	$f_{2,m} \geqslant f_2$	$f_{2,min} \geqslant 0.75f_2$
结果	11.5＞7.5	9.1＞5.6

结论：

该批砂浆试块强度统计评定满足判定式要求，合格。

（××工程检测试验有限公司 试验专用章）

批准	审核	统计
×××	×××	×××
报告日期	××年××月××日	

本表由施工单位填写。

《砂浆试块强度统计、评定记录》填表说明

【填写依据】

1.砂浆试块试压后,应将混凝土试块试压报告按施工部位及时间顺序编号,及时登记在混凝土试块试压报告目录中。

2.结构验收前,按单位工程同品种、同强度等级砂浆为同一验收批,参加评定的必须是标准养护28d的试块抗压强度。工程所用的各品种、各强度等级的砂浆都应分别进行统计评定。

3.砂浆强度检验评定应以同批内标准试件的全部强度代表值进行检验评定。当出现下列情况时,可委托有资质的单位采用非破损或微破损的检验方法对砂浆和砌体的强度进行原位检测和取样检测,按有关规定对砂浆强度进行推定。

(1)当砂浆强度的代表性有怀疑;

(2)现场未按要求留置试块;

(3)砂浆试块的强度不符合设计要求。

4.凡砂浆强度评定未达到要求的或未按要求留置试块的,均视为质量问题,必须依据法定单位检测后出具的检测报告进行技术处理,结构处理必须经设计单位提出加固处理方案,其处理方案资料必须纳入施工技术资料。

混凝土配合比申请单

(表 C6-2-7)

表式 C6-2-7

编　号	×××
委托编号	2014-00955

工程名称及部位	××市××路桥梁工程　桥面铺装			
委托单位	××市政建设集团有限公司		委托人	×××
设计强度等级	C40		要求坍落度	140~160　（mm）
其他技术要求	/			
搅拌方法	机械	浇捣方法　振捣	养护方法	标准养护
水泥品种及强度等级	P·O 42.5	厂别牌号　／	试验编号	C2014-0020
砂产地及种类	三河　中砂		试验编号	S2014-0016
石子产地及种类	密云　碎石	最大粒径　mm	试验编号	G2014-0015
外加剂名称及掺量	缓凝高效减水剂		试验编号	A2014-0012
	/		试验编号	
掺合料名称及掺量	粉煤灰		试验编号	F2014-0010
其他材料			试验编号	
申请日期	××年××月××日	要求使用日期　××年××月××日	联系电话	××××

表式 C6-2-7

混凝土配合比通知单 （MA）

(表 C6-2-7)

(2014) 量认(京)字(U0375)号

编　号	×××
配合比编号	2014-0081
试配编号	2014P-0081
委托编号	

强度等级	C40	水胶比		水灰比	0.41	砂率	41%
材料名称　项目	水泥	水	砂	石	外加剂 (1) / (2)	掺合料	其他
每 1m³ 用量(kg)	311	170	753	1084	12.5	50	
每盘用量(kg)	100	55	242	349	4	16	

混凝土碱含量 (kg/m³)	注：此栏只有遇Ⅱ类工程（按京建科[1999]230号规定分类）时填写

说明：本配合比所使用材料均为干材料，使用单位应根据材料含水情况随时调整。

批准	×××	审核	×××	试验	×××
检测试验单位	××工程试验检测中心				
报告日期	××年××月××日				

申请单由施工单位填写，通知单由试验室填写。

《混凝土配合比申请单》、《混凝土配合比通知单》填表说明

【填写依据】

1. 现浇搅拌混凝土应有配合比申请单和配合比通知单。预拌混凝土应有试验室签发的配合比通知单。委托单位应依据设计强度等级、技术要求、施工部位、原材料情况等向试验部门提出配合比申请单,试验部门依据配合比申请单签发配合比通知单。

2. 依据《混凝土结构工程施工质量验收规范》(GB 50204—2015)中的规定,并执行《普通混凝土配合比设计规程》(JGJ 55—2011)。

3. 配制混凝土时,应根据配制的混凝土的强度等级,选用适当品种、强度等级的水泥,以使在既满足混凝土强度要求,又符合为满足耐久性所规定的最大水灰比、最小水泥用量要求的前提下,减少水泥用量,达到技术可行、经济合算。

4. 结构用混凝土应采用经试验室确定的重量配合比,施工中要严格按配合比计量施工,不得随意变更。

5. 混凝土拌制前,应测定砂、石含水率并根据测试结果调整材料用量,提出施工配合比。

检查数量:每工作班检查一次。

检验方法:检查含水率测试结果和施工配合比通知单。

6. 如混凝土的组成材料(水泥、骨料、外加剂等)有变化,其配合比应重新试配选定。不同品种的水泥不得混合使用。

表式 C6-2-8

混凝土抗压强度试验报告

(表 C6-2-8)

编　号	×××
试验编号	2014－01217
委托编号	2014－0552

工程名称及部位	××市××路××桥梁工程　2－1、2－2墩柱		
委托单位	××市政建设集团有限公司	委托人	×××
设计强度等级	C30	实测坍落度扩展度	160mm	试件编号	089
水泥品种及强度等级	P·O 42.5	试验编号	C2014－0126
砂种类	中砂	试验编号	S2014－0135
石种类、公称直径	碎石　5～20mm	试验编号	G2014－0136
外加剂名称	UNF-5AE引气减水剂	试验编号	A2014－0109
	/	试验编号	/
掺合料名称	粉煤灰	试验编号	F2014－0120
混凝土生产企业名称	××预拌混凝土中心	配合比编号	2014－×××
成型日期	××年××月××日	要求龄期(d)	28	要求试验日期	××年××月××日
养护方法	标准养护	委托日期	××年××月××日	试块制作人	×××
试验依据	GB/T 50107				

试验结果	试验日期	实际龄期(d)	试件边长(mm)	受压面积(mm²)	荷载(kN)		平均抗压强度(MPa)	折合150mm立方体抗压强度(MPa)	达到设计强度(%)
					单块值	平均值			
	××年××月××日	28	150	22500	910	884.0	39.3	39.3	131
					828				
					914				

备注：

批准	×××	审核	×××
检测试验单位	××工程试验检测中心		
报告日期	××年××月××日		

本表由检测单位提供。

《混凝土抗压强度试验报告》填表说明

本表参照《混凝土强度检验评定标准》(GB/T 50107)、《混凝土结构工程施工质量验收规范》(GB 50204—2015)标准填写。

【填写依据】

1. 混凝土工程施工应有按规定留置龄期为 28d 标养试件和同条件养护的试件,作抗压强度试验。冬施还应有受冻临界强度试件和转常温的抗压强度试件。

2. 承重结构的混凝土抗压强度试件,应按规定实行有见证取样和送检。

3. 抗渗混凝土、特种混凝土除应具备上述资料外应有专项试验报告。

4. 潮湿环境、直接与水接触的混凝土工程和外部有供碱环境并处于潮湿环境的混凝土工程,应预防混凝土碱集料反应,按混凝土中氯化物和碱的总含量应符合《混凝土结构设计规范》(GB 50010)和设计要求的有关规定执行,由混凝土供应单位出具《混凝土碱总量计算书》等相关检测报告。

5. 混凝土结构子分部工程,对涉及结构安全的重要部位应进行结构实体检验。结构实体检验用同条件养护试件的强度试验报告,应填写《结构实体混凝土强度检验报告》。

6. 抗压强度试件的留置数量应根据混凝土工程量和重要性确定。

7. 结构混凝土出现不合格检验批的,或未按规定留置试件的,应有结构处理的相关资料;需要检测的,应由有相应资质检测机构的检测报告。

8. 试件的制作每组三块,每组试件应从同一盘搅拌或从同一车混凝土中取出。取出后立即制作。

9. 混凝土的试块的养护有标准养护、自然养护和同条件养护等几种形式。

采用标准养护的试件,成型后应覆盖,以防止水分蒸发,并应在室温(20±3)℃情况下静置一至二昼夜,然后编号、拆模。拆模后的试件,应立即在温度为(20±3)℃、相对湿度为90%以上的标准养护室中养护。

采用与结构同条件养护的试件,成型后应立即覆盖,试件的拆模时间应与实际结构的拆模时间相同,拆模后仍需保持同条件养护。

采用自然养护的试件,应放置在干燥通风的室内,每块试件之间留有一定的间隙。

表式 C6-2-9

混凝土试块强度统计、评定记录
(表 C6-2-9)

编 号	×××

工程名称及部位	北京××工程			
施工单位	××市政工程有限公司			
养护方法	标准养护		强度等级	C30
统计期	×× 年 ×× 月 ×× 日 至 ×× 年 ×× 月 ×× 日			

试块组数(n)	强度标准值 $f_{cu,k}$ (MPa)	平均值 $m_{f_{cu}}$ (MPa)	标准差 $S_{f_{cu}}$ (MPa)	最小值 $f_{cu,min}$ (MPa)	合格判定系数	
					λ_1	λ_2
13	30.0	46.52	8.84	36.1	1.70	0.90
试件编号	01	02	03	04	05	
每组强度值(MPa)	50.4	36.1	40.8	39.4	58.0	
试件编号	06	07	08	09	10	
每组强度值(MPa)	37.7	36.8	57.3	56.7	51.6	
试件编号	11	12	13			
每组强度值(MPa)	57.5	42.5	39.9			

评定界限	☑ 统计方法（二）			□ 非统计方法	
	$f_{cu,k}$	$f_{cu,k}+\lambda_1 \times S_{f_{cu}}$	$\lambda_2 \times f_{cu,k}$	$1.15 f_{cu,k}$ $1.10 f_{cu,k}$	$0.95 f_{cu,k}$
	27	31.49	27		
判定式	$m_{f_{cu}} \geqslant f_{cu,k}+\lambda_1 \times S_{f_{cu}}$		$f_{cu,min} \geqslant \lambda_2 \times f_{cu,k}$	$m_{f_{cu}} \geqslant 1.15 f_{cu,k}$（强度等级＜C60） $m_{f_{cu}} \geqslant 1.10 f_{cu,k}$（强度等级≥C60）	$f_{cu,min} \geqslant 0.95 f_{cu,k}$
结果	31.49＞27		36.1＞27		

结论：符合《混凝土强度检验评定标准》(GB/T 50107－2010)要求，合格。

批准	×××	审核	×××	(试验专用章)
检测试验单位	××工程试验检测中心			
报告日期	××年××月××日			

本表由施工单位填写。

《混凝土试块强度统计、评定记录》填表说明

本表参照《混凝土强度检验评定标准》(GB/T 50107)标准填写。

【填写依据】

1. 统计方法评定

(1)当混凝土的生产条件在较长时间内能保持一致且同一品种混凝土的强度变异性能保持稳定时应由连续的三组试件组成一个验收批,其强度应同时满足下列要求:

$$m_{f_{cu}} \geqslant f_{cu,k} + 0.7\sigma_0$$

$$f_{cu,min} \geqslant f_{cu,k} - 0.7\sigma_0$$

当混凝土强度等级不高于 C20 时其强度的最小值尚应满足下式要求:

$$f_{cu,min} \geqslant 0.85 f_{cu,k}$$

当混凝土强度等级高于 C20 时其强度的最小值尚应满足下式要求:

$$f_{cu,min} \geqslant 0.95 f_{cu,k}$$

式中 $m_{f_{cu}}$ ——同一验收批混凝土立方体抗压强度的平均值(N/mm^2);

$f_{cu,k}$ ——混凝土立方体抗压强度标准值(N/mm^2);

σ_0 ——验收批混凝土立方体抗压强度的标准差(N/mm^2);

$f_{cu,min}$ ——同一验收批混凝土立方体抗压强度的最小值(N/mm^2)。

(2)验收批混凝土立方体抗压强度的标准差应根据前一个检验期内同一品种混凝土试件的强度数据按下列公式确定:

$$\sigma_0 = \frac{0.59}{m}\sum_{i=1}^{m}\Delta f_{cu,i}$$

式中 $\Delta f_{cu,i}$ ——第 i 批试件立方体抗压强度中最大值与最小值之差;

m ——用以确定验收批混凝土立方体抗压强度标准差的数据总批数。

注:上述检验期不应超过三个月且在该期间内强度数据的总批数不得少于 15。

(3)当混凝土的生产条件在较长时间内不能保持一致且混凝土强度变异性不能保持稳定时,或在前一个检验期内的同一品种混凝土没有足够的数据用以确定验收批混凝土立方体抗压强度的标准差时,应由不少于 10 组的试件组成一个验收批,其强度应同时满足下列公式的要求:

$$m_{f_{cu}} - \lambda_1 s_{f_{cu}} \geqslant 0.9 f_{cu,k}$$

$$f_{cu,min} \geqslant \lambda_2 f_{cu,k}$$

式中 $s_{f_{cu}}$ ——同一验收批混凝土立方体抗压强度的标准差(N/mm^2)。当 $s_{f_{cu}}$ 的计算值小于 $0.06 f_{cu,k}$ 时,取 $s_{f_{cu}} = 0.06 f_{cu,k}$;

λ_1、λ_2 ——合格判定系数,按表 7-1 取用。

表 7-1 混凝土强度的合格判定系数

试件组数	10~14	15~24	≥25
λ_1	1.70	1.65	1.60
λ_2	0.90	0.85	

(4)混凝土立方体抗压强度的标准差 $s_{f_{cu}}$ 可按下列公式计算:

$$s_{f_{cu}} = \sqrt{\frac{\sum_{i=1}^{n} f_{cu,i}^2 - nm_{f_{cu}}^2}{n-1}}$$

式中 $f_{cu,i}$—— 第 i 组混凝土试件的立方体抗压强度值（N/mm²）；

n—— 一个验收批混凝土试件的组数。

2. 非统计方法评定

按非统计方法评定混凝土强度时，其所保留强度应同时满足下列要求：

$$m_{f_{cu}} \geqslant 1.15 f_{cu,k}$$
$$f_{cu,min} \geqslant 0.95 f_{cu,k}$$

3. 混凝土强度的合格性判断

(1)检验结果能满足《混凝土强度检验评定标准》(GB 50107)的规定时则该批混凝土强度判为合格，当不能满足上述规定时该批混凝土强度判为不合格。

(2)由不合格批混凝土制成的结构或构件应进行鉴定，对不合格的结构或构件必须及时处理。

(3)当对混凝土试件强度的代表性有怀疑时，可采用从结构或构件中钻取试件的方法或采用非破损检验方法，按有关标准的规定对结构或构件中混凝土的强度进行推定。

(4)结构或构件拆模出池出厂、吊装预应力筋张拉或放张以及施工期间需短暂负荷时的混凝土强度，应满足设计要求或现行国家标准的有关规定。

表式 C6-2-10

混凝土抗渗试验报告

(表 C6-2-10)

(2014)量认(京)字(U0375)号

编　　号	×××
试验编号	2014－0214
委托编号	2014－23518

工程名称及部位	××市地铁×号线03标段土建工程××站～××站区间 右线 K4＋984～K4＋993.6 边墙及顶拱		
委托单位	中铁××局集团公司	委 托 人	×××
抗渗等级	P·O 42.5	试件编号	2014－0044
成型日期	××年××月××日	委托日期	××年××月××日
配合比编号	试B－商配－05－1643	实测坍落度	80mm
养护条件	标准养护	要求试验龄期	28～65d
试验依据	GB/T 50082－2009	试验日期	××年××月××日

试验结果：

试件解剖渗水高度(mm)：

　　①4.2　　②5.6　　③3.9　　④4.3　　⑤4.4　　⑥4.7

结论：
依据《普通混凝土长期性能和耐久性能试验方法标准》(GB/T 50082－2009)试验方法，以上所检项目符合 P10 抗渗等级要求。

批准	×××	审核		试验	×××
检测试验单位	××工程试验检测中心				
报告日期	××年××月××日				

本表由检测单位填写。

《混凝土抗渗试验报告》填表说明

【填写依据】

1. 防水混凝土和有特殊要求的混凝土,应有配合比通知单和抗渗试验报告及专项试验报告。

2. 承重结构的混凝土抗渗试件,应按规定实行有见证取样和送检。

3. 防水混凝土要进行稠度、强度和抗渗性能三项试验。稠度和强度试验同普通混凝土。防水混凝土抗渗性能,应采用标准条件下养护的防水混凝土抗渗性能的试块的试验结果评定。

4. 有抗渗要求的混凝土应留置检验抗渗性能的试块,留置原则:对连续浇筑混凝土每 $500m^3$ 应留置一组抗渗试块,且每项工程不得少于两组,其中至少一组在标准条件下养护。

5. 抗渗等级以每组 6 个试块中有 3 个试块端面呈现渗水现象时的水压(H)计算出的 P 值进行评定。若 6 个试块均无渗水现象,应试压至 $P+1$ 时的水压,方可评为大于 P。

6. 执行的标准:《普通混凝土长期性能和耐久性能试验方法标准》(GB/T 50082-2009)。

7. 混凝土抗渗性能检验报告由有相应资质等级的试验室签发。检验人、审核人、负责人签字,单位盖章。

表式 C6-2-13

混凝土抗折强度试验报告

(表 C6-2-13) CMA (2014)量认(京)字(U0375)号

编　号	×××
试验编号	2014—0414
委托编号	2014—0538

工程名称及部位	北京××工程		
委托单位	××市工程有限公司	委托人	×××
设计强度等级	C40	试件编号	2014—3587
要求坍落度	80mm	实测坍落度	80mm
配合比编号	××—×××		

成型日期	××年××月××日	龄期(d)	28	试验日期	××年××月××日
养护方法	标准养护	委托日期	××年××月××日	试块制作人	×××
试验依据	GB/T 50081				

试验结果	试验日期	实际龄期(d)	试件尺寸(mm)			跨度(mm)	荷载(kN)		平均极限抗折强度(MPa)	折合标准试件强度(MPa)	达到设计强度(%)
			长	宽	高		单块	平均			
	××年××月××日	28	400×100×100			100	20.7	22.3	6.7	5.7	127
							22.5				
							23.6				

备注：
经检查,符合《普通混凝土力学性能试验方法标准》(GB/T 50081)相关规定,合格。

批准	×××	审核	×××
检测试验单位	××工程试验检测中心		
报告日期	××年××月××日		

本表由检测单位提供。

表式 C6-2-14

钢筋连接试验报告
(表 C6-2-14)

(2014)量认(京)字(U0375)号

编 号	×××
试验编号	2014－1304
委托编号	2014－0354

工程名称及部位	××市政道路工程		
委托单位	××建设集团有限公司	委托人	×××
接头类型	滚压直螺纹连接	试样编号	2014－08357
设计要求接头性能等级	Ⅰ级	检验形式	工艺检验
连接钢筋种类及牌号	热轧带肋 HRB 335	原材试验编号	2014－15738
公称直径	20mm	代表数量	450个
操作人	×××	委托日期 ××年××月××日	试验日期	××年××月××日
试验依据	JGJ 107		

接头试件			母材试件		弯曲试件			备注
公称面积 (mm²)	抗拉强度 (MPa)	断裂特征及位置	实测面积 (mm²)	抗拉强度 (MPa)	弯心直径 (mm)	角度 (°)	结果	
314.2	590	母材拉断 104mm	312.9	600				
314.2	590	母材拉断 128mm	311.7	605				
314.2	590	母材拉断 89mm	310.6	600				

结论：

依据《钢筋机械连接技术规程》(JGJ 107－2010)标准,以上所检项目符合机械连接Ⅰ级接头要求。

批准	×××	审核	×××	
检测试验单位	××工程试验检测中心			
报告日期	××年××月××日			

本表由检测单位填写。

《钢筋连接试验报告》填表说明

本表依据《钢筋机械连接技术规程》(JGJ 107—2010)标准填写。

【填写要点】

1. "工程名称及部位"栏:应填写具体,与施工图、施工方案一致,施工部位应明确层、轴线梁、柱等。
2. "接头类型"栏:应明确具体,如:电渣压力焊、滚轧直螺纹连接。
3. "试件编号"栏:同一单位工程应按取样时间先后连续编号。
4. "检验形式":应注明工艺检验、可焊性检验或现场检验。
5. "代表数量"栏:按照实际的数量填写,不得超过规范验收批的最大批量。
6. "操作人"栏:应与焊工岗位证书的名称对应。
7. 报告中的施工部位、规格、数量、试验日期等应与施工图、隐蔽工程验收、检验批质量验收记录的相关内容相符。
8. 核对使用日期和试验日期,不允许先使用后试验。

【填写依据】

1. 组批原则

(1)闪光对焊接头的质量检验,应按下列规定分批进行外观检查和力学性能试验。

1)在同一台班内,由同一焊工完成的 300 个同牌号、同直径钢筋焊接接头应作为一批。当同一台班内焊接的接头数量较少,可在一周内累计计算;累计仍不足 300 个接头时,应按一批计算。

2)力学性能检验时,应从每批接头中随机切取 6 个接头,其中 3 个做拉伸试验,3 个做弯曲试验。

3)封闭环式箍筋闪光对焊接头,以 600 个同牌号、同规格的接头作为一批,只做拉伸试验。

(2)钢筋电弧焊、电渣压力焊的质量检验,应按下列规定分批进行外观检查和力学性能试验:

在现浇混凝土结构中,应以 300 个同牌号钢筋、同形式接头作为一批;在房屋结构中,应在不超过二层楼中 300 个同牌号钢筋、同形式接头作为一批。每批随机切取 3 个接头,做拉伸试验。在同一批中,若有几种不同直径的钢筋焊接接头,应在最大直径钢筋接头中切取 3 个试件。

2. 钢筋机械连接

(1)接头应根据抗拉强度、残余变形以及高应力和大变形条件下反复拉压性能的差异,分为下列三个性能等级。

1)Ⅰ级。接头抗拉强度等于被连接钢筋的实际抗拉强度或不小于 1.10 倍钢筋抗拉强度标准值,残余变形小并具有高延性及反复拉压性能。

2)Ⅱ级。接头抗拉强度不小于被连接钢筋抗拉强度标准值,残余变形较小并具有高延性及反复拉压性能。

3)Ⅲ级。接头抗拉强度不小于被连接钢筋屈服度标准值的 1.25 倍,残余变形较小并具有一定的延性及反复拉压性能。

(2)Ⅰ级、Ⅱ级、Ⅲ级接头的抗拉强度必须符合表 7-2 的规定。

表 7-2　接头的抗拉强度

等级	Ⅰ级		Ⅱ级	Ⅲ级
抗拉强度	$f_{mst}^0 \geqslant f_{stk}$ 或 $f_{mst}^0 \geqslant 1.10 f_{stk}$	断于钢筋 断于接头	$f_{mst}^0 \geqslant f_{stk}$	$f_{mst}^0 \geqslant 1.25 f_{yk}$

注：1. f_{yk}——钢筋屈服强度标准值；

2. f_{stk}——钢筋抗拉强度标准值；

3. f_{mst}^0——钢筋接头试件实测抗拉强度。

（3）对每种型式、级别、规格、材料、工艺的钢筋机械连接接头，型式检验试件不应小于9个：单向拉伸试件不应少于3个，高应力反复拉压试件不应少于3个，大变形反复拉压试件不应少于3个。同时应另取3根钢筋试件作抗拉强度试验。全部试件均应在同一根钢筋上截取。

（4）用于型式检验的直螺纹或锥螺纹接头试件应散件送达检验单位，由型式检验单位或在其监督下由接头技术提供单位按标准规定的拧紧扭矩进行装配，拧紧扭矩值应记录在检验报告中，型式检验试件必须采用未经过预拉的试件。

（5）钢筋连接工程开始前，应对不同钢筋生产厂的进场钢筋进行接头工艺检验；施工过程中，更换钢筋生产厂时，应补充进行工艺检验。工艺检验应符合下列规定：

1）每种规格钢筋的接头试件不应少于3根；

2）每根试件的抗拉强度和3根接头试件的残余变形的平均值均应符合标准的规定；

3）接头试件在测量残余变形后可再进行抗拉强度试验，并宜按《钢筋机械连接技术规程》（JGJ 107—2010）附录A表A.1.3中的单向拉伸加载制度进行试验；

4）第一次工艺检验中1根试件抗拉强度或3根试件的残余变形平均值不合格时，允许再抽3根试件进行复检，复检仍不合格时判为工艺检验不合格。

（6）对接头的每一验收批，必须在工程结构中随机截取3个接头试件作抗拉强度试验，按设计要求的接头等级进行评定。当3个接头试件的抗拉强度均符合《钢筋机械连接技术规程》表4-102中相应等级的强度要求时，该验收批应评为合格。如有1个试件的抗拉强度不符合要求，应再取6个试件进行复检，复检中如仍有1个试件的抗拉强度不符合要求，则该验收批应评为不合格。

（7）现场截取抽样试件后，原接头位置的钢筋可采用同等规格的钢筋进行搭接连接，或采用焊接及机械连接方法补接。

3. 钢结构焊接

（1）抽样检查时，应符合下列要求：

1）焊缝处数的计数方法：工厂制作焊缝长度小于等于1000mm时，每条焊缝为1处；长度大于1000mm时，将其划分为每300mm为1处；现场安装焊缝每条焊缝为1处；

2）可按下列方法确定检查批：

①按焊接部位或接头形式分别组成批；

②工厂制作焊缝可以同一工区（车间）按一定的焊缝数量组成批；多层框架结构可以每节柱的所有构件组成批；

③现场安装焊缝可以区段组成批；多层框架结构可以每层（节）的焊缝组成批。

3）批的大小宜为300～600处。

4）抽样检查除设计指定焊缝外应采用随机取样方式取样。

(2)抽样检查的焊缝数如不合格率小于2%时,该批验收应定为合格;不合格率大于5%时,该批验收应定为不合格;不合格率为2%~5%时,应加倍抽检,且必须在原不合格部位两侧的焊缝延长线各增加一处,如在所有抽检焊缝中不合格率不大于3%时,该批验收应定为合格,大于3%时,该批验收应定为不合格。当批量验收不合格时,应对该批余下焊缝的全数进行检查。当检查出一处裂纹缺陷时,应加倍抽查。如在加倍抽检焊缝中未检查出其他裂纹缺陷时,该批验收应定为合格,当检查出多处裂纹缺陷或加倍抽查又发现裂纹缺陷时,应对该批余下焊缝的全数进行检查。

4. 其他要求

(1)用于焊接、机械连接钢筋的力学性能和工艺性能应符合现行国家标准。

(2)正式焊(连)接工程开始前及施工过程中,应对每批进场钢筋在现场条件下进行工艺检验。工艺检验合格后方可进行焊接或机械连接的施工。

(3)钢筋焊接接头或焊接制品、机械连接接头应按焊(连)接类型和验收批的划分进行质量验收并现场取样复试。

(4)承重结构工程中的钢筋连接接头应按规定实行有见证取样和送检的管理。

(5)采用机械连接接头型式施工时,技术提供单位应提交由有相应资质等级的检测机构出具的型式检验报告。

(6)焊(连)接工人必须具有有效的岗位证书。

表式 C6-2-17

超声波检测报告 CMA

(表 C6-2-17) (2014)量认(京)字(U0375)号

编 号	××-×××

委托编号	××-×××	报告编号	××-×××	共 × 页 第 × 页	
基本情况	工程名称	××市××路跨线桥上横梁钢结构工程			
	施工单位	××钢结构工程有限公司			
	委托单位	××钢结构工程有限公司			
	检测委托人	×××	联系电话	××××	
	委托检测比例	100%	焊接方法	手工焊	构件材质	Q345B
	构件名称	上横梁	构件规格		母材厚度	12～16mm
	检测部位	钢管焊缝	坡口型式	V	表面状态	修整
检测条件	仪器型号	TS-2028C	试块型号	CSK-ⅠA CSK-ⅢA	检测方法	超声波探伤
	探头型号	斜8×12k2.5-D	评定灵敏度	60dB	扫查方式	深度
	耦合剂	浆糊	表面补偿	2dB	检测面	焊缝及热影响区
	扫描调节	1:1				
	检测标准	GB 50205-2001 GB/T 11345	合格级别	BⅡ级		

检测结论及说明(可加附页):

受××钢结构工程有限公司的委托,按照《钢结构工程施工质量验收规范》(GB 50205-2001)(一、二级焊缝)的质量要求,对××市××路跨线桥上横梁(P50,P51)钢结构工程钢管焊缝进行100%超声波探伤。依据《焊缝无损检测超声检测技术、检测等级和评定》(GB/T 11345-2013)为BⅡ级合格,未发现超标缺陷,所检焊缝全部合格。

注:本报告包括:
(1)结论报告(本页);
(2)焊缝位置示意图(第2页) (略)。

检测人(签字):×××	
(证号:×××)	××年××月××日
报告人(签字):×××	
(证号:×××)	××年××月××日
审核人(签字):×××	
(证号:×××)	××年××月××日

检测单位资格证号:××

(检测单位章)

检测单位名称:××工程试验检测中心

本表由检测单位出具。

表式 C6-2-22

喷射混凝土配合比申请单
(表 C6-2-22)

编　号	×××
委托编号	2014-01678

工程名称	××市地铁×号线××车站主体暗挖结构工程初支喷护				
委托单位	××城建集团有限公司			试验委托人	×××
设计强度等级	C20			申请强度等级	C20
其他技术要求	/				
搅拌方法	机械			养护方法	
水泥品种及强度等级	P·O 42.5	水泥进场日期	××年××月××日	试验编号	2014-0306
砂产地及品种	×× 中砂			试验编号	2014-0295
石产地及品种	×× 豆石			试验编号	2014-0264
外加剂名称	(1) 速凝剂 8880-A			试验编号	2014-0051
	(2)				
掺合料名称	/			试验编号	/
其他材料	/				
申请日期	××年××月××日	要求使用日期	××年××月××日	联系电话	××××

表式 C6-2-22

喷射混凝土配合比通知单
(表 C6-2-22)　CMA　(2014)量认(京)字(U0375)号

配合比编号	2014-0084
试配编号	2014P-0084

强度等级	C20	水胶比	45%			砂率	54%

材料名称　项目	水泥	水	砂	石	掺合料	外加剂
每 m³ 用量(kg)	413	186	919	782		12.4
重量比	1	0.45	2.23	1.86		0.03

说明：本配合比所使用材料均为干燥状态,使用单位应根据材料含水情况随时调整。

负责人	审核人	试验人
×××	×××	×××
报告日期		××年××月××日

申请单由施工单位填写,通知单由试验室填写。

(××工程检测试验有限公司 试验专用章)

《喷射混凝土配合比申请单》、《喷射混凝土配合比通知单》填表说明

【填写依据】

1. 喷射混凝土应掺速凝剂,原材料应符合下列规定:
（1）水泥优先选用普通硅酸盐水泥,标号不应低于525号。性能符合现行水泥标准;
（2）细骨料:采用中砂或粗砂,细度模数应大于2.5,含水率控制在5%～7%;
（3）粗骨料采用卵石或碎石粒径不应大于15mm;
（4）骨料级配通过各筛径统计重量百分数应控制在表7-3的范围内:

表7-3 骨料级配筛分率(%)

骨料粒径(mm) 项目	0.15	0.30	0.60	1.20	2.5	5	10	15
优	5～7	10～15	17～22	23～31	35～43	50～60	73～82	100
良	4～8	5～22	13～31	18～41	26～54	40～70	62～90	100

注:使用碱性速凝剂时,不得使用活性二氯化硅石料。

（5）水:采用饮用水;
（6）速凝剂:质量合格、使用前应做与水泥相容性试验及水泥净浆凝结效果试验,初凝时间不应超过5min,终凝时间不应超过10min。

2. 喷射混凝土的喷射机应具有良好的密封性,输料连接均匀,输料能力应满足混凝土施工的需要。

3. 混合料应搅拌均匀并符合下列规定:
（1）配合比:水泥与砂石质量比应取1.4～4.5。砂率应取45%～55%,水灰比应取0.4～0.45。速凝剂掺量应通过试验确定;
（2）原材料称量允许偏差为:水泥和速凝剂±2%,砂石±3%;
（3）运输和存放中严防受潮,大块石等杂物不得混入,装入喷射机前应过筛,混合料应随拌随用,存放时间不应超过20min。

4. 喷射混凝土前应清理场地,清扫受喷面;检查开挖尺寸,清除浮渣及堆积物;埋设控制喷射混凝土厚度的标志;对机具设备进行试运转。就绪后方可进行喷射混凝土作业。

5. 喷射混凝土作业应紧跟开挖工作面,并符合下列规定:
（1）混凝土喷射应分片依次自下而上进行并先喷钢筋格栅与壁面间混凝土,然后再喷两钢筋格栅之间混凝土;
（2）每次喷射厚度为:边墙70～100mm;拱顶50～60mm;
（3）分层喷射时,应在前一层混凝土终凝后进行,如终凝1h后再喷射,应清洗喷层表面;
（4）喷层混凝土回弹量,边墙不宜大于15%,拱部不宜大于25%;
（5）爆破作业时,喷射混凝土终凝到下一循环放炮间隔时间不应小于3h。

6. 喷射混凝土2h后应养护,养护时间不应少于14d,当气温低于+5℃时,不得喷水养护。

7. 喷射混凝土施工区气温和混合料进入喷射机温度均不得低于+5℃。
喷射混凝土低于设计强度的40%时不得受冻。

8.喷射混凝土结构试件制作及工程质量符合下列规定：

(1)抗压强度和抗渗压力试件制作组数：同一配合比，区间或小于其断面的结构，每20m拱和墙各取一组抗压强度试件，车站各取二组；抗渗压力试件区间结构每40m取一组；车站每20m取一组。

(2)喷层与围岩以及喷层之间粘结应用锤击法检查。对喷层厚度，区间或小于区间断面的结构每20m检查一个断面，车站每10m检查一个断面。每个断面从拱顶中线起，每2m凿孔检查一个点。断面检查点60%以上喷射厚度不小于设计厚度，最小值不小于设计厚度的1/3，厚度总平均值不小于设计厚度时，方为合格。

(3)喷射混凝土应密实、平整，无裂缝、脱落、漏喷、漏筋、空鼓、渗漏水等现象。平整度允许偏差为30mm，且矢弦比不应大于1/6。

表式 C6-3-2

道路基层材料压实度试验报告（灌砂法）

（表 C6-3-2）

(2014)量认(京)字(U0375)号

编　号	×××
试验编号	×××
委托编号	×××

工程名称	××道路工程								
委托单位	××市政建设集团有限公司			委托人	×××				
试验依据	《公路土工试验规程》(JTG E40)			回填材料	砂夹碎石				
桩号/层次				K3+450	K3+470		K3+490		K3+500
灌砂前砂+容器质量		(g)	(1)	13251	13399		13621		12861
灌砂后砂+容器质量		(g)	(2)	6428	5714		5755		6206
灌砂筒下部锥体内砂质量		(g)	(3)	2442	2442		2442		2442
试坑灌入砂的质量		(g)	(4)	(1)−(2)−(3)	4381	5243		5424	4213
砂堆积密度		(g/cm³)	(5)	1.36	1.36		1.36		1.36
试坑体积		(cm³)	(6)	(4)/(5)	3221	3855		3856	3098
试坑中挖出的湿料质量		(g)	(7)	6668	7748		7828		6165
试样湿密度		(g/cm³)	(8)	(7)/(6)	2.07	2.01		2.03	1.99
含水率 W (%)	盒号		(9)		03	05	11	08	02	14	06	01
	盒质量 (g)		(10)		16.7	17.2	16.9	17.0	17.0	16.9	16.7	16.7
	盒+湿料质量 (g)		(11)		511.0	516.6	535.1	531.7	522.7	546.6	539.6	546.3
	盒+干料质量 (g)		(12)		492.9	498.3	517.1	513.3	505.1	527.0	521.9	527.9
	水质量 (g)		(13)	(11)−(12)	18.1	18.3	18.0	18.4	17.6	19.4	17.7	18.4
	干料质量 (g)		(14)	(12)−(10)	476.2	481.1	500.2	496.3	488.1	510.1	505.2	511.2
	含水率 (%)				3.8	3.8	3.6	3.7	3.6	3.8	3.5	3.6
	平均含水率 (%)		(15)	[(13)/(14)]×100	3.8		3.7		3.7		3.6	
干密度		(g/cm³)	(16)	(8)[1+(15)/100]	1.99	1.94		1.96	1.92
最大干密度		(g/cm³)	(17)		2.09				
压实度		(%)	(18)	[(16)/(17)×100]	95	93		94	92

备　注：
K3+440～K3+515 段第 2 层压实度检测。

批准	×××	审核	×××		
检测试验单位	××试验检测中心				
报告日期	××年××月××日				

（试验专用章）

本表由施工单位填写。

表式 C6-3-3

沥青混合料压实度试验报告

(表 C6-3-3)

(2014)量认(京)字(U0375)号

编　号	×××
试验编号	2014-02067
委托编号	2014-0109

工程名称及部位	××市××路桥梁工程		
委托单位	××市政建设集团有限公司	委托人	×××
混合料类型	AC-16 I	标准密度	2.478g/cm³
委托日期	××年××月××日	试验日期	××年××月××日
		要求压实度	95%
试验依据	JTG E20	试验方法	蜡封法

试件编号	代表桩号(部位)	试件密度(g/cm³)	压实度(%)	结论
001	K0+110	2.382	96.1	合格
002	K0+105	2.384	96.2	合格
003	K0+095	2.380	96.0	合格

备　注：

批准	×××	审核	×××	试验	×××
检测试验单位	××工程试验检测中心				
报告日期	××年××月××日				

本表由检测单位提供。

《沥青混合料压实度试验报告》填表说明

【填写依据】

依据《公路工程沥青及沥青混合料试验规程》(JTG E20—2011)压实沥青混合料密度试验(蜡封法)(T 0707—2000)检验沥青混合料压实度。

1. 目的与适用范围

(1)蜡封法适用于测定吸水率大于2%的沥青混凝土或沥青碎石混合料试件的毛体积相对密度或毛体积密度。

(2)本方法测定的毛体积相对密度适用于计算沥青混合料试件的空隙率、矿料间隙率等各项体积指标。

2. 仪具与材料

(1)浸水天平或电子秤:当最大称量在3kg以下时,感量不大于0.1g;最大称量3kg以上时,感量不大于0.5g;最大称量10kg以上时,感量不大于5g,应有测量水中重的挂钩。

(2)网篮。

(3)溢流水箱:使用洁净水,有水位溢流装置,保持试件和网篮浸入水中后的水位一定。

(4)试件悬吊装置:天平下方悬吊网篮及试件的位置。吊线应采用不吸水的细尼龙线绳,并有足够的长度。对轮碾成型机成型的板块状试件可用铁丝悬挂。

(5)熔点已知的石蜡。

(6)冰箱:可保持温度4~5℃。

(7)铅或铁块等重物。

(8)滑石粉。

(9)秒表。

(10)电风扇。

(11)其他:电炉或燃气炉。

3. 方法与步骤

(1)选择适宜的浸水天平或电子秤,最小称量应不小于试件质量的1.25倍,且不大于试件质量的5倍。

(2)称取干燥试件的空中质量(m_a),根据选择的天平感量读数,准确至0.1g、0.5g或5g。当为钻芯法取得的非干燥试件时,应用电风扇吹干12h以上至恒重作为空中质量,但不得用烘干法。

(3)将试件置于冰箱中,在4~5℃条件下冷却不少于30min。

(4)将石蜡熔化至其熔点以上(5.5±0.5)℃。

(5)从冰箱中取出试件立即浸入石蜡液中,至全部表面被石蜡封住后迅速取出试件,在常温下放置30min,称取蜡封试件的空中质量(m_p)。

(6)挂上网篮,浸入溢流水箱中,调节水位,将天平调平或复零。将蜡封试件放入网篮浸水约1min,读取水中质量(m_c)。

(7)如果试件在测定密度后还需要做其他试验时,为便于除去石蜡,可事先在干燥试件表面涂一薄层滑石粉,称取涂滑石粉后的试件质量(m_s),然后再蜡封测定。

(8)用蜡封法测定时,石蜡对水的相对密度按下列步骤实测确定:

1)取一块铅或铁块之类的重物,称取空中质量(m_g);
2)测定重物的水中质量(m'_g);
3)待重物干燥后,按上述试件蜡封的步骤将重物蜡封后测定其空中质量(m_d)及水中质量(m'_d);
4)按式(7-1)计算石蜡对水的相对密度。

$$\gamma_p = \frac{m_d - m_g}{(m_d - m_g) - (m'_d - m'_g)} \tag{7-1}$$

式中　γ_p——在常温条件下石蜡对水的相对密度;
　　　m_g——重物的空中质量(g);
　　　m'_g——重物的水中质量(g);
　　　m_d——蜡封后重物的空中质量(g);
　　　m'_d——蜡封后重物的水中质量(g)。

4. 计算

(1)计算试件的毛体积相对密度,取 3 位小数。
1)蜡封法测定的试件毛体积相对密度按式(7-2)计算。

$$\gamma_f = \frac{m_a}{m_p - m_c - (m_p - m_a)/\gamma_p} \tag{7-2}$$

式中　γ_f——由蜡封法测定的试件毛体积相对密度;
　　　m_a——试件的空中质量(g);
　　　m_p——蜡封试件的空中质量(g);
　　　m_c——蜡封试件的水中质量(g)。

2)涂滑石粉用蜡封法测定的试件毛体积相对密度按式(7-3)计算。

$$\gamma_f = \frac{m_a}{m_p - m_c - [(m_p - m_s)/\gamma_p + (m_s - m_a)/\gamma_s]} \tag{7-3}$$

式中　m_s——试件涂滑石粉后的空中质量(g);
　　　γ_s——滑石粉对水的相对密度。

3)试件的毛体积密度按式(7-4)计算。

$$\rho_f = \gamma_f \times \rho_w \tag{7-4}$$

式中　ρ_f——蜡封法测定的试件毛体积密度(g/cm³);
　　　ρ_w——常温水的密度(取 1g/cm³)。

(2)按规范 JTG E20—2011 规定的方法计算试件的理论最大相对密度及空隙率、沥青的体积百分率、矿料间隙率、粗集料骨架间隙率、沥青饱和度等各项体积指标。

表式 C6-3-4

沥青混凝土路面厚度检测报告

(表 C6-3-4)

编 号	×××
试验检测编号	2014－0357
委托编号	2014－08575

工程名称及部位	××市××路桥梁工程		
委托单位	××市政建设集团有限公司	委托人	×××
材料类型	AC-16 Ⅰ	设计结论厚度(mm)	主路 70mm，辅路 40mm
委托日期	××年××月××日	试验日期	××年××月××日
试验依据	CJJ 1－2008		

序号	检验段桩号	测定位置桩号	实测平均值(mm)	结论
1	K0＋080	主路	7.6	合格
2	K0＋105	辅路	5.7	合格
3	K0＋110	辅路	6.2	合格

备 注：

批准	×××	审核	×××
检测试验单位	××工程试验检测中心		
报告日期	××年××月××日		

本表由检测单位提供。

《沥青混凝土路面厚度检测报告》填表说明

【填写依据】

1. 仪具与材料

厚度检测方法根据需要选用下列仪具和材料:

(1)挖坑用镐、铲、凿子、锤子、小铲、毛刷。

(2)取样用路面取芯钻机及钻头、冷却水。钻头的标准直径为 φ100mm,如芯样仅供测量厚度,不作其他试验时,对沥青面层与水泥混凝土板也可用直径 φ50mm 的钻头,对基层材料有可能损坏试件时,也可用直径 φ150mm 的钻头,但钻孔深度均必须达到层厚。

(3)量尺:钢板尺、钢卷尺、卡尺。

(4)补坑材料:与检查层位的材料相同。

(5)补坑用具:夯、热夯、水等。

(6)其他:搪瓷盘、棉纱等。

2. 方法与步骤

(1)基层或砂石路面的厚度可用挖坑法测定,沥青面层及水泥混凝土路面板的厚度应用钻孔法测定。

(2)用挖坑法测定厚度应按下列步骤执行:

1)如为旧路,该点有坑洞等显著缺陷或接缝时,可在其旁边检测。

2)选一块约 40cm×40cm 的平坦表面作为测试地点,用毛刷将其清扫干净。

3)根据材料坚硬程度,选择镐、铲、凿子等适当的工具,开挖这一层材料,直至层位底面。在便于开挖的前提下,开挖面积应尽量缩小,坑洞大体呈圆形,边开挖边将材料铲出,置搪瓷盘中。

4)用毛刷将坑底清扫,确认为下一层的顶面。

5)将钢板尺平放横跨于坑的两边,用另一把钢尺或卡尺等量具在坑的中部位置垂直伸至坑底,测量坑底至钢板尺的距离,即为检查层的厚度,以 cm 计,精确至 0.1cm。

(3)用钻孔取样法测定厚度应按下列步骤进行:

1)如为旧路,该点有坑洞等显著缺陷或接缝时,可在其旁边检测。

2)仔细取出芯样,清除底面灰土,找出与下层的分界面。

3)用钢板尺或卡尺沿圆周对称的十字方向四处量取表面至上下层界面的高度,取其平均值,即为该层的厚度,准确至 0.1cm。

(4)在施工过程中,当沥青混合料尚未冷却时,可根据需要随机选择测点,用大改锥插入量取或挖坑量取沥青层的厚度(必要时用小锤轻轻敲打),但不得使用铁镐等扰动四周的沥青层。挖坑后清扫坑边,架上钢板尺,用另一钢板尺量取层厚,或用改锥插入坑内量取深度后用尺读数,即为层厚,以 cm 计,精确至 0.1cm。

(5)按下列步骤用取样层的相同材料填补试坑或钻孔:

1)适当清理坑中残留物,钻孔时留下的积水应用棉纱吸干。

2)对无机结合料稳定层及水泥混凝土路面板,应按相同配比用新拌的材料分层填补并用小锤压实。水泥混凝土中宜掺加少量快凝早强的外掺剂。

3)对无机结合料粒料基层,可用挖坑时取出的材料,适当加水拌和后分层填补,并用小锤压实。

4)对正在施工的沥青路面,用相同级配的热拌沥青混合料分层填补并用加热的铁锤或热夯压实。旧路钻孔也可用乳化沥青混合料修补。

5)所有补坑结束时,宜比原面层鼓出少许,用重锤或压路机压实平整。

注:补坑工序如有疏忽、遗留或补得不好,易成为隐患而导致开裂,因此所有挖坑、钻孔均应仔细做好。

3. 计算

(1)按式(7-5)计算实测厚度 T_{1i} 与设计厚度 T_{0i} 之差。

$$\Delta T_i = T_{1i} - T_{0i} \tag{7-5}$$

式中 T_{1i}——路面的实测厚度(cm);

T_{0i}——路面的设计厚度(cm);

ΔT_i——路面实测厚度与设计厚度的差值(cm)。

(2)当测定路面总厚度时,则将各层平均厚度相加即为路面总厚度。

4. 报告

路面厚度检测报告应列表填写,并记录与设计厚度之差,不足设计厚度为负,大于设计厚度为正。

表式 C6-3-6

路面平整度检测报告

(表 C6-3-6)

(2014)量认(京)字(U0375)号

编 号	×××
试验编号	2014－0202
委托编号	2014－03084

工程名称及部位	××市××道路工程		
委托单位	××市政建设集团有限公司	委托人	×××
路面宽度	9m	路面厚度	11cm
平整度标准允差(σ)	(　)≤5mm	检验日期	××年××月××日
检测依据	CJJ 1－2008	检验方法	

序号	检查段桩号	检验结果
1	K9＋950	合格
2	K10＋150	合格

检测结论：

批准	×××	审核	×××		
检测试验单位	××工程试验检测中心				
报告日期	××年××月××日				

本表由检测单位提供。

《路面平整度检测报告》填表说明

【填写依据】

1. 连续式平整度仪测定平整度试验方法,用连续式平整度仪量测路面的不平整度的标准差(σ),以表示路面的平整度,以 mm 计。

适用于测定路表面的平整度,评定路面的施工质量和使用质量,但不适用于在已有较多坑槽、破损严重的路面上测定。

(1)仪具

本试验需要下列仪具:

1)连续式平整度仪:除特殊情况外,连续式平整度仪的标准长度为 3m,其质量应符合仪器标准的要求。中间为一个 3m 长的机架,机架可缩短或折叠,前后各有 4 个行走轮,前后两组轮的轴间距离为 3m。机架中间有一个能起落的测定轮。机架上装有蓄电池电源及可拆卸的检测箱,检测箱可采用显示、记录、打印或绘图等方式输出测试结果。测定轮上装有位移传感器、距离传感器等检测器,自动采集位移数据时,测定间距为 10cm,每一计算区间的长度为 100m,输出一次结果。当为人工检测、无自动采集数据及计算功能时,应能记录测试曲线。机架头装有一牵引钩及手拉柄,可用人力或汽车牵引。

2)牵引车:小面包车或其他小型牵引汽车。

3)皮尺或测绳。

(2)试验步骤

1)准备工作。

①选择测试路段。

②当为施工过程中质量检测需要时,测试地点根据需要决定;当为路面工程质量检查验收或进行路况评定需要时,通常以行车道一侧车轮轮迹带作为连续测定的标准位置。对已形成车辙的旧路路面,取一侧车辙中间位置为测定位置。按下文中"2)试验步骤"的规定在测试路段路面上确定测试位置,当以内侧轮迹带(IWP)或外侧轮迹带(OWP)作为测定位置时,测定位置距车道标线 80~100cm。

③清扫路面测定位置处的脏物。

④检查仪器检测箱各部分是否完好、灵敏,并将各连接线接妥,安装记录设备。

2)试验步骤。

①将连续式平整度测定仪置于测试路段路面起点上。

②将牵引架挂在牵引汽车的后部,放下测定轮,启动检测器及记录仪,随即启动汽车,沿道路纵向行驶,横向位置保持稳定,并检查平整度检测仪表上测定数字显示、打印、记录的情况。如遇检测设备中某项仪表发生故障,即须停止检测。牵引平整仪的速度应保持匀速,速度宜为 5km/h,最大不得超过 12km/h。

在测试路段较短时,亦可用人力拖拉平整仪测定路面的平整度,但拖拉时应保持匀速前进。

(3)计算

1)连续平整度测定仪测定后,可按每 10cm 间距采集的位移自动计算每 100m 计算区间的平整度标准差(mm),还可记录测试长度(m)、曲线振幅大于某一定值(如 3mm、5mm、8mm、10mm等)的次数、曲线振幅的单向(凸起或凹下)累计值及以 3m 机架为基准的中点路面偏差曲线图,计算打印。当为人工计算时,在记录曲线上任意设一基准线,每隔一定距离(宜为1.5m)读取曲线偏离基准线的偏离位移值 d_i。

2)每一计算区间的路面平整度以该区间测定结果的标准差表示,按式(7-6)计算:

$$\sigma_i = \sqrt{\frac{\Sigma d_i^2 - (\Sigma d_i)^2/N}{N-1}} \tag{7-6}$$

式中　σ_i——各计算区间的平整度计算值(mm);

　　　d_i——以100m为一个计算区间,每隔一定距离(自动采集间距为10cm,人工采集间距为1.5m)采集的路面凹凸偏差位移值(mm);

　　　N——计算区间用于计算标准差的测试数据个数。

(4)报告

试验应列表报告每一个评定路段内各测定区间的平整度标准差、各评定路段平整度的平均值、标准差、变异系数以及不合格区间数。

2. 车载式颠簸累积仪测定平整度试验方法,规定用车载式颠簸累积仪测量车辆在路面上通行时后轴与车厢之间的单向移积值 VBI,表示路面的平整度,以 cm/km 计。适于测定路面表面的平整度,以评定路面的施工质量和使用期的舒适性。但不适用于在已有较多坑槽、破损严重的路面上测定。

(1)仪具

本试验需要下列仪具:

1)车载式颠簸累积仪:由机械传感器、数据处理及微型打印机组成,传感器固定安装在测试车的底板上。仪器的主要技术性能指标如下:

①测试速度:可在 30～50km/h 范围内选定;

②最小读数:1cm;

③最大测试幅值:±30cm;

④最大显示值:9999cm;

⑤系统最高反应频率:5kHz;

⑥使用环境温度:0～50℃;

⑦使用环境相对湿度:<85%;

⑧稳定性:连续开机8h漂移<±1cm;

⑨使用电源:12V DC,1A;

⑩测试路段计算长度选择:100m、200m、300m、400m、500m、600m、700m、800m、900m、1km 等10种,试验时选择其中之一;

⑪数据显示及输出:可显示数据及打印输出测试路段计算长度内的单向位移颠簸累积值。

2)测试车:旅行车、越野车或小轿车。

(2)准备工作

1)仪器安装。

①车载式颠簸累积仪的机械传感器应对准测试车的后桥差速器上方,用螺栓固定在车厢底板上。

②在机械传感器的定量位移轮线槽引出钢丝绳下方的车辆底板上,打一个直径约 2.5cm 的孔洞。将仪器的钢丝绳穿过此孔洞同后桥差速盒连接,但钢丝绳不能与孔洞边缘摩擦或接触。

③将后桥差速器盒盖螺丝卸下,加装一个用 ϕ3mm 铁丝或 2mm 厚钢板做成的小挂钩再装回拧紧,以备挂测量钢丝绳之用。

④机械传感器在挂钢丝绳之前,定量位移轮应预先按箭头方向沿其中轴旋转 2~3 圈,使内部发条具有一定的紧度,钢丝绳则绕其线槽 2~3 圈后引出,穿过车厢底板所打的 ϕ2.5cm 的孔洞至差速器新装的挂钩上挂住,钢丝绳应张紧,这时仪器即处于测量准备状态。

注:在不测量时应松开挂钩,收回钢丝绳置于车厢内。

2)仪器检查及准备。

①检查装载车,轮胎气压应符合所使用测试汽车的规定值;轮胎应清洁,不得粘附有沥青块等杂物;车上人员及载重应与仪器标定时相符;汽车底盘悬挂没有松动或异常响声。

②按"1)仪器安装"要求挂好的钢丝绳在线槽上应没有重叠,张力良好。

③连接电源,用 12V 直流电源供电,也可使用汽车蓄电池,或加装一插头接于汽车点烟器插座处供电。电源线红色为正极,白色为负极,电源极性不得接错。

④接妥机械传感器、打印机及数据处理器的连接线插头。

⑤打开打印机边上的电源开关,试验开关置于空白处。

⑥设定测试路段计算区间的长度,标准的计算区间长为 100m,根据要求也可为 200m、500m 或 1000m。

(3)测量步骤

1)汽车停在测量起点前约 300~500m 处,打开数据处理器的电源,打印机打出"VBI"等字头,在数码管上显示"P"字样,表示仪器已准备好。

2)在键盘上输入测试年、月、日,然后按"D"键,打印机打出测试日期。

3)在键盘上输入测试路段编码后按"C"键,路段编码即被打出,如"C0102"。

4)在键盘上输入测试起点公里桩号及百米桩号,然后按"A"键,起点桩号即被打出,如"A:0048+100km"。

注:"F"键为改错键,当输入数据出错时,按"F"键后重新输入正确的数字。

5)发动汽车向被测路段驶去,逐渐加速,保证在到达测试起点前稳定在选定的测试速度范围内,但必须与标定时的速度相同,然后控制测试速度的误差不超过 $\pm$3km/h。除特殊要求外,标准的测试速度为 32km/h。

6)到达测试起点时,按下开始测量键"B",仪器即开始自动累积被测路面的单向颠簸值。

7)当到达预定测试路段终点时,按所选的测试路段计算区间长度相对应的数字键(例如数字键"1"代表长度为 100m,"2"为 200m,"5"为 500m,"0"为 1000m 等),将测试路段的颠簸累积值换算成以公里计的颠簸累积值打印出来,单位为"cm/km"。

8)连续测试。以每段长度 100m 为例,到达第一段终点后按"1"键,车辆继续稳速前进,到达第二段终点时,按数字键"1",依此类推。在测试中被测路段长度可以变化,仪器除能把不足 1km 的路段长度测试结果换算成以公里计的测试结果 VBI 外,还可把测过的路段长度自动累加后连同测试结果一起打印出来。

注:"E"键为暂停键,测试过程中按此键将使所显示数值在 3s 内保持不变,供测试者详细观察或记录测试数字。但内部计数器仍在继续累计计数,过 3s 后数码管重新显示新的数据,暂停期间不会中断或丢失所测数据。

9)测试结果。常规路面调查一般可取一次测量结果,如属重要路面评价测试或与前次测量结果有较大差别时,应重复测试 2~3 次,取其平均值作为测试结果。

10)测试完毕,关闭仪器电源,把挂在差速器外壳的钢丝绳摘开,钢丝绳由车厢底板下拉上来放好,以备下次测试。注意松钢丝绳时要缓慢放松,因机械传感器的定量位移轮内部有张紧的发条,松绳过快容易损坏仪器,甚至会被钢丝绳划伤。

注:装好仪器(挂好钢丝绳子)的汽车不测量时不要长途驾驶。

(4)试验结果与国际平整度指数等其他平整度指标建立相关关系

1)用车载式颠簸累积仪测定的 VBI 值要与其他平整度指标[如连续式平整度仪测出的标准差、国际平整度指数(IRI)等]进行换算时,应将车载式颠簸累积仪的测试结果进行标定,即与相关的平整度仪测量结果建立相关关系,相关系数均不得小于 0.90。

2)为与其他平整度指标建立相关关系,选择的标定路段应符合下列要求:

①有 5~6 段不同平整度的现有路段,从好到坏不同程度的都应各有一段。

②每段路长宜为 250~300m。

③每一段中的平整度应均匀,段内应无太大差别。

④标定路段应选纵坡变化较小的平坦、直线地段。

⑤选择交通量小或可以疏导的路段,减少标定时车辆的干扰。

标定路段起讫点用油漆作好标记,并每隔一定距离作中间标记,标定宜选择在行车道的正常轮迹上进行。

3)仪器安装及装载车的检查应符合(2)项的要求。

4)用连续式平整度仪进行标定的步骤:

①用于标定的仪器应使用按规定进行校准后能准确测定路面平整度的连续式平整度仪。

②按现行操作规程用连续式平整度仪沿选择的每个路段全程连续测量平整度 3~5 次,取其平均值作为该路段的测试结果(以标准差表示)。

③按(4)的步骤,用车载式颠簸累积仪沿各个路段进行测量,重复 3~5 次后,取其各次颠簸累积值的平均值作为该路段的测试结果,与平整度仪的各段测试结果相对应。标定时的测试车速应在 30~50km/h 范围内选用一种或两种稳定的车速分别进行,记录车速及搭载量,以后测试时的情况应与标定时的相同。

④整理相关关系。

将连续式平整度仪测出的标准差 σ 及车载式颠簸累积仪测出颠簸累积值 VBI_v 绘制出曲线并进行回归分析,建立式(7-7)的相关关系:

$$\sigma = a + b \cdot VBI_v \tag{7-7}$$

式中 σ——用连续式平整度仪测定的以标准差表示的平整度(mm);

VBI_v——测试速度为 V(km/h)时用颠簸累积仪测得的累积值 VBI(cm/km);

a、b——回归系数。

5)将车载式颠簸累积仪测定结果换算成国际平整度指数的标定方法:

①将所选择的标定路段在标记上每隔 0.25m 作出补充标记。

②在每个路段上用经过校准的精密水准仪分别测出每隔 0.25m 标点上的标高,按有关方法计算国际平整度指数 IRI(m/km)。

③按 4)的方法用车载式颠簸累积仪测试得到各个路段的测试结果。

④将各个路段的国际平整度指数 IRI 与颠簸累积值 VBI_v 绘制出曲线并进行回归分析,建立下式相关关系:

$$IRI = a + b \cdot VBI_v \tag{7-8}$$

式中　IRI——国际平整度指数(m/km);

　　VBI_v——测试速度为V(km/h)时用颠簸累积仪测得的颠簸累积值VBI(cm/km);

　　a、b——回归系数。

(5)报告

1)应列表报告每一个评定路段内各测定区间的颠簸累积值,各评定路段颠簸累积值的平均值、标准差、变异系数。

2)测试速度。

3)试验结果与国际平整度指数等其他平整度指标建立的相关关系式、参数值、相关系数。

表式 C6-3-10

桥梁功能性试验委托书
(表 C6-3-10)

编 号	×××

工程名称	××市××路桥梁工程
施工单位	××市政建设集团有限公司
受委托试验单位	××工程试验检测中心

根据合同要求,现委托贵单位进行桥梁☑动荷载;□静荷载;□栏杆防撞试验设计,并进行试验。

受委托单位(签字、盖章)	施工单位(签字、盖章)
(××工程检测试验有限公司 试验专用章)	(××市政建设集团有限公司) 委托人:××× 单位负责人:×××
××年××月××日	××年××月××日

本表由施工单位提供。

《桥梁功能性试验委托书》填表说明

【填写依据】

合同要求时须进行桥梁桩基、动(静)荷载试验、防撞栏杆防撞等功能性试验。试验前应与有资质的试验单位签定《桥梁功能性试验委托书》,由试验单位进行桥梁桩基、动(静)荷载、防撞试验方案设计并按设计方案进行试验,试验后出具《桥梁功能性试验报告》。

表式 C6-4-1

给水管道水压试验记录

(表 C6-4-1)

编　号	×××

工程名称	××市××路供水管道工程		
施工单位	××市××供水工程公司		
桩号及地段	K1+928.6～K2+605.3	试验日期	××年××月××日
管道内径(mm)	管道材质	接口种类	试验段长度(m)
600	球墨铸铁管	滑入式(T型)柔性接口	676.7
设计最大工作压力(MPa)	试验压力(MPa)	15min 降压值(MPa)	允许渗水量 L/(min·km)
0.48	0.96	0.025	2.4

严密性试验方法	次数	达到试验压力的时间(t_1)	恒压结束时间(t_2)	恒压时间内注入的水量 W(L)	渗水量 q [L/(min·km)]
	1	9:25	11:35	222	0.002416
	2	14:40	16:45	138	0.001562
	3				
	折合平均渗水量	1.989			L/(min·km)
	折合平均渗水量	1.989			L/(min·km)

外　观	管道压力升至试验压力,恒压10min,管道无破损、无可见变形、无渗漏		
试验结论	强度试验　合格	严密性试验	合格

监理(建设)单位	单　位	施工单位	
		技术负责人	质检员
×××		×××	×××

本表由施工单位提供。

《给水管道水压试验记录》填表说明

【填写依据】

依据《给水排水管道工程施工及验收规范》(GB 50268—2008)规定的试验方法进行检验。

1. 水压试验前,施工单位应编制试验方案,其内容应包括:
(1) 后背及堵板的设计;
(2) 进水管路、排气孔及排水孔的设计;
(3) 加压设备、压力计的选择及安装的设计;
(4) 排水疏导措施;
(5) 升压分级的划分及观测制度的规定;
(6) 试验管段的稳定措施和安全措施。

2. 试验管段的后背应符合下列规定:
(1) 后背应设在原状土或人工后背上,土质松软时应采取加固措施;
(2) 后背墙面应平整并与管道轴线垂直。

3. 采用钢管、化学建材管的压力管道,管道中最后一个焊接接口完毕 1h 以上方可进行水压试验。

4. 水压试验管道内径大于或等于 600mm 时,试验管段端部的第一个接口应采用柔性接口,或采用特制的柔性接口堵板。

5. 水压试验采用的设备、仪表规格及其安装应符合下列规定:
(1) 采用弹簧压力计时,精度不低于 1.5 级,最大量程宜为试验压力的 1.3~1.5 倍,表壳的公称直径不宜小于 150mm,使用前经校正并具有符合规定的检定证书;
(2) 水泵、压力计应安装在试验段的两端部与管道轴线相垂直的支管上。

6. 开槽施工管道试验前,附属设备安装应符合下列规定:
(1) 非隐蔽管道的固定设施已按设计要求安装合格;
(2) 管道附属设备已按要求紧固、锚固合格;
(3) 管件的支墩、锚固设施混凝土强度已达到设计强度;
(4) 未设置支墩、锚固设施的管件,应采取加固措施并检查合格。

7. 水压试验前,管道回填土应符合下列规定:
(1) 管道安装检查合格后,应按 GB 50268—2008 第 4.5.1 条第 1 款的规定回填土;
(2) 管道顶部回填土宜留出接口位置以便检查渗漏处。

8. 水压试验前准备工作应符合下列规定:
(1) 试验管段所有敞口应封闭,不得有渗漏水现象;
(2) 试验管段不得用闸阀做堵板,不得含有消火栓、水锤消除器、安全阀等附件;
(3) 水压试验前应清除管道内的杂物。

9. 试验管段注满水后,宜在不大于工作压力条件下充分浸泡后再进行水压试验,浸泡时间应符合表 7-4 的规定;

表 7-4　压力管道水压试验前浸泡时间

管材种类	管道内径 D_i(mm)	浸泡时间(t)
球墨铸铁管(有水泥砂浆衬里)	D_i	≥24
钢管(有水泥砂浆衬里)	D_i	≥24
化学建材管	D_i	≥24
现浇钢筋混凝土管渠	D_i≥1000	≥48
	D_i>1000	≥72
预(自)应力混凝土、预应力钢筒混凝土管	D_i≤1000	≥48
	D_i>1000	≥72

10. 水压试验应符合下列规定：

(1)试验压力应按表 7-5 选择确定。

表 7-5　压力管道水压试验的试验压力(MPa)

管材种类	工作压力 P	试验压力
钢管	P	$P+0.5$,且不小于 0.9
球墨铸铁管	≤0.5	$2P$
	>0.5	≥$P+0.5$
预(自)应力混凝土、预应力钢筒混凝土管	≤0.6	≥$1.5P$
	>0.6	≥$P+0.3$
现浇钢筋混凝土管渠	≥0.1	$1.5P$
化学建材管	≥0.1	$1.5P$,且不小于 0.8

(2)预试验阶段：将管道内水压缓缓升至试验压力并稳压 30min,期间如有压力降可注水补压,但不得高于试验压力；检查管道接口、配件等处有无漏水、损坏现象,有漏水、损坏现象时应及时止试压,查明原因并采取相应措施后重新试压。

(3)主试验阶段：停止注水补水,稳定 15min；当 15min 后压力下降不超过表 7-6 中所列允许压力降数值时,将试验压力降至工作压力并保持恒压 30min,进行外观检查若无漏水现象,则水压试验合格。

表 7-6　压力管道水压试验的允许压力降(MPa)

管材种类	试验压力	允许压力降
钢管	$P+0.5$,且不小于 0.9	0
球墨铸铁管	$2P$	0.03
	$P+0.5$	
预(自)应力钢筋混凝土管、预应力钢筒混凝土管	$1.5P$	
	$P+0.3$	
现浇钢筋混凝土管渠	$1.5P$	
化学建材管	$1.5P$,且不小于 0.8	0.02

(4)管道升压时,管道路的气体应排除；升压过程中,发现弹压力计表针摆动、不稳,且升压较

慢时,应重新排气后再升压。

(5)应分级升压,每升一级应检查后背、管身及接口,无异常现象时再继续升压。

(6)水压试验过程中,后背顶撑、管道两端严禁站人。

(7)水压试验时,严禁修补缺陷;遇有缺陷时,应做出标记,压后修补。

11.压力管道采用允许渗水量进行最终合格判定依据时,实测渗水量应小于或等于表7-7的规定及下列公式规定的允许渗水量。

表7-7 压力管道水压试验的允许渗水量

管道内径 D_i (mm)	允许渗水量(L/min·km)		
	焊接接口钢管	球墨铸铁管、玻璃钢管	预(自)应力混凝土管、预应力钢筒混凝土管
100	0.28	0.70	1.40
150	0.42	1.05	1.72
200	0.56	1.40	1.98
300	0.85	1.70	2.42
400	1.00	1.95	2.80
600	1.20	2.40	3.14
800	1.35	2.70	3.96
900	1.45	2.90	4.20
1000	1.50	3.00	4.42
1200	1.65	3.30	4.70
1400	1.75	—	5.00

(1)当管道内径大于上表规定时,实测渗水量应小于或等于按下列公式计算的允许渗水量:

钢管:
$$q = 0.05\sqrt{D_i} \tag{7-9}$$

球墨铸铁管(玻璃钢管):
$$q = 0.1\sqrt{D_i} \tag{7-10}$$

预(自)应力混凝土管、预应力钢筒混凝土管:
$$q = 0.14\sqrt{D_i} \tag{7-11}$$

(2)现浇钢筋混凝土管渠实测渗水量应小于或等于按下式计算的允许渗水量:
$$q = 0.014 D_i \tag{7-12}$$

(3)硬聚氯乙烯管实测渗水量应小于或等于按下式计算的允许渗水量:
$$q = 3\frac{D_i}{25} \cdot \frac{P}{0.3a} \cdot \frac{1}{1440} \tag{7-13}$$

式中 q——允许渗水量[L/(min·km)];

D_i——管道内径(mm);

P——压力管道的工作压力(MPa);

a——温度—压力折减系数;当试验水温 0~25℃时,a 取 1;25~35℃时,a 取 0.8;35~45℃时,a 取 0.63。

12. 聚乙烯管、聚丙烯管及其复合管的水压试验除应符合 GB 50268—2008 第 9.2.10 条的规定外,其预试验、主试验阶段应按下列规定执行:

(1)预试验阶段:按 GB 50268—2008 第 9.2.10 条第 2 款的规定完成后,应停止注补压并稳定 30min;当 30min 后压力下降不超过试验压力的 70%,则预试验结束;否则重新注水补压并稳定 30min 再进行观测,直至 30min 后压力下降不超过试验压力的 70%。

(2)主试验阶段应符合下列规定:

1)在预试验阶段结束后,迅速将管道泄水降压,降压量为试验压力的 10%～15% 期间应准确计量降压所泄出的水量(ΔV),并按下式计算允许泄出的最大水量 ΔV_{max}:

$$\Delta V_{max} = 1.2 V \Delta P \left(\frac{1}{E_W} + \frac{D_1}{e_n E_P} \right)$$

式中　V——试压管段总容积(L);

ΔP——降压量(MPa);

E_W——水的体积模量,不同水温时 E_w 值可按表 7-8 采用;

E_P——管材弹性模量(MPa),与水温及试压时间有关;

D_1——管材内径(m);

e_n——管材公称壁厚(m)。

ΔV 小于或等于 ΔV_{max} 时,则按本款的第 2)、3)、4)项进行作业;ΔV 大于 ΔV_{max} 时应停止试压,排除管内气量空气再从预试验阶段开始重新试验。

表 7-8　温度与体积模量关系

温度(℃)	体积模量(MPa)	温度(℃)	体积模量(MPa)
5	2080	20	2170
10	2110	25	2210
15	2140	30	2230

2)每隔 3min 记录一次管道剩余压力,应记录 30min;30min 内管道剩余压力有上升趋势时,则水压试验结果合格。

3)30min 内管道剩余压力无上升趋势时,则应持续观察 60min;整个 90min 内压力下降不超过 0.02MPa,则水压试验结果合格。

4)主试验阶段上述两条均不能满足时,则水压试验结果不合格,应查明原因并采取相应措施后再重新组织试压。

13. 大口径球墨铸铁管、玻璃钢管及预应力钢筒混凝土管道的接口单口水压试验应符合下列规定:

(1)安装时应注意将单口水压试验用的进水口(管材出厂时已加工)置于管道顶部;

(2)管道接口连接完毕后进行单口水压试验,试验压力为管道设计压力的 2 倍,且不得小于 0.2MPa;

(3)试压采用手提式打压泵,管道连接后将试压嘴固定在管道承口的试压孔上,连接试压泵,将压力升至试验压力,恒压 2min,无压力降为合格;

(4)试压合格后,取下试压嘴,在试压孔上拧上 M10×20mm 不锈钢螺栓并拧紧;

(5)水压试验时应先排净水压腔内的空气;

(6)单口试压不合格且确认是接口漏水时,应马上拔出管节,找出原因,重新安装,直至符合要求为止。

表式 C6-4-2

PE给水管道水压试验记录
（表 C6-4-2）

编　号	×××

工程名称	××自来水厂工程			
施工单位	××市政建设集团有限公司			
试验范围(桩号)	K0+235～K0+465	试验长度	230	m
管道内径(d_i)	250　mm	公称壁厚(e_n)	25	mm
接口型式	☑热熔；□电熔	PE 材料级别	PE43	
试验介质	水	温度 环境	30	℃
规定试验压力	0.6　MPa	试验介质	27	℃
试验范围总容积(V)	300　m³	试验日期	××年××月××日	

预试验阶段：			
实际试验压力	0.6MPa	稳压时间	30min
允许泄压量($\Delta P1$)	≤ 0.1　MPa	实际泄压量($\Delta P2$)	0.09MPa
预试验阶段试验结论	☑合格($\Delta P2 \leq \Delta P1$)；	□不合格($\Delta P2 > \Delta P1$)	

主试验阶段：			
初始试验压力	0.6MPa	降压量(ΔP)	0.2MPa
允许泄水量(ΔV_{max})	15L	实际泄水量(ΔV)	15.5L
主试验初步结果	□合格($\Delta V \leq \Delta V_{max}$)；	□不合格($\Delta V > \Delta V_{max}$)	

	次数	观测时间	观测数值(MPa)	变化趋势(+、-)	次数	观测时间	观测数值(MPa)	变化趋势(+、-)
变化趋势	初始							
	1	××时××分	0.6		6			
	2	××时××分	0.58	—	7			
	3	××时××分	0.6	+	8			
	4				9			
	5				10			
变化趋势结果(+、-)		30min	0.6MPa					
		90min	0.6MPa					

外观检查	无异常
试验结论	合格

监理(建设)单位	施工单位	
	技术负责人	质检员
×××	×××	×××

本表由施工单位提供。

表式 C6-4-3

给水、供热管网冲洗记录
(表 C6-4-3)

编　号	×××

工程名称	××市××路热力外线工程
施工单位	××机电安装工程有限公司
冲洗范围(起止桩号)	K0+0.000～K0+741.5
冲洗长度	741.5m
冲洗介质	洁净水
冲洗方法	消防泵
冲洗日期	××年××月××日

冲洗情况及结果：

1. 冲洗之前管网、清洗装置符合规范要求。
2. 冲洗的时间、遍数、出水口观感合格。
3. 水力冲洗进水管截面积大于被冲洗截面积的50%，排水管截面积大于进水管截面积，管内的平均流速大于1m/s，排水时无负压。

  排水水样中固形物的含量接近或等于冲洗用水中固形物的含量。

备　注：

监理(建设)单位			施工单位	
			技术负责人	质检员
×××			×××	×××

本表由施工单位提供。

《给水、供热管网冲洗记录》填表说明

本表参照《建筑给水排水及采暖工程施工质量验收规范》(GB 50242)标准填写。

【填写依据】

1. 供热管网的清洗应在试运行前进行。
2. 清洗方法应根据供热管道的运行要求、介质类别而定。宜分为人工清洗、水力冲洗和气体吹洗。
3. 清洗前,应编制清洗方案。方案中应包括清洗方法、技术要求、操作及安全措施等内容。
4. 清洗前,管网及设备应符合下列规定:
(1)应将减压器、疏水器、流量计和流量孔板(或喷嘴)、滤网、调节阀芯、止回阀芯及温度计的插入管等拆下并妥善存放,待清洗结束后复装;
(2)不与管道同时清洗的设备、容器及仪表管等应与需清洗的管道隔开或拆除;
(3)支架的强度应能承受清洗时的冲击力,必要时应经设计同意进行加固;
(4)水力冲洗进水管的截面积不得小于被冲洗管截面积的50%,排水管截面积不得小于进水管截面积;
(5)蒸汽吹洗采用排汽管的管径应按设计计算确定,吹洗口固定及冲洗箱加固应符合设计要求;
(6)设备和容器应有单独的排水口,在清洗过程中管道中的脏物不得进入设备;
(7)清洗使用的其他装置已安装完成,并应经检查合格。
5. 热水管网的水力冲洗应符合下列规定:
(1)冲洗应按主干线、支干线、支线分别进行,二级管网应单独进行冲洗。冲洗前应充满水并浸泡管道,水流方向应与设计的介质流向一致;
(2)未冲洗管道中的脏物,不应进入已冲洗合格的管道中冲洗,应连续进行并宜加大管道内的流量,管内的平均流速不低于1m/s,排水时,不得形成负压;
(3)对大口径管道,当冲洗水量不能满足要求时,宜采用人工清洗或密闭循环的水力冲洗方式。采用循环水冲洗时管内流速宜达到管道正常运行时的流速。当循环冲洗的水质较脏时,应更换循环水继续进行冲洗;
(4)水力冲洗的合格标准应以排水水样中固形物的含量接近或等于冲洗用水中固形物的含量为合格;
(5)冲洗时排放的污水不得污染环境,严禁随意排放;
(6)水力清洗结束前应打开阀门用水清洗。清洗合格后,应对排污管、除污器等装置进行人工清除,保证管道内清洁。
6. 输送蒸汽的管道应采用蒸汽进行吹洗,蒸汽吹洗应符合下列规定:
(1)吹洗前应缓慢升温进行暖管。暖管速度不宜过快并应及时疏水。应检查管道热伸长、补偿器、管路附件及设备等工作情况,恒温1h后进行吹洗;
(2)吹洗时必须划定安全区,设置标志,确保人员及设施的安全,其他无关人员严禁进入;
(3)吹洗用蒸汽的压力和流量应按设计计算确定。吹洗压力不应大于管道工作压力的75%;
(4)吹洗次数应为2~3次,每次的间隔时间宜为20~30min;
(5)蒸汽吹洗的检查方法:以出口蒸汽为纯净气体为合格。
7. 清洗合格的管道,不应再进行其他影响管道内部清洁的工作。
8. 供热管网清洗合格后,应填写清洗检验记录。

表式 C6-4-4

供热管道水压试验记录
（表C6-4-4）

编　　号	×××

工程名称	××市××路热力外线工程		
施工单位	××机电安装工程有限公司		
试压范围 (起止桩号)	K0+0.000～K0+741.5	公称直径	DN 1000mm
试压总长度(m)	741.5	设计压力(MPa)	1.6
试验压力(MPa)	2.4	允许压力降(MPa)	0
稳压时间 (min)	试验压力下　10 设计压力下　30	试验日期	××年××月××日

试验情况及结果：
1. 升压到试验压力隐压10min，无渗漏、无压降后降至设计压力。
2. 稳压30min无渗漏、无压降。

试验结论：
符合设计和规范要求，合格。

监理(建设)单位			施工单位	
			技术负责人	质检员
×××			×××	×××

本表由施工单位提供。

《供热管道水压试验记录》填表说明

本表参照《城镇供热管网工程施工及验收规范》(CJJ 28)标准填写。

【填写依据】

供热管道工程试验。供热管道安装经质量检查符合标准和设计文件规定后,应分别按标准规定的长度进行分段和全长的管道水压试验,管道清洗可分段或整体联网进行。试验后填写《供热管道水压试验记录》、《供水、供热管网冲洗记录》。供热管网应按标准要求进行整体热运行,填写《供热管网(场站)试运行记录》。

(1)供热管网工程的管道和设备等,应按设计要求进行强度试验和严密性试验;当设计无要求时应按规范的规定进行。

(2)一级管网及二级管网应进行强度试验和严密性试验。强度试验压力应为1.5倍设计压力,严密性试验压力应为1.25倍设计压力,且不得低于0.6MPa。

(3)热力站、中继泵站内的管道和设备的试验应符合下列规定:

1)站内所有系统均应进行严密性试验,试验压力应为1.25倍设计压力,且不得低于0.6MPa;

2)热力站内设备应按设计要求进行试验。当设备有特殊要求时,试验压力应按产品说明书或根据设备性质确定;

3)开式设备只做满水试验,以无渗漏为合格;

4)强度试验应在试验段内的管道接口防腐、保温施工及设备安装前进行;严密性试验应在试验范围内的管道工程全部安装完成后进行,其试验长度宜为一个完整的设计施工段;

5)供热管网工程应采用水为介质做试验;

6)严密性试验前应具备下列条件:

①试验范围内的管道安装质量应符合设计要求及CJJ 28的有关规定,且有关材料、设备资料齐全。

②应编制试验方案,并应经监理(建设)单位和设计单位审查同意。试验前应对有关操作人员进行技术、安全交底。

③管道各种支架已安装调整完毕,固定支架的混凝土已达到设计强度,回填土及填充物已满足设计要求。

④焊接质量外观检查合格,焊缝无损检验合格。

⑤安全阀、爆破片及仪表组件等已拆除或加盲板隔离,加盲板处有明显的标记并做记录,安全阀全开,填料密实。

⑥管道自由端的临时加固装置已安装完成,经设计核算与检查确认安全可靠。试验管道与无关系统应采用盲板或采取其他措施隔开,不得影响其他系统的安全。

⑦试验用的压力表已校验,精度不宜低于1.5级。表的满量程应达到试验压力的1.5~2倍,数量不得少于2块,安装在试验泵出口和试验系统末端。

⑧进行压力试验前,应划定工作区,并设标志,无关人员不得进入。

⑨检查室、管沟及直埋管道的沟槽中应有可靠的排水系统。

⑩试验现场已清理完毕,具备对试验管道和设备进行检查的条件。

7)水压试验应符合下列规定:

①管道水压试验应以洁净水作为试验介质。

②充水时,应排尽管道及设备中的空气。

③试验时,环境温度不宜低于5℃;当环境温度低于5℃时,应有防冻措施。

④当运行管道与试压管道之间的温度差大于100℃时,应采取相应措施,确保运行管道和试压管道的安全。

⑤对高差较大的管道,应将试验介质的静压计入试验压力中。热水管道的试验压力应为最高点的压力,但最低点的压力不得超过管道及设备的承受压力。

8)当试验过程中发现渗漏时,严禁带压处理。消除缺陷后,应重新进行试验;

9)试验结束后,应及时拆除试验用临时加固装置,排尽管内积水。排水时应防止形成负压,严禁随地排放;

10)水压试验的检验内容及检验方法应符合表7-9的规定。

表7-9 水压试验的检验内容及检验方法

项次	检查项目	试验方法及质量标准		检验范围
1△	强度试验	升压到试验压力稳压10min无渗漏、无压降后降至设计压力,稳压30min无渗漏、无压降为合格		每个试验段
2△	严密性试验	升压至试验压力,并趋于稳定后,应详细检查管道、焊缝、管路附件及设备等无渗漏,固定支架无明显的变形等		全段
		一级管网	稳压在1h内压降不大于0.05MPa,为合格	
		二级管网	稳压在30min内压降不大于0.05MPa,为合格	

注:△为主控项目。

表式 C6-4-5

供热管网(场站)热运行记录
(表 C6-4-5)

编 号	×××

工程名称	××市××路(××路～××路)热力外线工程		
施工单位	××机电安装工程有限公司		
热运行范围	K0+0.000～K2+038.484		
热运行时间	从××月××日××时××分至××月××日××时××分止		
设计温度	120℃	设计压力	1.3MPa
热运行温度	150℃	热运行压力	1.6MPa
是否连续运行	是	热运行累计时间	72h

热运行情况:
　　在试运行期间,管道法兰、阀门、补偿器及仪表等处的螺栓进行了热拧紧,热拧紧时的运行压力为0.3MPa以下,温度达到设计温度,螺栓对称,均匀适度紧固。试运行缓慢在升温,升温速度小于10℃/h。
　　试运行期间,管道、设备的工作状态正常。

处理意见:

热运行结论:

　　符合设计要求和规范规定,合格。

监理(建设)单位	设计单位	单 位	施工单位	
			技术负责人	质检员
×××	×××		×××	×××

本表由施工单位提供。

《供热管网(场站)热运行记录》填表说明

【填写依据】

填表说明:依据《城镇供热管网工程施工及验收规范》(CJJ 28)规定的试运行要求进行。

(1)试运行应在单位工程验收合格、热源已具备供热条件后进行。

(2)试运行前,应编制试运行方案。在环境温度低于5℃进行试运行时,应制定可靠的防冻措施。试运行方案应由建设单位、设计单位进行审查同意并进行交底。

(3)试运行应符合下列要求:

1)供热管线工程宜与热力站工程联合进行试运行。

2)供热管线的试运行应有完善、灵敏、可靠的通讯系统及其他安全保障措施。

3)在试运行期间管道法兰、阀门、补偿器及仪表等处的螺栓应进行热拧紧。热拧紧时的运行压力应为0.3MPa以下,温度宜达到设计温度,螺栓应对称、均匀适度紧固。在热拧紧部位应采取保护操作人员安全的可靠措施。

4)试运行期间发现的问题,属于不影响试运行安全的,可待试运行结束后处理。属于必须当即解决的,应停止试运行,进行处理。试运行的时间,应从正常试运行状态的时间起计72h。

5)供热工程应在建设单位、设计单位认可的参数下试运行,试运行的时间应为连续运行72h。试运行应缓慢地升温,升温速度不应大于10℃/h。在低温试运行期间,应对管道、设备进行全面检查,支架的工作状况应做重点检查。在低温试运行正常以后,可再缓慢升温到试运行参数下运行。

6)试运行期间,管道、设备的工作状态应正常,并应做好检验和考核的各项工作及试运行资料等记录。

(4)蒸汽管网工程的试运行应带热负荷进行,试运行合格后,可直接转入正常的供热运行。不需继续运行的,应采取停运措施并妥加保护,试运行应符合下列要求:

1)试运行前应进行暖管,暖管合格后,缓慢提高蒸汽管的压力,待管道内蒸汽压力和温度达到设计规定的参数后,保持恒温时间不宜少于1h。应对管道、设备、支架及凝结水疏水系统进行全面检查;

2)在确认管网的各部位均符合要求后,应对用户的用汽系统进行暖管和各部位的检查,确认热用户用汽系统的各部位均符合要求后再缓慢地提高供汽压力并进行适当的调整,供汽参数达到设计要求后即可转入正常的供汽运行;

3)试运行开始后,应每隔1h对补偿器及其他设备和管路附件等进行检查,并应做好记录。

(5)热力站试运行前,准备工作应符合下列规定:

1)供热管网与热用户系统已具备试运行条件;

2)编制试运行方案并经建设单位、设计单位审查同意,应进行技术交底;

3)热力站内所有系统和设备经验收合格;

4)热力站内的管道和设备的水压试验及清洗合格;

5)制软化水的系统,经调试合格后,向系统注入软化水;

6)水泵试运转合格,并应符合下列要求:

①各紧固连接部位不应松动;

②润滑油的质量、数量应符合设备技术文件的规定;

③安全、保护装置灵敏、可靠;
④盘车应灵活、正常;
⑤启动前,泵的进口阀门全开,出口阀门全关;
⑥水泵在启动前应与管网连通,水泵应充满水并排净空气;
⑦在水泵出口阀门关闭的状态下启动水泵,水泵出口阀门前压力表显示的压力应符合水泵的最高扬程,水泵和电机应无异常情况;
⑧逐渐开启水泵出口阀门,水泵的工作扬程与设计选定的扬程相比较,两者应当接近或相等,同时保证水泵的运行安全;
⑨在 2h 的运转期间内不应有不正常的声音;各密封部位不应渗漏;各紧固连接部位不应松动;滚动轴承的温度不应高于 75℃;填料升温正常,普通软填料宜有少量的渗漏(每分钟 10~20 滴);电动机的电流不得超过额定值;振动应符合设备技术文件的规定,当设备文件无规定时,用手提式振动仪测量泵的径向振幅(双向)不应超过表 7-10 的规定;泵的安全保护装置灵敏、可靠。

表 7-10 泵的径向振幅(双向)

转速(r/min)	600~750	750~1000	1000~1500	1500~3000
振幅不应超过(mm)	0.12	0.10	0.03	0.06

7)采暖用户应按要求将系统充满水,并组织做好试运行准备工作;
8)蒸汽用户系统应具备送汽条件;
9)当换热器为板式换热器时,两侧应同步逐渐升压直至工作压力。
(6)热水管网和热力站试运行应符合下列规定:
1)关闭管网所有泄水阀门;
2)排气充水,水满后关闭放气阀门;
3)全线水满后,再次逐个进行放气确认管内无气体后,关闭放气阀并上丝堵;
4)试运行开始后,每隔 1h 对补偿器及其他设备和管路附件等进行检查,并做好记录工作。
(7)试运行合格后,应填写试运行记录。

表式 C6-4-6

补偿器冷拉记录
(表 C6-4-6)

编　号	×××

工程名称	××市××路燃气工程
工程部位	K1+473.6－K1+474.6
施工单位	××机电安装工程有限公司

补偿器编号	×××	施工图号	××
两固定支架间管段长度	104m	直径（mm）	DN200
设计冷拉值	3.8mm	实际冷拉值	10.0mm
冷拉时间	××年××月××日	冷拉时气温	12℃

冷拉示意图：

（略）

说明及结论：

符合设计要求和规范规定，合格。

监理(建设)单位	设计单位	施工单位	
		技术负责人	质检员
×××	×××	×××	×××

本表由施工单位填写。

表式 C6-4-7

管道通球试验记录
(表 C6-4-7)

编 号	×××

工程名称	××市××路(××路～××路)煤气管道工程		
施工单位	××机电安装工程有限公司		
试验单位	××机电安装工程有限公司	试验日期	××年××月××日
管道公称直径	$\phi 219 \times 6$mm	起止桩号	K1+965～K2+075
发球时间	8h30min	收球时间	8h40min

试验情况：

　　通球时选用与管道内径一致的橡胶球,观察发球装置处压力的变化,当发球处压力表指针时上时下时,说明球在管道内向前推进,当接球、发球两处压力平衡时,说明球已到接球装置处。

试验结果：

　　球已顶过整段管道,管内杂质已清理干净。试验合格。

监理(建设)单位		施工单位	试验单位
×××		×××	×××

本表由试验单位填写,建设单位、施工单位保存。

表式 C6-4-8

燃气管道强度试验验收单
(表 C6-4-8)

编　号	×××

工程名称	××市××路燃气管线工程		
施工单位	××机电安装工程有限公司		
起止桩号 (试验范围)	K0+105～K0+185	管道材质	Q235B
公称直径	500mm	接口做法	焊接
设计压力	1.0MPa	试验压力	1.5MPa
试验介质	洁净水	试验日期	××年××月××日
压力表种类	弹簧表☑ 电子表□ U型压力计□	压力表量程及 精度等级	3.2MPa；　0.4级

试验情况及结果：

　　经强度试压，符合设计及规范要求，强度试验合格。

监理(建设)单位			施工单位
×××			×××

本表由施工单位填写。

《燃气管道强度试验验收单》填表说明

本表参照《城镇供热管网工程施工及验收规范》(CJJ 28)标准填写。

【填写依据】

1.强度试验前应具备下列条件：

(1)试验用的压力计及温度记录仪应在校验有效期内。

(2)试验方案已经批准,有可靠的通信系统和安全保障措施,已进行了技术交底。

(3)管道焊接检验、清扫合格。

(4)埋地管道回填土宜回填至管上方 0.5m 以上,并留出焊接口。

2.管道应分段进行压力试验,试验管道分段最大长度宜按规定执行。

3.管道试验用压力计及温度记录仪表均不应少于两块,并应分别安装在试验管道的两端。

4.试验用压力计的量程应为试验压力的 1.5~2 倍,其精度不得低于 1.5 级。

5.强度试验压力和介质应符合规定。

6.水压试验时,试验管段任何位置的管道环向应力不得大于管材标准屈服强度的 90%。架空管道采用水压试验前,应核算管道及其支撑结构的强度,必要时应临时加固。试压宜在环境温度 5℃ 以上进行,否则应采取防冻措施。

7.水压试验应符合现行国家标准《液体石油管道压力试验》(GB/T 16805)的有关规定。

8.进行强度试验时,压力应逐步缓升,首先升至试验压力的 50%,应进行初检,管口无泄漏、异常,继续升压至试验压力,然后宜稳压 1h 后,观察压力计不应少于 30min,无压力降为合格。

9.水压试验合格后,应及时将管道中的水放(抽)净,并按规范要求进行吹扫。

10.经分段试压合格的管段相互连接的焊缝,经射线照相检验合格后,可不再进行强度试验。

表式 C6-4-9

燃气管道严密性试验验收单
(表C6-4-9)

编　号	×××

工程名称	××市××路(××路～××路)燃气工程		
施工单位	××机电安装工程有限公司		
试验范围 (起止桩号)	K1+982.8～K2+610.5	管道材质	螺焊钢管、 无缝钢管
设计压力	0.4MPa	试验压力	0.46MPa
试验开始 时　　间	××年××月××日××时××分	试验结束 时　　间	××年××月××日××时××分
管道 内径(mm)	φ159×6	合计长度	
管道 长度(m)	627.7	627.7m	
允许压力降	6531Pa	保压时间	24h

试验情况及结果：
　　管道接口做法采用法兰连接、氩电联焊。试验开始时的压力为477000Pa,试验结束时的压力为478000Pa;试验开始时大气压值为102.98kPa,试验结束时大气压值为101.96kPa;试验开始时的管内介质温度为9.7℃,试验结束时的管内介质温度为11.1℃。

试验结论：
　　经严密性试验,修正压力降小于允许压力降,符合设计及规范要求,试验合格。

监理(建设)单位	单　位	施工单位	
×××		×××	

本表由施工单位填写。

《燃气管道严密性试验验收单》填表说明

本表参照《城镇供热管网工程施工及验收规范》(CJJ 28)标准填写。

【填写依据】

1. 严密性试验应在强度试验合格、管线全线回填后进行。
2. 试验用的压力计应在校验有效期内,其量程应为试验压力的1.5～2倍,其精度等级、最小分格值及表盘直径应满足表7-11的要求。

表7-11 试压用压力表选择要求

量程(MPa)	精度等级	最小表盘直径(mm)	最小分格值(MPa)
0～0.1	0.4	150	0.0005
0～1.0	0.4	150	0.005
0～1.6	0.4	150	0.01
0～2.5	0.25	200	0.01
0～4.0	0.25	200	0.01
0～6.0	0.16	250	0.01
0～10	0.16	250	0.02

3. 严密性试验介质宜采用空气,试验压力应满足下列要求:

(1)设计压力小于5kPa时,试验压力应为20kPa。

(2)设计压力大于或等于5kPa时,试验压力应为设计压力的1.15倍,且不得小于0.1MPa。

4. 试压时的升压速度不宜过快。对设计压力大于0.8MPa的管道试压,压力缓慢上升至30%和60%试验压力时,应分别停止升压,稳压30min,并检查系统有无异常情况,如无异常情况继续升压。管内压力升至严密性试验压力后,待温度、压力稳定后开始记录。

5. 严密性试验稳压的持续时间应为24h,每小时记录不应少于1次,当修正压力降小于133Pa为合格。修正压力降应按下式确定:

$$\Delta P' = (H_1 + B_1) - (H_2 + B_2)\frac{273 + t_1}{273 + t_2} \tag{7-15}$$

式中 $\Delta P'$——修正压力降(Pa);

H_1、H_2——试验开始和结束时的压力计读数(Pa);

B_1、B_2——试验开始和结束时的气压计读数(Pa);

t_1、t_2——试验开始和结束时的管内介质温度(℃)。

6. 所有未参加严密性试验的设备、仪表、管件,应在严密性试验合格后进行复位,然后按设计压力对系统升压,应采用发泡剂检查设备、仪表、管件及其与管道的连接处,不漏为合格。

表式 C6-4-10

燃气管道气压严密性试验记录(一)
(表 C6-4-10)

编 号	×××

工程名称	××市××路(××路～××路)低压燃气管道工程		
施工单位	××机电安装工程有限公司		
压力等级	20kPa	公称直径	φ325×7
起止桩号及长度	K1+643～K1+768.5 125.5m	管道材质	螺焊钢管
充气时间	××年××月××日××时	稳压时间	24 h

时 间		U型压力计读数		土壤温度 (℃)	时 间		U型压力计读数		土壤温度 (℃)
时	分	上	下		时	分	上	下	
8	00	995.5	824.5	20.5	21	06	995.0	825.0	20.6
9	01	995.5	824.5	20.5	22	02	995.0	825.0	20.6
10	02	995.5	824.5	20.5	23	00	995.0	825.0	20.6
11	04	995.5	824.5	20.5	00	01	995.0	825.0	20.6
12	00	995.5	824.5	20.5	01	03	995.0	825.0	20.6
13	00	995.5	824.5	20.5	02	04	995.0	825.0	20.6
14	04	995.5	824.5	20.5	03	01	995.0	825.0	20.6
15	00	995.5	824.5	20.5	04	03	995.0	825.0	20.6
16	05	995.5	824.5	20.5	05	04	995.0	825.0	20.6
17	03	995.5	824.5	20.6	06	01	995.0	825.0	20.6
18	02	995.5	824.5	20.6	07	00	995.0	825.0	20.6
19	02	995.5	824.5	20.6	08	01	995.0	825.0	20.6
20	00	995.0	825.0	20.6					

技术负责人	质检员	记录人
×××	×××	×××

本表由施工单位填写。

表式 C6-4-11

燃气管道严密性试验记录(二)
(表 C6-4-11)

编 号	×××

工程名称	××燃气输送管道工程				
施工单位	××市政建设集团有限公司				
起止桩号	K2+300～K2+500	长　度	200 m	公称直径	150mm
压力等级	Ⅱ级	管道材质	PE管	试验介质	空气
压力计种类	传感器式	压力计精度等级	0.4级	压力单位	MPa
充气时间	××年××月××日××时		稳压时间	1h	

时间		压力	时间		压力	时间		压力
时	分		时	分		时	分	
8	15	0.01						
8	25	0.08						
8	35	0.1						
8	55	0.12						
9	30	0.12						
9	55	0.12						

其他说明：

技术负责人	质检员	记录人
×××	×××	×××

本表由施工单位填写。

表式 C6-4-12

埋地钢质管道防腐层完整性检测报告
（表 C6-4-12）

委托编号	2014－0354
报告编号	2014－0835

工程名称	××供水管道工程		
建设单位	××自来水有限公司		
施工单位	××市政建设集团		
检测起止位置（桩号）	K3＋300～K8＋550	检测长度	5250m
防腐层种类	正常防腐层	公称直径	330mm
检测仪器型号	SL-Ⅲ	信号供入点	K3＋305
初始电流	20mA	测量频率	126kHz
电平差	15dB	最大漏电信号	2mV
发射电流	30mA	检测依据	《城镇燃气输配工程施工及验收规范》（CJJ 33—2005）

检测评价：

经检测，K3＋300～K8＋550段，其中K3＋835、K4＋406、K5＋687.3、K7＋921.6处有轻度破损。

（报告共 1 页，此为第 1 页）

检测单位			（公章）	
批准人（签字）	校对人（签字）	报告人（签字）		检测人（签字）
×××	×××	×××		×××
检测日期：××年××月××日			报告日期：××年××月××日	

本表由检测单位填写。

表式 C6-4-13

管道系统吹洗(脱脂)记录

(表 C6-4-13)

编　号	×××

工程名称	××污水处理厂工程	工程部位名称	2#系统
施工单位	××市政集团有限公司	吹洗(脱脂)日期	××年××月××日

管道系统编号	材质	工作介质	吹　洗					脱　脂	
			介质	压力(MPa)	流速(m/s)	冲洗次数	鉴定	介质	鉴定
12～17	20#无缝钢管	水	压缩空气	6.8	22	2	合格		

监理(建设)单位	施工单位	技术负责人	质检员	施工员
×××		×××	×××	×××

本表由施工单位填写。

《管道系统吹洗(脱脂)记录》填表说明

本表参照《建筑给水排水及采暖工程施工质量验收规范》(GB 50242)标准填写。

【填写依据】

1. 管道吹扫应按下列要求选择气体吹扫或清管球清扫:

(1)球墨铸铁管道、聚乙烯管道、钢骨架聚乙烯复合管道和公称直径小于100mm或长度小于100m的钢质管道,可采用气体吹扫;

(2)公称直径大于或等于100mm的钢质管道,宜采用清管球进行清扫。

2. 管道吹扫应符合下列要求:

(1)吹扫范围内的管道安装工程除补口、涂漆外,已按设计图纸全部完成;

(2)管道安装检验合格后,应由施工单位负责组织吹扫工作,并应在吹扫前编制吹扫方案;

(3)应按主管、支管、庭院管的顺序进行吹扫,吹扫出的脏物不得进入已合格的管道;

(4)吹扫管段内的调压器、阀门、孔板、过滤网、燃气表等设备不应参与吹扫,待吹扫合格后再安装复位;

(5)吹扫口应设在开阔地段并加固,吹扫时应设安全区域,吹扫出口前严禁站人;

(6)吹扫压力不得大于管道的设计压力,且不应大于0.3MPa;

(7)吹扫介质宜采用压缩空气,严禁采用氧气和可燃性气体;

(8)吹扫合格设备复位后,不得再进行影响管内清洁的其他作业。

3. 气体吹扫应符合下列要求:

(1)吹扫气体流速不宜小于20m/s;

(2)吹扫口与地面的夹角应在30°~45°之间,吹扫口管段与被吹扫管段必须采取平缓过渡对焊,吹扫口直径应符合表7-12的规定;

表7-12 吹扫直径　　　　　　　　　　　　　　　　　　　　　　单位:mm

末端管道公称直径DN	DN<150	150≤DN≤300	DN≥350
吹扫口公称直径	与管道同径	150	250

(3)每次吹扫管道的长度不宜超过500m;当管道长度超过500m时,宜分段吹扫;

(4)当管道长度在200m以上,且无其他管段或储气容器可利用时,应在适当部位安装吹扫阀,采取分段储气,轮换吹扫;当管道长度不足200m,可采用管道自身储气放散的方式吹扫,打压点与放散点应分别设在管道的两端;

(5)当目测排气无烟尘时,应在排气口设置白布或涂白漆木靶板检验,5min内靶上无铁锈、尘土等其他杂物为合格。

4. 清管球清扫应符合下列要求:

(1)管道直径必须是同一规格,不同管径的管道应断开分别进行清扫;

(2)对影响清管球通过的管件、设施,在清管前应采取必要措施;

(3)清管球清扫完成后,应按《城镇燃气输配工程施工及验收规范(附条文说明)》(CJJ 33—2005)第12.2.3条第5款进行检验,如不合格可采用气体再清扫至合格。

表式 C6-4-14

阴极保护系统验收测试记录
(表 C6-4-14)

编　号	×××

工程名称	××市××路燃气管线工程		
施工单位	××机电安装工程有限公司		
阴极保护安装单位	××工程技术有限公司	参比电极种类	饱和 $Cu/CuSO_4$
测试单位	××工程试验检测中心		

序号	阳极埋设时间	测试位置（桩号）	保护电位（-V）	阳极开路电位（-V）	阳极输出电流（mA）	备　注
C1	××年××月××日	K0+900	-0.8	-0.9	5	

验收结论：

☑ 合　格　　☐ 不合格

监理（建设）单位	设计单位	施工单位	安装单位	测试单位
×××	×××	×××	×××	（测试单位章）
测试时间			××年××月××	

本表由测试单位填写，城建档案管理部门、建设单位、施工单位保存。

《阴极保护系统验收测试记录》填表说明

【填写依据】

钢管阴极保护工程质量应符合下列规定：

1.钢管阴极保护所用的材料、设备等应符合国家有关标准的规定和设计要求。

检查方法：对照产品相关标准和设计文件，检查产品质量保证资料；检查成品管进场验收记录。

2.管道系统的电绝缘性、电连续性经检测满足阴极保护的要求。

检查方法：阴极保护施工前应全线检查；检查绝缘部位的绝缘测试记录、跨接线的连接记录；用电火花检漏仪、高阻电压表、兆欧表测电绝缘性，万用表测跨线等的电连续性。

3.阴极保护的系统参数测试应符合下列规定：

(1)设计无要求时，在施加阴极电流的情况下，测得管地电位应小于或等于-850mV(相对于铜—饱和硫酸铜参比电极)；

(2)管道表面与同土壤接触的稳定的参比电极之间阴极极化电位值最小为100mV；

(3)土壤或水中含有硫酸盐还原菌，且硫酸根含量大于0.5%时，通电保护电位应小于或等于-950mV(相对于铜—饱和硫酸铜参比电极)；

(4)被保护体埋置于干燥的或充气的高电阻率(大于$500\Omega \cdot m$)土壤中时，测得的极化电位小于或等于-750mV(相对于铜—饱和硫酸铜参比电极)；

检查方法：按国家现行标准《埋地钢质管道阴极保护参数测试方法》(SY/T0023)的规定测试；检查阴极保护系统运行参数测试记录。

4.管道系统中阳极、辅助阳极的安装应符合规范的规定。

检查方法：逐个检查；用钢尺或经纬仪、水准仪测量。

5.所有连接点应按规定做好防腐处理，与管道连接处的防腐材料应与管道相同。

检查方法：逐个检查；检查防腐材料质量合格证明、性能检验报告；检查施工记录、施工测试记录。

6.阴极保护系统的测试装置及附属设施的安装应符合下列规定：

(1)测试桩埋设位置应符合设计要求，顶面高出地面400mm以上；

(2)电缆、引线铺设应符合设计要求，所有引线应保持一定松弛度，并连接可靠牢固；

(3)接线盒内各类电缆应接线正确，测试桩的舱门应启闭灵活、密封良好；

(4)检查片的材质应与被保护管道的材质相同，其制作尺寸、设置数量、埋设位置应符合设计要求，且埋深与管道底部相同，距管道外壁不小于300mm；

(5)参比电极的选用、埋设深度应符合设计要求；

检查方法：逐个观察(用钢尺量测辅助检查)；检查测试记录和测试报告。

表式 C6-4-15

污水管道闭水试验记录
（表 C6-4-15）

编 号	×××

工程名称	××市××路雨污水工程				
施工单位	××市政建设集团有限公司				
起止井号	__1__ 号井段至 __4__ 号井段，带 __1~3__ 号井				
管道内径	400 mm	接口型式	橡胶柔性接口	管材种类	钢筋混凝土
试验日期	××年××月××日	试验次数	第 1 次 共试 1 次		
试验水头	高于上游管顶 2m				
允许漏水量	20m³/(24h·km)				
试验结果	1. 全长　105.6m，经 2h 共渗水 0.138m³ 2. 折合　15.68m³/(24h·km)				
目测渗漏情况	该段管线无明显渗漏现象				
鉴定意见	经 2h 闭水试验，渗水量小于允许渗水量规定，符合设计、规范要求，合格。				

监理（建设）单位	施工单位		
	技术负责人	质检员	
×××	×××	×××	

本表由施工单位填写。

《污水管道闭水试验记录》填表说明

本表参照《给水排水管道工程施工及验收规范》(GB 50268)标准填写。

【填写依据】

市政排水沟渠包括土渠、水泥混凝土及钢筋混凝土渠、石渠、砖渠及管道,污水管(渠)、雨污水合流管(渠)、倒虹吸管和设计有闭水要求的其他排水管(渠)道,必须进行闭水试验,填写《污水管道闭水试验记录》。闭水试验的管(渠)段应按井距分隔,带井试验。

1. 管道闭水试验时,对试验管段的要求

(1)管道及检查井外观质量检查已合格。

(2)管道未回填土且沟槽内无积水。

(3)全部预留孔应封堵,不得渗水。

(4)管道两端堵板承载力经核对应大于水压力的合力;除预留进出水管外,应封堵坚固,不得渗水。

2. 闭水法试验程序

(1)试验管段灌满水后浸泡时间不应少于24h。

(2)试验水头应符合以下规定:

1)当试验段上游设计水头不超过管顶内壁时,试验水头应以试验段上游管顶内壁加2m。

2)当试验段上游设计水头超过管顶内壁时,试验水头应以试验段上游设计水头加2m。

3)当计算出的试验水头小于10m,但已超过上游检查井井口时,试验水头应以上游检查井井口高度为准。

(3)当试验水头达到规定水头时开始计时,观测管道的渗水量,直至观测结束时,应不断向试验管道段内补水,保持试验水头恒定。渗水量的观测时间不得小于30min。

3. 实测渗水量计算公式

试验前应测准试验段管道直径、长度和检查井的规格。实测渗水量时,可从下列两个计算公式中选择一个。

1)计算公式一:

$$q = \frac{W}{T \cdot L} \tag{7-16}$$

式中　q——实测渗水量[L/(min·m)];

　　　W——补水量(L);

　　　T——实测渗水观测时间(min);

　　　L——试验管段的长度(m)。

2)计算公式二:

$$Q = \frac{\pi R^2 \cdot H}{L \cdot t} \cdot 24 \cdot 1000 \tag{7-17}$$

式中　Q——每公里24h实测渗水量[m³/(24h·km)];

　　　πR^2——圆面积,如量方井,则为长×宽(m²);

　　　H——检查井内水位水渗高度(m);

　　　L——闭水管道长度(m)。

带井闭水的检查井身渗水量,应将其容积折算成管道长度,加入 L 后进行计算。

4.严密性合格判定

严密性试验时,应进行外观检查,不得有渗水现象,且应符合下列规定时,管道严密性试验为合格。

(1)排水管(渠)闭水检验频率见表 7-13。

表 7-13　排水管(渠)闭水检验频率

序号	项　目		允许偏差	检验频率		检验方法
				范围	点数	
1	倒虹吸管		渗水量不大于规范规定	每道	1	灌水计算渗水量
2	管径(mm)	$D<700$		每个井段	1	
3		$D=700\sim2400$		每三个井段抽检一段	1	
4		$D=2500\sim3000$		每五个井段抽检一段	1	

注:1. 管径 700～2400mm,检验频率按本表规定,如工程不足 3 个井段时,亦抽检 1 个井段,不合格者全线进行闭水检验;

2. 管径 2500～3000mm,检验频率按本表规定,不合格者,加倍抽取井段再做检验。如仍不合格者,则全线进行闭水检验;

3. 如现场缺少试验用水时,当管内径小于 700mm,可按井段数量的 1/3 抽检进行闭水试验,但须经建设、设计、监理单位确认。当现场水源确有困难,可采用单口试压方法,但是须确认管材符合设计要求后,才能进行单口试压。单口试压标准参见相关标准;

4. 管径小于 1200mm 的混凝土沟埋排水管道可采用闭气检验方法,可参见相关标准。

(2)排水管(渠)标准试验水头/闭水试验允许渗水量应符合规范规定。

渠道闭水试验对试验段的要求、试验程序、实测渗水量计算公式、严密性合格的判定与管道闭水试验相同。

表式 C6-5-1

调试记录(通用)
(表 C6-5-1)

编　号	×××

工程名称	××污水处理厂工程		
施工单位	××市政建设集团有限公司		
调试单位	××市政供热有限公司		
工程部位	2#泵房	调试项目	通水试验
设备或设施名称	采暖系统	规格型号	N520
系统编号	002	调试时间	××年××月××日
调试内容及要求	11号采暖系统共98组散热器,设计供回水温度为130℃/80℃,实际供回水温度为130℃/82℃。 经全面检查,系统中阀门、自动排气阀件已安装完毕,具备试运转条件。系统试运后,发现有三组散热器有轻微渗漏,经修理已经不漏。逐个房间进行室温测量和散热器表面温度的检查,并调节管路阀门和散热器的温控阀直至所有房间温度符合设计要求。整个试运行进行了72h,未发现其他质量问题和异常情况。		
调试结果	经检查,所有散热器、管道未发现渗漏现象,散热器表面温度基本均匀、所有房间温度,经实测符合设计要求。该采暖系统试运行结果符合设计和规范要求。		

监理(建设)单位		施工单位		调试单位
		技术负责人	质检员	
×××		×××	×××	×××

本表由调试单位填写,城建档案管理部门、建设单位、施工单位保存。

表式 C6-5-2

设备单机试运转记录(通用)

(表 C6-5-2)

编 号	×××

工程名称	××市政水井工程	设备名称	变频给水泵
施工单位	××市政建设集团有限公司	规格型号	M2-43
试验单位	××设备公司	额定数据	$Q=54m^3/h$；$H=70.4$；$N=18.5kN$
设备所在系统	排水系统	台　数	1
试运行时间	试验自 ××年××月××日××时××分起至 ××年××月××日××时××分 止		
试运行性质	☑空负荷试运行； □负荷试运行		

序号	重点检查项目	主要技术要求	试验结论
1	盘车检查	转动灵活,无异常现象	合格
2	有无异常音响	无异常噪音、声响	合格
3	轴承温度	1. 滑动轴承及往复运动部件的温升不得超过 35℃,最高温度不超过 65℃ 2. 滚动轴承的温升不得超过 40℃,最高温度不超过 75℃ 3. 填料或机械密封的温度应符合技术文件的规定	合格
4	其他主要部位的温度及各系统的压力参数	在规定范围内	合格
5	振动值	不超过规定值	合格
6	驱动电机的电压、电流及温升	不超过规定值	合格
7	机器各部位的紧固情况	无松动现象	合格
8			

综合结论：
　　☑ 合　格
　　□ 不合格

监理(建设)单位			施工单位		调试单位
			技术负责人	质检员	
×××			×××	×××	×××

本表由施工单位填写。

表式 C6-5-4

起重机试运转试验记录
(表 C6-5-4)

编 号	×××
工程名称	××市××路市政工程	设备名称	×××
施工单位	××市政建设集团有限公司	规格型号	×××
安装位置		试验时间	××年××月××日

		主要检查项目	主要技术要求	检查结果
试运转前检查	1	电气系统、安全联锁装置、制动器、控制器、照明和信号系统	动作灵敏、准确	符合要求
	2	钢丝绳端的固定及其在吊钩、取物装置、滑轮组和卷筒上的缠绕	正确、可靠	
	3	各润滑点和减速器所加油、脂的性能、规格和数量	符合设备技术文件的规定	
	4	盘动各运动机构的制动轮	均使转动系统中最后一根轴旋转一周无阻滞现象	
空负荷试运转	1	操纵机构的操作方向	与起重机的各机构运转方向相符	符合要求
	2	分别开动各机构的电动机	运转正常；大车、小车运行时不卡轨；各制动器能准确地动作；各限位开关及安全装置动作应准确、可靠	
	3	卷筒上钢丝绳的缠绕圈数	当吊钩在最低位置时,不少于2圈	
	4	电缆的放缆和收缆速度	与相应的机构速度相协调,并满足工作极限位置的要求	
	5	夹轨器、制动器、防风抗滑的锚定装置和大车防偏斜装置；起重机的防碰撞装置、缓冲器等装置	动作准确、可靠	
	6	试验的最少次数	1、2、3、4项不少于5次,且动作准确无误；5项为1~2次,且动作准确无误	

表式 C6-5-4

起重机试运转试验记录
（表 C6-5-4）

编 号	×××

静负荷试验	1	小车在全行程上空载试运行	不少于 3 次	符合要求
	2	升至额定负荷,在全行程上往返数次	各部分无异常,卸载后桥架无异常	
	3	小车在最不利位置处,起升额定起重量 1.25 倍的负荷,在离地面 100～200mm 处停留≥10min	无失稳现象;卸载后,桥架金属结构无裂纹、焊缝无开裂、无油漆脱落、无影响安全的其他缺陷	
	4	第 3 项试验三次后,检查并测量主梁的实际上拱度或悬臂的上翘度	无永久变形;通用桥式(门式)起重机上拱度≥0.7S/1000mm;悬臂式起重机上翘度≥0.7L/350mm	
	5	检查起重机的静刚度	应符合 GB 50278 的要求	
动负荷试验		在额定起重量的 1.1 倍负荷下起动及运行时间： 电动起重机不应小于 1h； 手动起重机不小于 10min	各机构的动作灵敏、平稳、可靠,安全保护、联锁装置和限位开关的动作准确、可靠	符合要求

有关说明：

综合结论：
☑ 合　格
☐ 不合格

监理(建设)单位		施工单位	
		技术负责人	质检员
×××		×××	×××

本表由施工单位填写。

《起重机试运转试验记录》填表说明

【填写依据】

起重机包括桥式起重机、电动葫芦等,起重设备安装后,应进行静负荷、动负荷试验,填写《起重机试运转试验记录》。

1. 起重机的试运转,应符合国家现行标准《机械设备安装工程施工及验收通用规范》(GB 50231)等的规定。

2. 起重机的试运转应包括试运转前的检查、空负荷试运转、静负荷试验和动负荷试验。在上一步骤未合格之前,不得进行下一步骤的试运转。

3. 起重机试运转前,应按下列要求进行检查:

(1)电气系统、安全联锁装置、制动器、控制器、照明和信号系统等安装应符合要求,其动作应灵敏和准确。

(2)钢丝绳端的固定及其在吊钩、取物装置、滑轮组和卷筒上的缠绕应正确、可靠。

(3)各润滑点和减速器所加的油脂的性能、规格和数量应符合设备技术文件的规定。

(4)盘动各运动机构的制动轮,均应使转动系统中最后一根轴(车轮轴、卷筒轴、立柱方轴、加料杆等)旋转一周,不应有阻滞现象。

4. 起重机的空负荷试运转,应符合下列规定:

(1)操纵机构的操作方向应与起重机的各机构运转方向相符。

(2)分别开动各机构的电动机,其运转应正常,大车、小车运行时不应卡轨,各制动器能准确、及时地动作,各限位开关及安全装置动作应准确、可靠。

(3)当吊钩下放到最低位置时,卷筒上钢丝绳的圈数不应少于2圈(固定圈除外)。

(4)用电缆导电时,放缆和收缆的速度应与相应的机构速度相协调,并应能满足工作极限位置的要求。

(5)夹轨器、制动器、防风抗滑的锚定装置和大车防偏斜装置应动作准确、可靠;起重机的防碰撞装置、缓冲器等装置应可靠工作。

(6)以上各项试验均应不少于5次,且动作应正确无误。

5. 起重机的静负荷试验应符合下列规定:

(1)起重机应停在厂房柱子处。

(2)有多个起升机构的起重机,应先对各起升机构分别进行静负荷试验;对有要求的,再做起升机构联合起吊的静负荷试验;其起升重量应符合设备技术文件的规定。

(3)静负荷试验应按下列程序和要求进行:

1)先开动起升机构,进行空负荷升降操作,并使小车在安全行程上往返运行,此项空载试运转不小于3次,应无异常现象。

2)将小车停在桥式类型起重机的跨中或悬臂起重机的最大有效悬臂处,逐渐加负荷做起升试运转,直至加到额定负荷后,使小车在桥架或悬臂全行程上往返运行数次,各部分应无异常现象,卸去负荷后桥架结构应无异常现象。

3)将小车停在桥式类型起重机的跨中或悬臂起重机的最大有效悬臂处,无冲击地起升额定起重量的1.25倍负荷,在离地面高度为100~200mm处,悬挂停留时间≥10min,并应无失稳现象。然后卸去负荷,将小车开到跨端或支腿处,检查起重机桥架金属结构,应无裂纹、焊缝开裂、油漆脱落及其他影响安全的损坏或松动等缺陷。

4）第三项试验不得超过3次，第三次应无永久变形。测量主梁的实际上拱度或悬臂的上翘度，其中桥式起重机的上拱度应$\geqslant 0.7S/1000$mm，悬臂起重机的上翘度应$\geqslant 0.7L_0/350$mm。

5）检查起重机的静刚度（主梁或悬臂下挠度）。将小车至桥架跨中或悬臂最大有效处，起升额定起重量的负荷至地面200mm，待起重机及负荷静止后，测量出其上拱值或翘值，此值与第四项结果之差即为起重机的静刚度。起重机的静刚度允许值应符合设备技术文件或表7-14的规定。

表7-14 起重机的静刚度允许值

起重机类型		测量部位	允许值(mm)
通用桥式起重机	$A_1 \sim A_3$	主梁跨中	$S/700$
	$A_4 \sim A_6$	主梁跨中	$S/800$
	$A_7 \sim A_8$	主梁跨中	$S/1000$
电动葫芦单、双梁起重机		主梁跨中	$S/800$
电动单梁悬挂起重机		主梁跨中	$S/700$
手动单、双梁起重机		主梁跨中	$S/400$

注：1. $A_1 \sim A_8$ 为起重机的工作级别；
2. 起重机的静刚度应在主梁跨度中部$S/10$的范围内测量；
3. L_0为最大有效悬臂的长度(mm)，在最大有效悬臂处测量；
4. S为起重机跨度(mm)。

6. 起重机的动负荷试验应分别进行；当有联合动作试验要求时，应按设备技术文件的规定进行。

各机构的动负荷试验应在全行程上进行，起重量应为额定起重量的1.1倍。累计起动及运行时间，电动起重机1h；手动起重机10min。各机构的运作应灵敏、平稳、可靠，安全保护、连锁装置和限位开关动作应准确、可靠。

表式 C6-5-5

设备负荷联动(系统)试运行记录
(表 C6-5-5)

编　号	×××

工程名称	××路5号楼设备安装工程
施工单位	××市政建设集团有限公司
试验系统	消火栓系统
试运行时间	自　××年××月××日××时起至　××年××月××日××时止

试运行内容：

　　启动消防泵后，用水枪试射，充实水柱长度为10m。经实测，静压力为0.1MPa。

试运行情况：

　　经多次动作试验，工作正常未发现异常情况。

说明：

综合结论：
　　☑　合　格
　　☐　不合格

监理(建设)单位 (签字、盖章)	设计单位 (签字、盖章)	施工单位 (签字、盖章)	单位 (签字、盖章)
(章)×××	(章)×××	(章)×××	

本表由施工单位填写。

表式 C6-5-6

安全阀调试记录
(表 C6-5-6)

编　号	×××

工程名称	××市××路市政工程
施工单位	××设备安装工程公司
安全阀安装地点	×××
安全阀规格型号	A27W－10－15

工作介质	水	设计开启压力	0.8MPa
试验介质	水	试验开启压力	0.82MPa
试验次数	3次	试验回座压力	0.8MPa

调试情况及结论：

经调试当压力达到0.80MPa时,安全阀能够自动启闭,动作灵敏,符合要求。

审核人	试验员	试验单位(章)
×××	×××	×××
调试日期		××年××月××日

本表由施工单位填写。

《安全阀调试记录》填表说明

本表参照《锅炉安装工程施工及验收规范》(GB 50273)标准填写。

【填写依据】

1. 下列管道的阀门,应逐个进行壳体压力试验和密封试验。不合格者,不得使用。

(1)输送剧毒流体、有毒流体、可燃流体管道的阀门。

(2)输送设计压力大于1MPa或设计压力小于等于1MPa且设计温度小于-29℃或大于186℃的非可燃流体、无毒流体管道的阀门。

2. 输送设计压力小于等于1MPa且设计温度为-29~186℃的非可燃流体、无毒流体管道的阀门,应从每批中抽查10%,且不得少于1个,进行壳体压力试验和密封试验。当不合格时,应加倍抽查,仍不合格时,该批阀门不得使用。

3. 阀门的壳体试验压力不得小于公称压力的1.5倍,试验时间不得少于5min,以壳体填料无渗漏为合格;密封试验宜以公称压力进行,以阀瓣密封面不漏为合格。

4. 试验合格的阀门,应及时排尽内部积水,并吹干。除需要脱脂的阀门外,密封面上应涂防锈油,关闭阀门,封闭出入口,做出明显的标记。

5. 公称压力小于1MPa,且公称直径大于或等于600mm的闸阀,可不单独进行壳体压力试验和闸板密封试验。壳体压力试验宜在系统试压时按管道系统的试验压力进行试验,闸板密封试验可采用色印等方法进行检验,接合面上的色印应连续。

6. 安全阀应按设计文件规定的开启压力进行试调。调压时压力应稳定,每个安全阀启闭试验不得少于3次。

7. 带有蒸汽夹套的阀门,夹套部分应以1.5倍的蒸汽工作压力进行压力试验。

表式 C6-5-7

水池满水试验记录
(表 C6-5-7)

编 号	×××

工程名称	××厂污水处理工程		
施工单位	××市政建设有限公司		
水池名称	充水池	注水日期	××年××月××日
水池结构	砖砌体结构	允许渗水量(L/m²·d)	3
水池平面尺寸(m×m)	3.5×2	水面面积 A_1(m²)	7
水深(m)	1.5	湿润面积 A_2(m²)	23.5
测读记录	初 读 数	末 读 数	两次读数差
测读时间 (年 月 日 时 分)	××年××月××日 ××时××分	××年××月××日 ××时××分	24h
水池水位 E(mm)	1500	1493.5	6.5
蒸发水箱水位 e(mm)	150	145	5
大气温度(℃)	23	30	7
水 温(℃)	8	13	5

实际渗水量	m³/d	L/(m²·d)	占允许量的百分率(%)
	0.0074	0.31	10.3

监理(建设)单位	施工单位		
	技术负责人	质检员	测量人
×××	×××	×××	×××

本表由施工单位填写。

《水池满水试验记录》填表说明

本表参照《给水排水构筑物工程施工及验收规范》(GB 50141)标准填写。

【填写依据】

城镇和工业给水排水构筑必须按设计要求和施工图纸施工。水池和处理构筑物应按设计要求进行满水和气密性试验。如果设计未注明要求应按《给水排水构筑物工程施工及验收规范》进行试验。

1. 水池施工完毕必须进行满水试验。满水试验中应进行外观检查，不得有漏水现象。水池渗水量按池壁和池底的浸湿总面积计算，钢筋混凝土水池不得超过 $2L/m^2 \cdot d$；砖石砌体水池不得超过 $3L/m^2 \cdot d$；试验方法应符合规范的规定。

(1)水池满水试验应在混凝土或砖石砌体砂浆已达到设计强度，防水层、防腐层和回填土施工之前进行。

(2)水池满水试验过程中，需要了解水池沉降量时，应进行水池满水沉降量的观测，观测结果应符合水池设计沉降量的要求。

2. 水池的渗水量按下式计算：

$$q = \frac{A_1}{A_2}[(E_1 - E_2) - (e_1 - e_2)] \tag{7-18}$$

式中　q——渗水量$[L/(m^2 \cdot d)]$；

A_1——水池的水面面积(m^2)；

A_2——水池的浸湿总面积(m^2)；

E_1——水池中水位测针的初读数，即初读数(mm)；

E_2——测读后24h水池中水位测针末的读数，即末读数(mm)；

e_1——蒸发水箱中水位测针的初读数(mm)；

e_2——测读后24h蒸发水箱中水位测针的末读数(mm)。

表式 C6-5-8

消化池气密性试验记录
(表 C6-5-8)

编	号	×××

工程名称	×××焦化厂水处理工程		
施工单位	×××市政建设有限公司		
池　　号	3#	试验日期	××年××月××日
气室顶面直径(m)	4.5	顶面面积(m²)	15.9
气室底面直径(m)	9.58	底面面积(m²)	72.08
气室高度(m)	2.14	气室体积(m²)	86.92
测读记录	初读数	末读数	两次读数差
测读时间 年　月　日　时　分	××年××月 ××日 8:50	××年××月 ××日 8:50	24h
池内气压　(Pa)	102200	95100	7100
大气压力　(Pa)	92500	92400	100
池内气温 t(℃)	28	27	1
池内水位　E(mm)	0	−200	−200
压力降　(Pa)	7100		
压力降占试验压力　(％)	6.95％		

备　注：
　　依据《给水排水构筑物工程施工及验收规范》(GB 50141—2008)第 9.3.5 条判定：压力降占试验压力 6.95％，小于 20％，该水池气密性试验合格。

监理(建设)单位	施工单位		
	技术负责人	质检员	测量人
×××	×××	×××	×××

本表由施工单位填写。

《消化池气密性试验记录》填表说明

本表参照《给水排水构筑物工程施工及验收规范》(GB 50141)标准填写。

【填写依据】

城镇和工业给水排水构筑物必须按设计要求和施工图纸施工。水池和处理构筑物应按设计要求进行满水和气密性试验。如果设计未注明要求应按《给水排水构筑物工程施工及验收规范》进行试验。

1. 水池施工完毕必须进行满水试验。满水试验中应进行外观检查,不得有漏水现象。水池渗水量按池壁和池底的浸湿总面积计算,钢筋混凝土水池不得超过 $2L/m^2 \cdot d$;砖石砌体水池不得超过 $3L/m^2 \cdot d$。试验方法应符合规范的规定。

(1)水池满水试验应在混凝土或砖石砌体砂浆已达到设计强度,防水层、防腐层和回填土施工之前进行。

(2)水池满水试验过程中,需要了解水池沉降量时,应进行水池满水沉降量的观测,观测结果应符合水池设计沉降量的要求。

2. 处理构筑物消化池满水试验合格后,必须进行气密性试验。气密性试验压力宜为消化池工作压力的 1.5 倍;24h 的气压降不应超过试验压力的 20%。气密性试验方法应符合规范的规定。

表式 C6-5-10

防水工程试水记录
(表 C6-5-10)

编　　号	×××

工程名称	××隧道工程		
施工单位	××市政建设集团有限公司		
专业施工单位	××市政防水有限公司		
检查部位	K97+263～K97+894	检查日期	××年××月××日
试水方式	□蓄水　☑淋水	检查时间	从××年××月××日××时 起 至××年××月××日××时 止

检查结果：

经检查，K97+263～K97+894 轴隧道采用隧道最低处积水量测，淋水时间 24h，检查结果合格。

复查结果：

复查人：×××　　　　　　　　　　　　　　　　　　　　复查日期：××年××月××日

其他说明：

监理(建设)单位	施工单位	专业施工单位		
		技术负责人	质　检　员	施工员
×××	×××	×××	×××	×××

本表由施工单位填写。

《防水工程试水记录》填表说明

【填写依据】

1.为保证地下防水工程施工质量,强化地下防水工程的质量验收,《地下防水工程质量验收规范》(GB 50208—2011)中增加了关于地下结构验收的渗漏水检查的规定,检查内容包括裂缝、渗漏部位、大小、渗漏情况、处理意见等。地下防水效果检查已列入单位工程重要的安全、功能检查项目,必须引起高度重视。

2.检查地下防水工程渗漏水量,应符合地下工程防水等级标准的规定,见表7-15。

表7-15 地下工程防水等级标准

防水等级	防 水 等 级
一级	不允许渗水,结构表面无湿渍
二级	不允许漏水,结构表面可有少量湿渍; 房屋建筑地下工程:总湿渍面积不应大于总防水面积(包括顶板、墙面、地面)的1/1000;任意100m^2防水面积上的湿渍不超过2处,单个湿渍的最大面积不大于0.1m^2; 其他地下工程:总湿渍面积不应大于总防水面积的2/100;任意100m^2防水面积上的湿渍不超过3处,单个湿渍的最大面积不大于0.2m^2;其中,隧道工程平均渗水量不大于0.05L/($m^2 \cdot d$),任意100m^2防水面积上的渗水量不大于0.15L/($m^2 \cdot d$)
三级	有少量漏水点,不得有线流和漏泥砂; 任意100m^2防水面积上的漏水或湿渍点数不超过7处,单个漏水点的最大漏水量不大于2.5L/d,单个湿渍的最大面积不大于0.3m^2
四级	有漏水点,不得有线流和漏泥砂; 整个工程平均漏水量不大于2L/($m^2 \cdot d$);任意100m^2防水面积上的平均漏水量不大于4L/($m^2 \cdot d$)

3.渗漏水调查:

(1)地下防水工程质量验收时,施工单位必须提供地下工程"背水内表面的结构工程展开图"。

(2)房屋建筑地下室只调查围护结构内墙和底板。

(3)全埋设于地下的结构(地下商场、地铁车站、军事地下库等),除调查围护结构内墙和底板外,背水的顶板(拱顶)系重点调查目标。

(4)钢筋混凝土衬砌的隧道以及钢筋混凝土管片衬砌的隧道渗漏水调查的重点为上半环。

(5)施工单位必须在"背水内表面的结构工程展开图"上详细标示:

1)在工程自检时发现的裂缝,并标明位置、宽度、长度和渗漏水现象;

2)经修补、堵漏的渗漏水部位;

3)防水等级标准容许的渗漏水现象位置。

(6)地下防水工程验收时,经检查、核对标示好的"背水内表面的结构工程展开图"必须纳入竣工验收资料。

4.渗漏水现象描述使用的术语、定义和标识符号,可按表7-16选用。

5. 当被验收的地下工程有结露现象时,不宜进行渗漏水检测。

6. 房屋建筑地下室渗漏水现象检测。

(1)地下工程防水等级对"湿渍面积"与"总防水面积"(包括顶板、墙面、地面)的比例作了规定。按防水等级2级设防的房屋建筑地下室,单个湿渍的最大面积不大于$0.1m^2$,任意$100m^2$防水面积上的湿渍不超过1处。

表7-16 渗漏水现象描述使用的术语、定义和标识符号

术语	定 义	标识符号
湿渍	地下混凝土结构背水面,呈现明显色泽变化的潮湿斑	♯
渗水	水从地下混凝土结构衬砌内表面渗出,在背水的墙壁上可观察到明显的流挂水膜范围	○
水珠	悬垂在地下混凝土结构衬砌背水顶板(拱顶)的水珠,其滴落间隔时间超过1min,称为水珠现象	◇
滴漏	地下混凝土结构衬砌背水顶板(拱顶)渗漏水的滴落速度,每1min至少1滴,称为滴漏现象	▽
线漏	指渗漏成线或喷水状态	↓

(2)湿渍的现象:湿渍主要是由混凝土密实度差异造成毛细现象或由混凝土容许裂缝(宽度小于0.2mm)产生,在混凝土表面肉眼可见的"明显色泽变化的潮湿斑"。一般在人工通风条件下可消失,即蒸发量大于渗入量的状态。

(3)湿渍的检测方法:检查人员用干手触摸湿斑,无水分浸润感觉。用吸墨纸或报纸贴附,纸不变颜色。检查时,要用粉笔勾画出湿渍范围,然后用钢尺测量高度和宽度,计算面积,标示在"展开图"上。

(4)渗水的现象:渗水是由于混凝土密实度差异或混凝土有害裂缝(宽度大于0.2mm)而产生的地下水连续渗入混凝土结构,在背水的混凝土墙壁表面肉眼可观察到明显的流挂水膜范围,在加强人工通风的条件下也不会消失,即渗入量大于蒸发量的状态。

(5)渗水的检测方法:检查人员用干手触摸可感觉到水分浸润,手上会沾有水分。用吸墨纸或报纸贴附,纸会浸润变颜色。检查时,要用粉笔勾画出渗水范围,然后用钢尺测量高度和宽度,计算面积,标示在"展开图"上。

(6)对房屋建筑地下室检测出来的"渗水点",一般情况下应准予修补堵漏,然后重新验收。

(7)对防水混凝土结构的细部构造渗漏水检测,也应按本条内容执行。若发现严重渗水必须分析、查明原因,应准予修补堵漏,然后重新验收。

7. 钢筋混凝土隧道衬砌内表面渗漏水现象检测:

(1)隧道防水工程,若要求对湿渍和渗水作检测时,应按房屋建筑地下室渗漏水现象检测方法操作。

(2)隧道上半部的明显滴漏和连续渗流,可直接用有刻度的容器收集量测,计算单位时间的渗漏量(如L/min,或L/h等)。还可用带有密封缘口的规定尺寸方框,安装在要求测量的隧道内表面,将渗漏水导入量测容器内。同时,将每个渗漏点位置、单位时间渗漏水量,标示在"隧道渗漏水平面展开图"上。

(3)若检测器具或登高有困难时,允许通过目测计取每分钟或数分钟内的滴落数目,计算出该点的渗漏量。经验告诉我们,当每分钟滴落速度3~4滴的漏水点,24h的渗水量就是1L。如

果滴落速度每分钟大于 300 滴,则形成连续细流。

(4)为使不同施工方法、不同长度和断面尺寸隧道的渗漏水状况能够相互加以比较,必须确定一个具有代表性的标准单位。国际上通用 $L/m^2 \cdot d$,即渗漏水量的定义为隧道的内表面,每平方米在一昼夜(24h)时间内的渗漏水立升值。

(5)隧道内表面积的计算应按下列方法求得:

1)竣工的区间隧道验收(未实施机电设备安装)。

通过计算求出横断面的内径周长,再乘以隧道长度,得出内表面积数值,对盾构法隧道不计取管片嵌缝槽、螺栓孔盒子凹进部位等实际面积;

2)即将投入运营的城市隧道系统验收(完成了机电设备安装)。

通过计算求出横断面的内径周长,再乘以隧道长度,得出内表面积数值,不计取凹槽、道床、排水沟等实际面积。

8.隧道总渗漏水量的量测:

隧道总渗漏水量可采用以下 4 种方法,然后通过计算换算成规定单位:$L/m^2 \cdot d$。

(1)集水井积水量测。

量测在设定时间内的水位上升数值,通过计算得出渗漏水量。

(2)隧道最低处积水量测。

量测在设定时间内的水位上升数值,通过计算得出渗漏水量。

(3)有流动水的隧道内设量水堰。

靠量水堰上开设的 V 形槽口量测水流量,然后计算得出渗漏水量。

(4)通过专用排水泵的运转计算隧道专用排水泵的工作时间,计算排水量,换算成渗漏水量。

【填写要点】

1."检查方法及内容"栏:按《地下防水工程质量验收规范》(GB 50208－2011)和施工技术方案填写。

2."检查结果"栏:检查无湿渍及渗水现象,防水工程质量验收合格,可填写"符合设计要求及《地下防水工程质量验收规范》(GB 50208－2011)的规定。"

表式 C6-6-1

电气绝缘电阻测试记录
(表 C6-6-1)

编 号	×××

工程名称	××污水处理厂工程			部位名称			6号泵房机房			
施工单位	××市政建设有限公司									
仪表型号	ZC25-3		仪表电压	500V		计量单位		MΩ		
测试日期	××年××月××日			天气情况		晴		气温		17℃

电缆(线)编号(电气设备名称)	规格型号	相间			相对零			相对地			零对地
		L_1-L_2	L_2-L_3	L_3-L_1	L_1-N	L_2-N	L_3-N	L_1-PE	L_2-PE	L_3-PE	$N-PE$
K×3-0		165	185	205	135	135	125	165	125	145	120
K×4-0		145	165	185	175	165	145	125	155	135	138
TK1-03		195	205	175	135	125	145	125	165	155	135
K×5-0		160	175	195	200	135	185	175	125	165	145
K×6-0		165	175	175	135	125	165	175	145	125	135
TK2-0		185	195	175	145	165	125	185	195	170	180
TK3-0		175	170	160	185	175	135	125	165	185	170

测试结论	合格√ 不合格

监理(建设)单位	施工单位		
	技术负责人	质检员	测量人
×××	×××	×××	×××

本表由施工单位填写。

《电气绝缘电阻测试记录》填表说明

【填写依据】

1. 绝缘电阻测试是保证电气设备及线路安全运行的重要步骤。电气绝缘电阻测试的范围主要包括电气设备和动力、照明线路及其他必须摇测绝缘电阻的内容。

2. 电气绝缘电阻测试应符合下列要求：

(1) 电气绝缘电阻测试一般由专业工长组织质检员、施工班(组)长等进行。施工单位自检合格后，填写电气绝缘电阻测试记录，申报建设(监理)单位复查。专业工长应认真做好记录，向有关单位办理签认手续。

(2) 电气设备绝缘电阻的测试，根据《电气装置安装工程 电气设备交接试验标准》(GB 50150－2006)的要求，不同设备有不同的绝缘电阻测试规定，且采用兆欧表的电压等级也有相应的规定。如：500V以下至100V的电气设备和线路，采用500V兆欧表；100V以下采用250V兆欧表；500～3000V的采用1000V兆欧表；3000～10000V的采用2500V兆欧表。

(3) 电气配线系统绝缘电阻测试，需测试两次。第一次测试记录是在配线工程穿线、焊接包头后，第二次测试是在电气设备安装完毕后、通电调试前再进行一次全面测试。即配管及管内穿线分项质量验收前和单位工程质量竣工验收前，应分别按系统回路进行测试，不得遗漏。

注：测量该电线绝缘电阻时，应将断路器、用电设备、电气仪表等断开。

3. 电气设备线路的绝缘电阻测试应按系统、层段、回路进行，不得遗漏。

【填写要点】

1. 工程名称：填写测试所在的单位和分部、分项工程名称。
2. 工作电压：指电气设备和动力照明的电源电压。
3. 仪表型号：指测试采用兆欧表的型号。测试仪表必须在检定有效期内。
4. 计量单位：根据受测设备或回路正确确定计量单位。
5. 气象及气温：填写测试当日的气候情况。
6. 试验内容：按层段、路别、名称及编号，如实记录相间、相对零、相对地、零对地等绝缘电阻测试值。
7. 结论栏：根据记录情况同规范《电气装置安装工程 电气设备交接试验标准》(GB 50150－2006)的规定对比作出正确结论。
8. 会签栏：参加检查的单位及人员签章手续齐全。

表式 C6-6-2

电气照明全负荷试运行记录
(表 C6-6-2)

编　号	×××

工程名称	××路水源厂工程
部位名称	厂房照明
施工单位	××市政建设有限公司
试运行时间	自××年××月××日××时××分开始至××年××月××日××时××分结束
填写日期	2014 年 5 月 1 日

序号	回路名称	设计容量(kW)	记录时间	试运行电压(V)			运行电流(A)		
				L_1-N (L_1-L_2)	L_2-N (L_2-L_3)	L_3-N (L_3-L_1)	L_1 相	L_2 相	L_3 相
1	1AL1-1	10	7h	220	221	222	40	41	42
2	1AL1-2	9	7h	221	220	220	40.2	40.3	40
3	1AL1-1	8	7h	221	221	220	36	35	36

试运行情况记录及运行结论：

　　从 10 时开始,到 17 时结束。先第一个回路试运行,接着第二个回路试运行。运行期间无短路、跳现象,一切正常。

　　运行结果：合格

监理(建设)单位	施工单位		
	项目技术负责人	质检员	测试人
×××	×××	×××	×××

本表由施工单位填写。

表式 C6-6-3

电机试运行记录
(表 C6-6-3)

编　号	×××

工程名称	××水源厂工程	部位名称	6号机房
施工单位	××市政电力设备安装公司		
设备名称	污水净化泵	安装位置	污水净化间
施工图号	电施05	电机型号 J022-4	设备位号	25
电机额定数据	7.0kW　　15A	环境温度	20℃
试运行时间	自××年××月××日××时××分开始至××年××月××日××时××分结束		

序号	试验项目	试验状态	试验结果	备注
1	电源电压	□空载　☑负载	38V	
2	电机电流	□空载　☑负载	22A	
3	电机转速	□空载　☑负载	2550r/min	
4	定子绕组温度	□空载　☑负载	60℃	
5	外壳温度	□空载　☑负载	60℃	
6	轴承温度	☑前　□后	45℃	
7	起动时间		3s	
8	振动值(双倍振幅值)		0.2mm	
9	噪声		25dB	
10	碳刷与换向器或滑环	工作状态	正常	
11	冷却系统	工作状态	正常	
12	润滑系统	工作状态	正常	
13	控制柜继电保护	工作状态	正常	
14	控制柜控制系统	工作状态	正常	
15	控制柜调速系统	工作状态	正常	
16	控制柜测量仪表	工作状态	正常	
17	控制柜信号指示	工作状态	正常	

试验结论	合格

监理(建设)单位	施工单位		
	项目技术负责人	质检员	测试人
×××	×××	×××	×××

本表由施工单位填写。

《电机试运行记录》填表说明

【填写依据】

1.电机试运行前的检查应符合下列要求:

(1)建筑工程全部结束,现场清扫整理完毕;

(2)电机本体安装检查结束,启动前应进行的试验项目已按现行国家标准《电气装置安装工程　电气设备交接试验标准》(GB 50150—2006)试验合格;

(3)冷却、调速、润滑、水、氢、密封油等附属系统安装完毕,验收合格,水质\油质或氢气质量符合要求,分部试运行情况良好;

(4)发电机出口母线应设有防止漏水、油、金属及其他物体掉落等设施;

(5)电机的保护\控制\测量、信号\励磁等回路的调试完毕,动作正常;

(6)测定电机定子绕组\转子绕组及励磁回路的绝缘电阻,应符合现行国家标准《电气装置安装工程　电气设备交接试验标准》(GB 50150—2006)的有关规定;有绝缘的轴承座的绝缘板\轴承座及台板的接触面应清洁干燥,使用1000V兆欧表测量,绝缘电阻值不得小于0.5MΩ;

(7)电刷与换向器或集电环的接触应良好;

(8)盘动电机转子时应转动灵活,无碰卡现象;

(9)电机引出线应相序正确,固定牢固,连接紧密;

(10)电机外壳油漆应完整,接地良好;

(11)照明\通讯\消防装置应齐全。

2.电动机宜在空载情况下做第一次启动,空载运行时间宜为2h,并记录电机的空载电流。

3.电机试运行中的检查应符合下列要求:

(1)电机的旋转方向符合要求,无异声;

(2)换向器\集电环及电刷的工作情况正常;

(3)检查电机各部温度,不应超过产品技术条件的规定;

(4)滑动轴承温度不应超过80℃,滚动轴承温度不应超过95℃;

(5)电机振动的双倍振幅值不应大于表7-17的规定。

表7-17　电机振动的双倍振幅值

同步转速(r/min)	3000	1500	1000	750及以下
双倍振幅值(mm)	0.05	0.085	0.10	0.12

第 8 章 其他表格填写范例及说明

8.1 施工单位报审、报验用表

8.1.1 施工组织设计/(专项)施工方案报审表

表 B.0.1 施工组织设计/(专项)施工方案报审表

工程名称：××市××路(××号～××号)热力外线工程　　　　　编号：

致：__××工程建设监理有限公司××项目监理部__(项目监理机构) 　　我方已完成_____热力外线_____工程施工组织设计/(专项)施工方案的编制和审批，请予以审查。 　　附：施工组织设计 　　　　专项施工方案 　　　　施工方案 　　　　　　　　　　　　　　　　　　　　　　　　施工项目经理部(盖章) 　　　　　　　　　　　　　　　　　　　　　　　　项目经理(签字)　××× 　　　　　　　　　　　　　　　　　　　　　　　　　　　　××年××月××日
审查意见： 　　施工组织设计内容全面，施工部署和施工进度计划科学、有序，满足工程需要。施工现场布置合理。施工管理计划切实可行。主要施工方案叙述详细，有针对性，符合规范和设计要求。 　　　　　　　　　　　　　　　　　　　　　　　　专业监理工程师(签字)　××× 　　　　　　　　　　　　　　　　　　　　　　　　　　　　××年××月××日
审核意见： 　　同意按此施工组织设计指导施工。 　　　　　　　　　　　　　　　　　　　　　　　　项目监理机构(盖章) 　　　　　　　　　　　　　　　　　　　　　　　　总监理工程师(签字、加盖执业印章)　××× 　　　　　　　　　　　　　　　　　　　　　　　　　　　　××年××月××日
审批意见(仅对超过一定规模的危险性较大的分部分项工程专项施工方案)： 　　同意按此施工组织设计指导施工。 　　　　　　　　　　　　　　　　　　　　　　　　建设单位(盖章) 　　　　　　　　　　　　　　　　　　　　　　　　建设单位代表(签字)　××× 　　　　　　　　　　　　　　　　　　　　　　　　　　　　××年××月××日

注：本表一式三份，项目监理机构、建设单位、施工单位各一份。

　　本表摘自《建设工程监理规范》(GB/T 50319—2013)。

《施工组织设计/(专项)施工方案报审表》填表说明

(1)项目监理机构应审查施工单位报审的施工组织设计,符合要求时,应由总监理工程师签认后报建设单位。项目监理机构应要求施工单位按已批准的施工组织设计组织施工。施工组织设计需要调整时,项目监理机构应按程序重新审查。

施工组织设计审查应包括下列基本内容:
1)编审程序应符合相关规定。
2)施工进度、施工方案及工程质量保证措施应符合施工合同要求。
3)资金、劳动力、材料、设备等资源供应计划应满足工程施工需要。
4)安全技术措施应符合工程建设强制性标准。
5)施工总平面布置应科学合理。

(2)施工组织设计或(专项)施工方案报审表,应按本表填写。

(3)总监理工程师应组织专业监理工程师审查施工单位报审的施工方案,符合要求后应予以签认。施工方案审查应包括下列基本内容:
1)编审程序应符合相关规定。
2)工程质量保证措施应符合有关标准。

(4)项目监理机构应审查施工单位报审的专项施工方案,符合要求的,应由总监理工程师签认后报建设单位。超过一定规模的危险性较大的分部分项工程的专项施工方案,应检查施工单位组织专家进行论证、审查的情况,以及是否附具安全验算结果。

项目监理机构应要求施工单位按已批准的专项施工方案组织施工。专项施工方案需要调整时,施工单位应按程序重新提交项目监理机构审查。

专项施工方案审查应包括下列基本内容:
1)编审程序应符合相关规定。
2)安全技术措施应符合工程建设强制性标准。

8.1.2 工程开工报审表

表 B.0.2　工程开工报审表

工程名称：××市××路(××号～××号)热力外线工程　　　　　　　　编号：

致：　××集团开发有限公司　　(建设单位)
　　　××工程建设监理有限公司××项目经理部　　(项目监理机构)
　我方承担的　××市××路(××号～××号)热力外线　工程，已完成相关准备工作，具备开工条件，申请于　××　年　××　月　××　日开工，请予以审批。
附件：
　　1. 获得政府主管部门批准的施工许可证；
　　2. 征地拆迁工作满足工程进度需要；
　　3. 施工组织设计已获得总监理工程师批准；
　　4. 现场管理人员、施工人员已经进场，机具、主要材料已落实；
　　5. 进场道路、水、电、通信等已满足开工要求；
　　6. 质量管理、技术管理和质量保证体系的组织机构已建立；
　　7. 质量管理、技术管理制度已制定；
　　8. 专职管理人员和特种作业人员已取得资质证、上岗证。
　　……

施工单位(盖章)
项目经理(签字)　　×××
　　　　　　　　××年××月××日

审核意见：
具备开工条件，同意开工。

项目监理机构(盖章)
总监理工程师(签字、加盖执业印章)　×××
　　　　　　　　××年××月××日

审批意见：
同意开工。

建设单位(盖章)
建设单位代表(签字)　×××
　　　　　　　　××年××月××日

注：本表一式三份，项目监理机构、建设单位、施工单位各一份。
本表摘自《建设工程监理规范》(GB/T 50319—2013)。

《工程开工报审表》填表说明

总监理工程师应组织专业监理工程师审查施工单位报送的工程开工报审表及相关资料；同时具备下列条件时，填报"工程开工报审表"：

(1) 设计交底和图纸会审已完成；
(2) 施工组织设计已由总监理工程师签认；
(3) 施工单位现场质量、安全生产管理体系已建立，管理及施工人员已到位，施工机械具备使用条件，主要工程材料已落实；
(4) 进场道路及水、电、通信等已满足开工要求。

8.1.3 工程复工报审表

表 B.0.3 工程复工报审表

工程名称：××市××路（××号～××号）热力外线工程　　　　编号：

致：　××工程建设监理有限公司××项目监理部　　（项目监理机构）

编号为　××××　《工程暂停令》所停工的　K305～K355　部位（工序）已满足复工条件，我方申请于　××　年　××　月　××　日复工，请予以审批。

附件：
1. 复工报告；
2. 证明文件。

施工项目经理部（盖章）
项目经理（签字）　×××
××年××月××日

审核意见：
安全隐患已消除，并按"工程暂停令"的要求作出整改，符合复工条件。

项目监理机构（盖章）
总监理工程师（签字）　×××
××年××月××日

审批意见：
同意复工。

建设单位（盖章）
建设单位代表（签字）　×××
××年××月××日

注：本表一式三份，项目监理机构、建设单位、施工单位各一份。
本表摘自《建设工程监理规范》（GB/T 50319—2013）。

8.1.4 分包单位资格报审表

表 B.0.4 分包单位资格报审表

工程名称：××市××路(××号~××号)热力外线工程　　　　　编号：

致：　　××工程建设监理有限公司××项目监理部　　(项目监理机构)

　　经考察，我方认为拟选择的　　××工程有限公司　　(分包单位)具有承担下列工程的施工或安装资质和能力，可以保证本工程按施工合同第　×××　条款的约定进行施工或安装。请予以审查。

分包工程名称(部位)	分包工程量	分包工程合同额
供热管道焊接	××m	××元
/	/	/
/	/	/
合计		××元

附件：1. 分包单位资质材料；
　　　2. 分包单位业绩材料；
　　　3. 分包单位专职管理人员和特种作业人员的资格证书；
　　　4. 施工单位对分包单位的管理制度。

施工项目经理部(盖章)
项目经理(签字)　×××
××年××月××日

审查意见：
　　资质证明文件齐全有效，具备土方工程承包资格。

专业监理工程师(签字)　×××
××年××月××日

审核意见：
　　同意该施工单位承担本工程土方施工。

项目监理机构(盖章)
总监理工程师(签字)　×××
××年××月××日

注：本表一式三份，项目监理机构、建设单位、施工单位各一份。
本表摘自《建设工程监理规范》(GB/T 50319—2013)。

《分包单位资格报审表》填表说明

分包工程开工前，项目监理机构应审核施工单位报送的分包单位资格报审表，专业监理工程师提出审查意见后，应由总监理工程师审核签认。

分包单位资格审核应包括下列基本内容：

(1)营业执照、企业资质等级证书；

(2)安全生产许可文件；

(3)类似工程业绩；

(4)专职管理人员和特种作业人员的资格。

8.1.5 施工控制测量成果报验表

表 B.0.5　施工控制测量成果报验表

工程名称：××市××路(××号～××号)热力外线工程　　　　　　　　　编号：

致：　××工程建设监理有限公司××项目监理部　　(项目监理机构)

我方已完成　工程定位测量　的施工控制测量，经自检合格，请予以查验。

附件：1. 施工控制测量依据资料；
　　　2. 施工控制测量成果表。

施工项目经理部(盖章)
项目技术负责人(签字)　×××
　　　　　　　　××年××月××日

审查意见：
1. 施工控制测量依据资料合格有效；
2. 测量精度符合《工程测量规范(附条文说明)》(GB 50026—2007)的要求。

项目监理机构(盖章)
专业监理工程师(签字)　×××
　　　　　　　　××年××月××日

注：本表一式三份，项目监理机构、建设单位、施工单位各一份。
　　本表摘自《建设工程监理规范》(GB/T 50319—2013)。

《施工控制测量成果报验表》填表说明

专业监理工程师应检查、复核施工单位报送的施工控制测量成果及保护措施，签署意见。专业监理工程师应对施工单位在施工过程中报送的施工测量放线成果进行查验。

施工控制测量成果及保护措施的检查、复核，应包括下列内容：

(1)施工单位测量人员的资格证书及测量设备检定证书。

(2)施工平面控制网、高程控制网和临时水准点的测量成果及控制桩的保护措施。

8.1.6 工程材料、构配件、设备报审表

表 B.0.6 工程材料、构配件、设备报审表

工程名称：××市××路(××号～××号)热力外线工程　　　　编号：

致：　××工程建设监理有限公司××项目监理部　(项目监理机构)

　　于　××　年　××　月　××　日进场的拟用于工程　K45～K125　部位的　钢筋　，经我方检验合格，现将相关资料报上，请予以审查。

附件：1. 工程材料、构配件或设备清单；
　　　2. 质量证明文件；
　　　3. 自检结果。

施工项目经理部(盖章)
项目经理(签字)　×××
××年××月××日

审查意见：
　　相关证明文件齐全有效，同意使用。

项目监理机构(盖章)
专业监理工程师(签字)　×××
××年××月××日

注：本表一式三份，项目监理机构、建设单位、施工单位各一份。
　　本表摘自《建设工程监理规范》(GB/T 50319—2013)。

《工程材料、构配件、设备报审表》填表说明

　　项目监理机构应审查施工单位报送的用于工程的材料、构配件、设备的质量证明文件，并应按有关规定、建设工程监理合同约定，对用于工程的材料进行见证取样、平行检验。

　　项目监理机构对已进场经检验不合格的工程材料、构配件、设备，应要求施工单位限期将其撤出施工现场。

　　工程材料、构配件、设备报审表应按本表填写。

8.1.7 _____报审、报验表

表 B.0.7 _____报审、报验表

工程名称：××市××路(××号～××号)热力外线工程　　　　　编号：

致：　××工程建设监理有限公司××项目监理部　　(项目监理机构)

我方已完成　K204～K254段钢筋安装　工作，经自检合格，请予以审查或验收。

附件：
　　隐蔽工程质量检验资料；
　　检验批质量检验资料；
　　分项工程质量检验资料；
　　施工试验室证明资料；
　　其他。

施工项目经理部(盖章)
项目经理或项目技术负责人(签字)　×××
××年××月××日

审查或验收意见：
1. 所报隐蔽工程的技术资料齐全，符合要求，经现场检测、核查合格，同意隐蔽。
2. 所报检验批的技术资料齐全，符合要求，经现场检测、核查合格，同意进行下一道工序。

项目监理机构(盖章)
专业监理工程师(签字)　×××
××年××月××日

注：本表一式三份，项目监理机构、建设单位、施工单位各一份。

本表摘自《建设工程监理规范》(GB/T 50319－2013)。

《_____报审、报验表》填表说明

(1)专业监理工程师应检查施工单位为工程提供服务的试验室。

试验室的检查应包括下列内容：

1)试验室的资质等级及试验范围；

2)法定计量部门对试验设备出具的计量检定证明；

3)试验室管理制度；

4)试验人员资格证书。

(2)施工单位的试验室报审表应按本表填写。

8.1.8 分部工程报验表

表 B.0.8 分部工程报验表

工程名称：××市××路(××号～××号)热力外线工程　　　　　　　　　　编号：

致：　　××工程建设监理有限公司××项目监理部　　　(项目监理机构)

　　我方已完成　K308～K356段混凝土结构工程　(分部工程)，经自检合格，请予以审查或验收。

　附件：
　　1. 隐蔽工程验收记录；
　　2. 检验批验收记录；
　　3. 工程质量控制资料；
　　4. 安全和功能检测记录。

施工项目经理部(盖章)
项目技术负责人(签字)　×××
　　　　　　　　　　××年××月××日

验收意见：
　　所报分部工程的技术资料齐全，符合要求，经现场检测核查合格。

专业监理工程师(签字)　×××
　　　　　　　　　　××年××月××日

验收意见：
　　符合规范和设计要求，合格。

项目监理机构(盖章)
总监理工程师(签字)　×××
　　　　　　　　　　××年××月××日

注：本表一式三份，项目监理机构、建设单位、施工单位各一份。

本表摘自《建设工程监理规范》(GB/T 50319—2013)。

《分部工程报验表》填表说明

　　项目监理机构应对施工单位报验的隐蔽工程、检验批、分项工程和分部工程进行验收，对验收合格的应给予签认；对验收不合格的应拒绝签认，同时应要求施工单位在指定的时间内整改并重新报验。

　　对已同意覆盖的工程隐蔽部位质量有疑问的，或发现施工单位私自覆盖工程隐蔽部位的，项目监理机构应要求施工单位对该隐蔽部位进行钻孔探测、剥离或采用其他方法进行重新检验。

　　隐蔽工程、检验批、分项工程报验表应按"　　　　报审、报验表"的要求填写。分部工程报验表应按"分部工程报验表"的要求填写。

8.1.9 监理通知回复单

表 B.0.9 监理通知回复单

工程名称：××市××路(××号～××号)热力外线工程　　　　　　　编号：

致：　××工程建设监理有限公司××项目监理部　　(项目监理机构)

我方接到编号为　××××　的监理通知单后，已按要求完成相关工作，请予以复查。

附件：需要说明的情况

我方接到××××号监理通知后，组织项目有关人员对存在的安全隐患进行了全面检查，提出了处理措施，请审查。处理措施详见附件。

施工项目经理部(盖章)

项目经理(签字)　×××

××年××月××日

复查意见：

经审查，处理措施得当，同意按照此措施进行处理。

项目监理机构(盖章)

总监理工程师/专业监理工程师(签字)　×××

××年××月××日

注：本表一式三份，项目监理机构、建设单位、施工单位各一份。

本表摘自《建设工程监理规范》(GB/T 50319—2013)。

8.1.10 单位工程竣工验收报审表

表 B.0.10 单位工程竣工验收报审表

工程名称：××市××路(××号~××号)热力外线工程　　　　　　　　编号：

致：　××工程建设监理有限公司××项目监理部　　(项目监理机构)

　　我方已按施工合同要求完成　××市××路(××号~××号)热力外线　工程，经自检合格，现将有关资料报上，请予以验收。

　　附件：1. 工程质量验收报告；
　　　　　2. 工程功能检验资料。

施工单位(盖章)
项目经理(签字)　×××
　　　　　　　××年××月××日

预验收意见：

经预验收，该工程合格/不合格，可以/不可以组织正式验收。

项目监理机构(盖章)
总监理工程师(签字、加盖执业印章)　×××
　　　　　　　××年××月××日

注：本表一式三份，项目监理机构、建设单位、施工单位各一份。

本表摘自《建设工程监理规范》(GB/T 50319—2013)。

《单位工程竣工验收报审表》填表说明

(1)项目监理机构应审查施工单位提交的单位工程竣工验收报审表及竣工资料，组织工程竣工预验收。存在问题的，应要求施工单位及时整改；合格的，总监理工程师应签认单位工程竣工验收报审表。

单位工程竣工验收报审表应按本表的要求填写。

(2)工程竣工预验收合格后，项目监理机构应编写工程质量评估报告，并应经总监理工程师和工程监理单位技术负责人审核签字后报建设单位。

(3)项目监理机构应参加由建设单位组织的竣工验收，对验收中提出的整改问题，应督促施工单位及时整改。工程质量符合要求的，总监理工程师应在工程竣工验收报告中签署意见。

8.1.11 工程款支付报审表

表 B.0.11 工程款支付报审表

工程名称：××市××路（××号～××号）热力外线工程　　　　　　　编号：

致：　××工程建设监理有限公司××项目监理部　（项目监理机构）

根据施工合同约定，我方已完成　K203～K455段混凝土结构工程　工作，建设单位应在　××　年　××　月　××　日前支付工程款共计（大写）　壹佰伍拾万元　（小写：￥1500000.00元），请予以审核。

附件：
　　已完成工程量报表；
　　工程竣工结算证明材料；
　　相应支持性证明文件。

施工项目经理部（盖章）
项目经理（签字）　×××
××年××月××日

审查意见：

1. 施工单位应得款为：1500000.00元
2. 本期应扣款为：95000.00元
3. 本期应付款为：1405000.00元

附件：相应支持性材料

专业监理工程师（签字）　×××
××年××月××日

审核意见：

同意支付。

项目监理机构（盖章）
总监理工程师（签字、加盖执业印章）　×××
××年××月××日

审批意见：

同意支付。

建设单位（盖章）
建设单位代表（签字）　×××
××年××月××日

注：本表一式三份，项目监理机构、建设单位、施工单位各一份。工程竣工结算报审时本表一式四份，项目监理机构、建设单位各一份，施工单位二份。

本表摘自《建设工程监理规范》（GB/T 50319—2013）。

8.1.12 施工进度计划报审表

表 B.0.12 施工进度计划报审表

工程名称：××市××路（××号～××号）热力外线工程　　　　　　编号：

致：　　××工程建设监理有限公司××项目监理部　　（项目监理机构） 　　根据施工合同约定，我方已完成　　××市××路（××号～××号）热力外线　　工程施工进度计划的编制和批准，请予以审查。 　　附件：施工总进度计划； 　　　　　阶段性进度计划。  　　　　　　　　　　　　　　　　　　　　施工项目经理部（盖章） 　　　　　　　　　　　　　　　　　　　　项目经理（签字）　××× 　　　　　　　　　　　　　　　　　　　　××年××月××日
审查意见： 　　此施工进度计划安排合理、施工部署明确，同意按此施工进度计划执行。   　　　　　　　　　　　　　　　　　　　　专业监理工程师（签字）　××× 　　　　　　　　　　　　　　　　　　　　××年××月××日
审核意见： 　　同意。  　　　　　　　　　　　　　　　　　　　　项目监理机构（盖章） 　　　　　　　　　　　　　　　　　　　　总监理工程师（签字）　××× 　　　　　　　　　　　　　　　　　　　　××年××月××日

注：本表一式三份，项目监理机构、建设单位、施工单位各一份。
　　本表摘自《建设工程监理规范》（GB/T 50319—2013）。

《施工进度计划报审表》填表说明

(1)项目监理机构应审查施工单位报审的施工总进度计划和阶段性施工进度计划,提出审查意见,并应由总监理工程师审核后报建设单位。

施工进度计划审查应包括下列基本内容:

1)施工进度计划应符合施工合同中工期的约定。

2)施工进度计划中主要工程项目无遗漏,应满足分批投入试运、分批动用的需要,阶段性施工进度计划应满足总进度控制目标的要求。

3)施工顺序的安排应符合施工工艺要求。

4)施工人员、工程材料、施工机械等资源供应计划应满足施工进度计划的需要。

5)施工进度计划应符合建设单位提供的资金、施工图纸、施工场地、物资等施工条件。

(2)项目监理机构应检查施工进度计划的实施情况,发现实际进度严重滞后于计划进度且影响合同工期时,应签发监理通知单,要求施工单位采取调整措施加快施工进度。总监理工程师应向建设单位报告工期延误风险。

(3)项目监理机构应比较分析工程施工实际进度与计划进度,预测实际进度对工程总工期的影响,并应在监理月报中向建设单位报告工程实际进展情况。

8.1.13 费用索赔报审表

表 B.0.13 费用索赔报审表

工程名称：××市××路（××号~××号）热力外线工程　　　　　　编号：

致：　××工程建设监理有限公司××项目监理部　　（项目监理机构）

　　根据施工合同　5.1.3　条款，由于　设计变更　的原因，我方申请索赔金额（大写）　捌万柒仟元　请予批准。

　　索赔理由：　由于设计变更，影响工程工期，增加的费用。

附件：索赔金额计算；
　　　证明材料。

施工项目经理部（盖章）
项目经理（签字）　×××
××年××月××日

审查意见：
　　不同意此项索赔。
　　同意此项索赔，索赔金额（大写）　捌万柒仟元　。
　　同意/不同意索赔的理由：　索赔情况属实。

附件：　索赔审查报告

项目监理机构（盖章）
总监理工程师（签字、加盖执业印章）　×××
××年××月××日

审批意见：
　　同意索赔金额。

建设单位（盖章）
建设单位代表（签字）　×××
××年××月××日

注：本表一式三份，项目监理机构、建设单位、施工单位各一份。
　　本表摘自《建设工程监理规范》（GB/T 50319—2013）。

《费用索赔报审表》填表说明

(1)项目监理机构应及时收集、整理有关工程费用的原始资料,为处理费用索赔提供证据。

(2)项目监理机构处理费用索赔的主要依据应包括下列内容:

1)法律法规。

2)勘察设计文件、施工合同文件。

3)工程建设标准。

4)索赔事件的证据。

(3)项目监理机构可按下列程序处理施工单位提出的费用索赔:

1)受理施工单位在施工合同约定的期限内提交的费用索赔意向通知书;

2)收集与索赔有关的资料;

3)受理施工单位在施工合同约定的期限内提交的费用索赔报审表;

4)审查费用索赔报审表。需要施工单位进一步提交详细资料时,应在施工合同约定的期限内发出通知;

5)与建设单位和施工单位协商一致后,在施工合同约定的期限内签发费用索赔报审表,并报建设单位。

(4)费用索赔意向通知书应按表"索赔意向通知书"的要求填写;费用索赔报审表应按本表的要求填写。

(5)项目监理机构批准施工单位费用索赔应同时满足下列条件:

1)施工单位在施工合同约定的期限内提出费用索赔;

2)索赔事件是因非施工单位原因造成,且符合施工合同约定;

3)索赔事件造成施工单位直接经济损失。

(6)当施工单位的费用索赔要求与工程延期要求相关联时,项目监理机构可提出费用索赔和工程延期的综合处理意见,并应与建设单位和施工单位协商。

(7)因施工单位原因造成建设单位损失,建设单位提出索赔时,项目监理机构应与建设单位和施工单位协商处理。

8.1.14 工程临时/最终延期报审表

表 B.0.14 工程临时/最终延期报审表

工程名称：××市××路(××号～××号)热力外线工程　　　　编号：

致：　××工程建设监理有限公司××项目监理部　(项目监理机构)

　　根据施工合同　6.2.3　条款，由于　设计变更　的原因，我方申请工程临时/最终延期　56　(日历天)，请予批准。

　　附件：1. 工程延期依据及工期计算；
　　　　　2. 证明材料。

　　　　　　　　　　　　　　　　　　　　施工项目经理部(盖章)
　　　　　　　　　　　　　　　　　　　　项目经理(签字)　×××
　　　　　　　　　　　　　　　　　　　　　　　××年××月××日

审查意见：

　　同意工程临时/最终延期　56　(日历天)。工程竣工日期从施工合同约定的　××　年　××　月　××　日延迟到　××　年　××　月　××　日。

　　　　　　　　　　　　　　　　　　　　项目监理机构(盖章)
　　　　　　　　　　　　　　　　　　　　总监理工程师(签字、加盖执业印章)　×××
　　　　　　　　　　　　　　　　　　　　　　　××年××月××日

审批意见：

　　同意延期交工。

　　　　　　　　　　　　　　　　　　　　建设单位(盖章)
　　　　　　　　　　　　　　　　　　　　建设单位代表(签字)　×××
　　　　　　　　　　　　　　　　　　　　　　　××年××月××日

注：本表一式三份，项目监理机构、建设单位、施工单位各一份。
　　本表摘自《建设工程监理规范》(GB/T 50319—2013)。

《工程临时/最终延期报审表》填表说明

(1)施工单位提出工程延期要求符合施工合同约定时,项目监理机构应予以受理。

当影响工期事件具有持续性时,项目监理机构应对施工单位提交的阶段性工程临时延期报审表进行审查,并应签署工程临时延期审核意见后报建设单位。

当影响工期事件结束后,项目监理机构应对施工单位提交的工程最终延期报审表进行审查,并应签署工程最终延期审核意见后报建设单位。

(2)项目监理机构在批准工程临时延期、工程最终延期前,均应与建设单位和施工单位协商。

(3)项目监理机构批准工程延期应同时满足下列条件:

1)施工单位在施工合同约定的期限内提出工程延期;

2)因非施工单位原因造成施工进度滞后;

3)施工进度滞后影响到施工合同约定的工期。

(4)施工单位因工程延期提出费用索赔时,项目监理机构可按施工合同约定进行处理。

(5)发生工期延误时,项目监理机构应按施工合同约定进行处理。

8.2 验收表格填写范例及说明

施工现场质量管理检查记录

编号：×××　　　　　　　　　　　　　　　　　　　　开工日期　××年××月××日

工程名称	××市政桥梁工程	施工许可证	×××		
建设单位	××股份有限公司	项目负责人	×××		
设计单位	××工程设计院	项目负责人	×××		
监理单位	××建设监理公司	总监理工程师	×××		
施工单位	××市政建设集团	项目经理	×××	项目技术负责人	×××

序号	项　目	内　容
1	现场质量管理制度	质量例会制度；月评比及奖罚制度；三检及交接检制度；质量与经济挂钩质度
2	质量责任制	岗位责任制；设计交底会制度；技术交底制度；挂牌制度
3	主要专业工种操作上岗证	混凝土工、电工、焊工、架子工等主要专业工种操作上岗证书齐全，符合要求
4	施工图审查情况	施工图经设计交底，施工方已确认
5	地质勘察资料	勘察设计院提供的勘察报告齐全
6	施工组织设计、施工方案及审批	施工组织设计、主要施工方案编制、审批齐全
7	施工技术标准	企业自定标准3项，其余采用国家、行业标准
8	工程质量检验制度	有原材料及施工检验制度；抽测项目的检测计划，分项工程质量三检制度
9	搅拌站及计量设置	有管理制度和计量设施，经计量检校准确
10	现场材料、设备存放与管理	按材料、设备性能要求制定了管理措施、制度，其存放按施工组织设计平面图布置
11	分包方资质与分包单位的管理制度	对分包方资质审查，满足施工要求，总包对分包单位制定的管理制度可行
12	其他	/

检查结论：上述检查项目符合施工要求。

《施工现场质量管理检查记录》填表说明

1. 检查项目

（1）现场质量管理制度：主要是图纸会审、设计交底、技术交底、施工组织设计编制审批程序、施工测量、工序交接、质量情况及问题的处理等。

（2）质量责任制：主要是指质量保证体系、质量负责人的分工，各项质量责任的落实制度及与质量有关的奖惩制度等。

（3）主要专业工种操作上岗证书：主要是测量工、路工、试验工、预应力混凝土张拉工、钢筋工、混凝土工、架子工、电焊工、起重工、塔吊司机、机械、电工等工种。

（4）施工图审查情况：检查建设行政主管部门出具的施工审查备案书及审查机构出具的审查合格证明。

（5）地质勘查资料：检查勘查单位出具的地质勘查报告，勘察深度是否符合规范要求。

（6）施工组织设计、施工方案及审批：编写内容要齐全，审批手续要完善。

（7）施工技术标准：执行与标准配套的技术操作规程。

（8）工程质量检查制度：主要是施工过程的质量控制，如：原材料、设备进场检验制度；工序自检制度等。

（9）搅拌站及计量设置：有管理制度和计量设施精确度及控制措施（含商品混凝土搅拌站）。

（10）现场材料、设备存放与管理：根据材料设备性能等制订相关的保管（存放场地或库房）、保养、供应、使用等制度。

（11）分包方资质与分包单位的管理制度：总承包单位应对分包单位进行管理，要有相应的制度和措施。

（12）其他：根据工程的特点，特别制定的工程项目的质量和技术管理制度等。

2. 检查结论及签字

上述内容检查合格后，检查结论为"现场质量管理制度基本完整"，总监理工程师或建设单位项目负责人进行签字，不得代签。

3. 有关事项说明

（1）直接将有关资料的名称写上，资料较多时，也可将有关资料进行编号，将编号填写上，注明份数。

（2）填表时间是在开工之前，总监理工程师或建设单位项目负责人应对施工现场进行检查。

（3）填写应由施工单位项目负责人填写，将有关文件的原件或复印件附在后边，请总监理工程师或建设单位项目负责人验收核查。验收核查后，返还施工单位，并签字认可。

（4）如验收不合格，施工单位必须限期整改，整改合格后方可开工。

检验批质量验收记录（例表）

编号：

单位工程名称	××市政工程	子单位工程名称	××市政道路工程
分部工程名称	路基	验收部位	石方路堑
施工单位	××市政建设集团	施工员 ×××	项目经理 ×××
施工执行标准名称及编号	《城镇道路工程施工与质量验收规范》（CJJ 1—2008）		
验收执行标准名称及编号	《城镇道路工程施工与质量验收规范》（CJJ 1—2008）		

		质量检验标准规定		施工单位检查评定记录				监理（建设）单位验收意见
主控项目	1	上边坡	符合 CJJ 1—2008 第 6.8.2-1 规定	上边坡稳定，无松石、险石				合格
	2							
一般项目	1	路床	纵断高程	+50，-100	28	35			合格
			中线偏位	≤30	5	20			
			宽度	不小于设计值 +B	15.6				
	2	边坡	坡度	不陡于设计规定 1：0.7	1：0.7	1：0.71	1：0.71	1：0.72	

施工单位检查评定结果	经检验，主控项目、一般项目均符合设计要求和《城镇道路工程施工与质量验收规范》（CJJ 1—2008）的规定，评定合格。 项目专业质量检查员：×××　　　　　　　　　　　××年××月××日
监理（建设）单位验收结论	同意施工单位评定结果，验收合格。 监理工程师：××× （建设单位项目专业技术负责人）　　　　　　　　××年××月××日

《检验批质量验收记录（例表）》填表说明

1.检查项目

主控项目和一般项目：

（1）主控项目的质量经抽样检验全部合格。

（2）一般项目的质量经抽样检验全部合格；当采用计数检验时，一般项目的合格点率应达到80%及以上，且不合格点的最大偏差值不得大于规定允许偏差值的1.5倍。

（3）对定量项目直接填写检查的数据。

（4）对定性项目，当符合标准规定时，采用打"√"的方法标注；当不符合标准规定时，采用打"×"的方法标注。

（5）对没有此项内容的打"—"来标注。

（6）有钢筋、混凝土、砂浆、砌块等强度等级的检验批，按规定制取试件后，可先填写试件编号，待试件试验报告出来后，再对检验批进行判定，并在分项工程验收时进一步进行强度评定。

（7）对于有允许偏差的抽查点，将实际量测的数值填入格内，超标准的数值，用"△"将其圈住。

2.检查结论及签字

上述内容检查合格后，施工单位检查评定结果为"主控项目全部合格，一般项目满足标准规定要求"，项目质量检查员签字，不得代签；监理（建设）单位验收结论为"同意验收"。监理工程师或建设单位项目技术负责人进行签字，不得代签。

单位（子单位）工程质量竣工验收记录

编号：×××

工程名称	××市政道路工程	开工时间	××年××月××日	竣工时间	××年××月××日
施工单位	××市政建设集团	技术负责人	×××	项目经理	×××

序号	项目	验收记录	验收结论
1	分部工程	共 5 分部，经查 5 分部 符合标准及设计要求 5 分部	合格
2	质量控制资料核查	共 10 项，经审查符合要求 10 项 经核定符合规范要求 10 项	合格
3	安全和主要使用功能核查及抽查结果	共核查 8 项，符合要求 8 项 共抽查 3 项，符合要求 3 项 经返工处理符合要求 11 项	合格
4	外观质量验收	共抽查 3 项，符合要求 3 项 不符合要求 0 项	合格
5	综合验收结论	合格	

参加验收单位	建设单位	监理单位	施工单位	勘察单位	设计单位
	（公章）	（公章）	（公章）	（公章）	（公章）
	单位（项目）负责人： ××× ××年××月××日	总监理工程师： ××× ××年××月××日	单位负责人： ××× ××年××月××日	单位（项目）负责人： ××× ××年××月××日	单位（项目）负责人： ××× ××年××月××日

《单位（子单位）工程质量竣工验收记录》填表说明

单位工程质量竣工验收记录是一个综合性的表，是由建设单位项目负责人组织施工（含分包）、设计、监理、勘察等单位项目负责人进行验收后填写的。

1. 表头部分

（1）工程名称：按项目填写。

（2）开、竣工日期：填写实际开、竣工日期。

（3）施工单位、项目经理和项目技术负责人：按项目填写。

（4）技术负责人：施工单位的技术负责人。

2. 验收项目、验收记录及验收结论的填写

（1）分部工程

首先由施工单位的项目经理组织有关人员逐个进行检查评定。对分部工程检查合格后，由项目经理提交验收。经验收组成员验收合格后，由施工单位填写"验收记录"栏。注明共验收几个分部，经验收符合标准及设计要求的几个分部。审查验收的分部工程全部符合要求后，由监理单位在验收结论栏内，填上"同意验收"的结论。

（2）质量控制资料核查

此项内容是先由施工单位检查合格，再提交监理（建设）单位验收。其全部内容是分部工程中已经审查的内容。通常单位（分部）工程质量控制资料核查，也是按分部工程逐项检查和审查。将审查的资料逐项进行统计，填入验收记录栏内。这项内容也是由施工单位自行检查评定合格后，提交验收，由监理工程师或建设单位项目负责人组织审查符合要求后，在验收记录栏格内填写项数。在验收结论栏内，填上"同意验收"。如果先有核定的项目时，应表明情况，只要是协商验收的内容，在验收结论栏内，填上"同意验收"。

（3）安全和主要使用功能核查及抽查结果

此项内容包括两个方面：一是在分部工程中进行了安全和功能检测的项目，要核查其检测报告结论是否符合设计要求；二是在单位工程进行的安全和功能抽测项目，要核（抽）查其项目是否与设计内容一致，抽测的程序、方法是否符合有关规定，抽测报告的结论是否达到设计要求及规范规定。这个项目也是由施工单位核查评定合格后，再提交验收，由总监理工程师或建设单位项目负责人组织审查，程序和内容基本是一致的。按项目逐个进行核查验收。然后统计核（抽）查的项数和抽查的项数，填入验收记录栏，并分别统计符合要求的项数，也分别填入验收记录栏相应的空格内。通常两个项数是一致的，如果个别项目的检测结果达不到设计要求，则可以进行逐项处理达到符合要求。然后由总监理工程师或建设单位项目负责人在验收结论栏内填写"同意验收"的结论。

（4）外观质量验收

外观质量检查验收项目比较多,是一个综合性检验。实际分部工程验收后,到单位工程竣工前的质量变化;成品保护以及分部工程验收时,还没有达成部分的外观质量等。这个工程也实现由施工单位检查评定合格,提交验收。由总监理工程师或建设单位项目负责人组织审查,程序和内容基本是一致的。按抽查的项目数量符合要求的项目数填写在验收纪录栏内,由总监理工程师或建设单位项目负责人为主导意见,评价好、一般、差,评价为好、一般的项目都可作为符合要求的项目。由总监理工程师或建设单位项目负责人在验收结论栏内填写"同意验收"的结论。

(5)综合验收结论

施工单位主要工程完工后,组织有关人员对验收内容逐项进行校对,并将表格中应填写的内容进行填写,自检符合要求后,在验收记录栏内填写各有关项数,交建设单位组织验收。综合验收是指在前 4 项内容均验收符合要求后进行的验收。即按单位工程质量竣工验收纪录表进行验收,验收是在建设单位组织下,由建设单位相关专业人员及监理单位专业监理工程师和设计单位、施工单位相关人员分别核查验收有关项目,并由总监理工程师组织进行现场外观质量检查。经逐个项目审查符合要求后,由监理单位和建设单位在"验收结论"栏内填写"同意验收"的意见。各栏均同意验收且经各参加验收方共同商定后,由建设单位填写"综合验收结论",可填写为"通过验收"。

3.参加验收单位及签名

勘察单位、设计单位、施工单位、监理单位、建设单位都同意验收后,其各单位项目负责人按要求签字,以示对工程质量的负责,并加盖单位公章注明签字验收时的年月日。

道路基层 分部（子分部）工程质量验收记录

编号：×××

工程名称	××市政道路工程		分部(子分部) 工程名称	道路基层	
施工单位	××市政建设集团		项目经理	×××	
技术部门 负责人	×××	质量部门负责人	×××	项目技术负责人	×××
序号	分项名称	检验批数	施工单位 检查评定	验 收 意 见	
1	石灰土基层	9	符合要求	同意验收	
质量控制资料		符合要求			
安全和功能检验（检测）报告		符合要求			
外观质量验收		符合要求			
验收单位	施工单位	项目经理：×××		××年×××月××日	
	分包单位	项目经理：×××		××年×××月××日	
	勘察单位	项目负责人：×××		××年×××月××日	
	设计单位	项目负责人：×××		××年×××月××日	
监理（建设）单位 验收结论	该分部工程合格，同意验收。 总监理工程师：××× （建设单位项目专业负责人） ××年××月××日				

《_____分部（子分部）工程质量验收记录》填表说明

分部工程应由施工单位将自行检查评定合格的表填写好后，由项目经理交监理单位或建设单位验收。由总监理工程师组织施工项目经理及有关勘察（基础部分）、设计（基础及主体结构等）单位项目负责人进行验收，并按表的要求进行记录。

1. 表头部分

（1）工程名称：按项目填写。

（2）分部工程名称：按所对应的划分填写。

（3）施工单位、项目经理和项目技术负责人：按项目填写。

（4）技术部门负责人及质量部门负责人：应填写施工单位的技术部门及质量部门负责人。

2. 检查项目

（1）分项名称：按分项工程第一个检验批施工先后顺序，将分项工程名称填写上。

（2）检验批数：分别填写各分项工程实际的检验批数量，即分项工程验收表上的检验批数量，并将各分项工程评定表按顺序附在表后。

（3）施工单位检查评定：填写施工单位自行检查评定的结果。核查一下各分项工程是否都通过验收，有关有龄期试件的合格评定是否达到要求。自检符合要求的可打"√"，否则打"×"。有"×"的项目不能交给监理单位或建设单位验收，应进行返修达到合格后再提交验收。

（4）质量控制资料：按资料核查的要求，逐项进行核查。能基本反映工程质量情况，达到保证结构安全和使用功能的要求，即可通过验收。全部项目都通过，即可在施工单位检查评定栏内打"√"标注检查合格。

（5）安全和功能检验（检测）报告：这个项目是指竣工抽样检测的项目，能在分部工程中检测的，尽量放在分部工程中检测。逐一检查每个检测报告，核查每个检测项目的检测方法、程序是否符合有关标准及规范规定，检测结果是否达到规范的要求。检测报告的审批程序签字是否完整。每个检测项目都通过审，即可在施工单位检查评定栏内打"√"标注检查合格。

（6）外观质量验收：这个项目实际也是指竣工检测的项目，能在分部工程中检测的，尽量在分部工程中检测。由施工单位项目经理组织进行现场检查，经检查合格后，将施工单位填写的内容填写好后，由项目经理签字后交监理单位或建设单位验收。监理单位由总监理工程师或建设单位项目负责人组织验收，在听取参加检查人员意见的基础上，以总监理工程师或建设单位项目负责人为主导共同确定质量评价，好、一般、差。由施工单位的项目经理和总监理工程师或建设单位项目负责人共同签认。如评价外观质量差的项目，能修复的尽量修复，如果确难以修复的，只要不影响结构安全和使用功能的，可采用协商解决的方法进行验收，并在验收表上注明，然后将验收评价结论填写在分部工程外观质量验收意见栏内。

3.验收意见

由监理单位总监理工程师或建设单位项目负责人组织审查，符合要求后，在验收意见栏内签署"同意验收"意见。

4.验收单位

按表所列由参建各方责任单位的有关负责人亲自签名。

（1）分包单位：分包单位必须签认其分包的分部工程名称，由分包单位项目经理亲自签认；

（2）施工单位：由总承包单位项目经理亲自签认；

（3）勘察单位，可只签认基础分部工程，由项目负责人亲自签认；

（4）设计单位，可只签基础、主体结构等分部工程，由项目负责人亲自签认。

5.验收结论

注明"同意验收"并签字确认，若"不同意验收"，请指出存在问题，明确处理意见和完成时间。

石灰土基层 分项工程质量验收记录

编号：

单位工程名称	××市政道路工程	子单位工程名称	K3+×××-K3+×××		
分部工程名称	路基	子分部工程名称	道路基层		
分项工程名称	石灰土基层	检验批数量	9		
施工单位	××市政建设集团	项目经理	×××	技术负责人	×××

序号	检验批 表号	检验批 部位、区段	施工单位检验评定结果	监理单位验收意见
1	SHT-001	K0+000～K+200	符合要求	同意验收
2	SHT-002	K0+200～K0+400	符合要求	同意验收
3	SHT-003	K0+400～K0+600	符合要求	同意验收
4	SHT-004	K0+600～K0+800	符合要求	同意验收
5	SHT-005	K0+800～K1+000	符合要求	同意验收
6	SHT-006	K1+000～K1+200	符合要求	同意验收
7	SHT-007	K1+200～K1+400	符合要求	同意验收
8	SHT-008	K1+400～K1+600	符合要求	同意验收
9	SHT-009	K1+600～K1+752	符合要求	同意验收
10				
11				
12				
13				
14				

材料、试件、配件等试验结果统计：

检查结论	符合要求 项目专业技术负责人：××× ××年××月××日	验收结论	同意验收 专业监理工程师：××× （建设单位项目专业技术负责人） ××年××月××日

《＿＿分项工程质量验收记录》填表说明

分项工程质量检验记录是将检验批的资料统一，依次进行登记整理，方便管理。分项工程是在检验批验收合格的基础上进行，起到归纳整理的作用，没有实质性验收内容。在检验批的检验完成以后由监理工程师组织项目专业技术负责人等进行验收。但同时要检查检验批是否将整个工程覆盖了，是否有漏掉的部位；检查有混凝土、砂浆强度等要求的检验批，到龄期后能够达到规范规定。

1. 表头部分

（1）工程名称：按项目填写。

（2）分项工程名称：按所对应的划分名称填写。

（3）施工单位及项目和技术负责人：按项目填写。

（4）检验批数：本分项工程检验批质量检验汇总数。

2. 检查项目

检验批：是此分项工程的检验部位，应对应分项工程标准名称一一填写。

3. 施工单位检验评定结果

由施工单位项目专业质量检查员填写，由施工单位的项目技术负责人检查后给出评价并签字，交监理单位或建设单位验收。

4. 监理（建设）单位验收意见

监理单位的专业监理工程师（建设项目项目技术负责人）经逐项审查后，同意项填写"合格"或"符合要求"，不符合要求的暂不填写，待处理后再验收，但应做标记。

5. 检查结论及签字

施工单位项目技术负责人在以上检查项目检查合格后，应注明"合格"，本人签字，交监理工程师或建设单位项目技术负责人验收。

6. 验收结论

注明"同意验收"并签字确认，若"不同意验收"请指出存在问题，明确处理意见和完成时间。

单位（子单位）工程质量控制资料核查记录

编号：×××

工程名称		××市政道路工程	施工单位	××市政建设集团	
序号	项目	资 料 名 称	份数	核查意见	检查人
1	道路工程	图纸会审、设计变更、洽商记录	7	资料齐全有效	×××
2		工程定位测量、交桩、放线、复核记录	32	资料齐全有效	×××
3		施工组织设计、施工方案及审批记录	5	资料齐全有效	×××
4		原材料出厂合格证明文件及进场检（试）验报告	27	资料齐全有效	×××
5		成品、半成品出厂合格证及试验报告	19	资料齐全有效	×××
6		施工试验报告及见证检测报告	187	资料齐全有效	×××
7		隐蔽工程验收记录	35	资料齐全有效	×××
8		施工记录	42	资料齐全有效	×××
9		工程质量事故及事故调查处理资料	/	/	/
10		分项、分部工程质量检验记录	25	资料齐全有效	×××
11		新材料、新工艺施工记录	3	资料齐全有效	×××

检查结论：

以上资料齐全有效，可以验收。

施工单位项目经理：×××　　　　　　　　　　　　　　××年××月××日

总监理工程师：×××

（建设单位项目负责人）　　　　　　　　　　　　　　××年××月××日

《单位(子单位)工程质量控制资料核查记录》填表说明

1. 表头部分
工程名称、施工单位：按项目填写。

2. 资料名称及份数
施工单位按项目逐一进行检查，并将实际份数填写该栏中。

3. 核查意见
在核查过程中，应对每一个项目进行认真的核查，并根据核查实际情况，写出"符合要求"的核查意见。

4. 核查人
由监理（建设）单位项目负责人本人签名，不得由他人代签。

5. 结论
在各项资料核查合格基础上，施工单位项目经理提交总监理工程师或建设单位项目负责人组织审查符合要求后，在验收结论栏内，填上"通过验收"。施工单位项目经理和总监理工程师（建设单位项目负责人）亲自签认，并负质量责任，以示本工程质量控制资料通过验收。

单位（子单位）工程安全和功能检验资料核查及主要功能抽查记录表

CJJ 1—2008

工程名称		××市政道路工程		施工单位			××市政建设集团	
序号	项目	安全和功能检查项目	份数	施工单位核查意见			项目监理抽查结果	
				合格√	不合格×	核查人	合格√	不合格×	抽查人
1	道路工程	路床、面层弯沉值检验	88	√		×××	√		×××
2		各结构层压实度试验	32	√		×××			
3		各结构层强度试验	17	√		×××			
4		面层厚度检测	32	√		×××			
5		面层平整度检测	88	√		×××			
6		面层抗滑性能检测	8	√		×××	√		×××
7		井框与路面高差检查	52	√		×××			
8		盲道、坡道	32	√		×××			

施工单位项目经理意见：

　　　　　　　　资料齐全有效。

总监理工程师意见：

　　　　　　　　资料齐全有效，同意验收。

总监理工程师：×××　　　　　　　　　　　　　　　　　　××年××月××日

建设单位意见：

　　　　　　　　资料齐全有效，同意验收。

项目负责人：×××　　　　　　　　　　　　　　　　　　××年××月××日

注：抽查项目本表中没有的，在表内空格中填写。

单位（子单位）工程安全和功能检验资料核查及主要功能抽查记录表

编号：×××

工程名称		××市政桥梁工程	施工单位		××市政建设集团	
序号	项目	资 料 名 称	份数	核查意见	抽查结果	核查（抽查）人
1	桥梁工程	地基土承载力试验记录	/			
2		基桩无损检测记录	16	符合要求	符合要求	×××
3		钻芯取样检测记录	/			
4		同条件养护试件试验记录	8	符合要求	符合要求	×××
5		斜拉索张拉力振动频率试验记录	/			
6		桥梁动、静载试验记录	2	符合要求	符合要求	×××
7		桥梁工程竣工测量资料	1	符合要求	符合要求	×××

施工单位项目经理意见：

　　　　　　　　　　　资料齐全有效，符合要求

项目经理：×××　　　　　　　　　　　　　　　　　　　　　　　××年××月××日

总监理工程师意见：

　　　　　　　　　　　资料齐全有效，同意验收

总监理工程师：×××
（建设单位项目专业技术负责人）　　　　　　　　　　　　　　　××年××月××日

建设单位意见：

　　　　　　　　　　　资料齐全有效，同意验收

项目负责人：×××　　　　　　　　　　　　　　　　　　　　　××年××月××日

注：抽查项目本表中没有的，在表内空格中填写。

单位（子单位）工程结构安全和使用功能性检测记录表

GB 50268—2008

工程名称	××市政管道工程		
施工单位	××市政建设集团		
序号	安全和功能检查项目	资料核查意见	功能抽查结果
1	压力管道水压试验（无压力管道严密性试验）记录	资料齐全有效	符合要求
2	给水管道冲洗消毒记录及报告	资料齐全有效	符合要求
3	阀门安装及运行功能调试报告及功能检测	资料齐全有效	符合要求
4	其他管道设备安装调试报告及功能检测	资料齐全有效	符合要求
5	管道位置高程及管道变形测量及汇总	资料齐全有效	符合要求
6	阴极保护安装及系统测试报告及抽查检验	资料齐全有效	符合要求
7	防腐绝缘检测汇总及抽查检验	资料齐全有效	符合要求
8	钢管焊接无损检测报告汇总	资料齐全有效	符合要求
9	混凝土试块抗压强度试验汇总	/	
10	混凝土试块抗渗、抗冻试验汇总	/	
11	地基基础加固检测报告	/	
12	桥管桩基础动测或静载试验报告	/	
13	混凝土结构管道渗漏水调查记录	/	
14	抽升泵站的地面建筑	/	
15	其他	/	

施工单位项目经理意见：

　　　　　　　　　　资料齐全有效，可以验收。

项目经理：×××　　　　　　　　　　　　　　　　××年××月××日

总监理工程师意见：

　　　　　　　　　　资料齐全有效，同意验收。

总监理工程师：×××
（建设单位项目专业技术负责人）　　　　　　　　　××年××月××日

建设单位意见：

　　　　　　　　　　资料齐全有效，同意验收。

项目负责人：×××　　　　　　　　　　　　　　　××年××月××日

注：抽升泵站的地面建筑宜符合现行国家标准《建筑工程施工质量验收统一标准》（GB/T 50300—2013）的有关规定。

《单位(子单位)工程结构安全和使用功能性检测记录表》填表说明

单位（分部）工程安全和功能检验资料核查及主要功能检查记录不仅要全面检查其完整性（不得有漏检和缺项），而且在对单位（分部）工程验收时对进行的见证检测报告也要复核。这种强化验收的手段体现了对安全和主要使用功能的重视。

1. 表头部分

工程名称、施工单位：按项目填写。

2. 安全和功能性检查项目及份数

对安全和使用功能还须进行必要的检查或抽查。使用功能的检查是对市政工程最终质量的综合检验，也是养管单位最为关心的内容。因此在分项、分部工程验收合格的基础上，竣工验收时再作全面检查。抽查项目是在检查资料文件的基础上由参加验收的各方人员协商确定，检查份数按施工单位提供的实际份数填写。

3. 核查意见及抽查结果

检查项目确定后，由监理（建设）单位按工程质量检验标准的要求进行核查，核查意见写明"符合要求"，抽查结果写明"合格"。

4. 结论

在各项检查项目核查合格，施工单位项目经理提交总监理工程师或建设单位项目负责人组织审查符合要求后，在验收结论栏内，填上"通过验收"。施工单位项目经理和总监理工程师（建设单位项目负责人）亲自签认，并负质量责任，以示本工程安全和使用功能质量检查已通过验收。

单位（子单位）工程外观质量检查记录表

CJJ 1—2008

工程名称	××市政道路工程						施工单位				××市政建设集团		
序号	项目					抽查质量情况						质量评价	
											好 √	一般 ○	差 ×
1	道路工程	路床碾压成型后有无轮迹、弹软、起皮、波浪等	√	√	√	√	√	○	○	√	√	√	√	
2		各结构层混合料拌和均匀、含块多少等	√	√		√	√	√	√	√	√	√		
3		各结构层碾压成型后是否密实，有无夹层、起皮等	√	√	√	√	○	○	√	√	√	√		
4		沥青混合料摊铺的沥青混合料拌合均匀及有无粗细料分离和结块等	√	√	√	√	○	√	√	√	√	√		
5		沥青混凝土碾压成型后碾压是否密实、色泽均匀、接茬平顺、碾压到边、检查井与路面接顺等	○	√	√	√	√	√	√	○	○	√	√	
6		侧缘石安装的稳固、线形、勾缝严密及缺角掉边等	√	√	√	√	√	√	√	√	√	√		
7		花砖铺砌稳固、纵横缝的贯通、灌缝饱满及与其他构筑物的接顺等	√	√	○	√	√	√	√	√	√	√		
8		人行道盲道砖安装是否满足使用功能	√	○	√	√	√	√	√	√	√	√		
外观质量综合评价	好													

施工单位项目经理意见：
工程外观质量综合评价为"好"，可以验收。
项目经理：×××　　　　　　　　　　　　　　　　　　　　　　　　　××年××月××日
总监理工程师意见：
工程外观质量综合评价为"好"，同意验收。
总监理工程师：×××
（建设单位项目专业技术负责人）　　　　　　　　　　　　　　　　　××年××月××日
建设单位意见：
工程外观质量综合评价为"好"，同意验收。
项目负责人：×××　　　　　　　　　　　　　　　　　　　　　　　　××年××月××日

注：质量评价为差的项目，应进行返修。

桥梁工程 单位(子单位)工程观感质量检查记录表

CJJ 2—2008

工程名称	××市政桥梁工程
施工单位	××市政建设集团

序号	项目	抽查质量情况										质量评价		
												好√	一般	差×
1	墩(柱)、塔	√	√	√	√	√	○	○	√	√	√	√		
2	盖梁	√	√	○	√	√	√	√	√	√	√	√		
3	桥台	√	√	○	○	√	√	√	√	√	○		√	
4	混凝土梁	√	√	√	○	√	√	√	√	√	√	√		
5	系梁	√	√	○	√	√	√	○	○	√	√	√		
6	拱部	√	√	√	√	√	√	√	√	√	√	√		
7	拉索、吊索													
8	桥面	√	○	√	○	√	√	√	√	√	√	√		
9	人行道	√	√	√	√	√	√	√	√	√	√	√		
10	防撞设施	√	√	√	√	○	√	√	√	√	√	√		
11	排水设施	√	○	√	√	√	√	√	√	√	√	√		
12	伸缩缝	√	√	√	√	√	√	○	√	√	√	√		
13	栏杆、扶手	√	○	√	○	√	√	○	√	√	√		√	
14	桥台护坡													
15	涂装、饰面	√	√	√	√	√	√	√	√	√	√	√		
16	钢结构焊缝													
17	灯柱、照明	√	○	√	√	○	√	√	√	√	√	√		
18	隔声装置													
19	防眩装置	√	√	√	○	√	√	√	√	√	√	√		

观感质量综合评价	好
检查结论	工程观感质量综合评价为"好",同意验收。

工程观感质量综合评价为"好",可以验收。	工程观感质量综合评价为"好",同意验收。
	总监理工程师:×××
施工单位项目经理:××× ××年××月××日	(建设单位项目负责人) ××年××月××日

注:质量评为差的项目,应进行返修。

___管道工程___ 单位（子单位）工程观感质量检查记录表

GB 50268—2008

工程名称	××市政管道工程
施工单位	××市政建设集团

序号	项目		抽查质量情况										质量评价		
														好 √	一般	差 ×
1	管道工程	管道、管道附件位、附属构筑物位置	√	√	√	○	√	√	√	√	√	√	√		
2		管道设备	√	√	√	√	√	√	√	√	√	√	√		
3		附属构筑物	√	√	√	√	√	√	√	○	○	○		√	
4		大口径管道（渠、廊）：管道内部、管廊内管道安装	√	√	√	○	√	√	√	√	√	√	√		
5		地上管道（桥管、架空管、虹吸管）及承重结构	√	√	√	√	√	√	√	√	√	√	√		
6		回填土	√	√	√	√	√	√	√	○	√	○		√	
7	顶管、盾构、浅埋暗挖、定向钻夯管	管道结构	√	√	○	√	√	√	√	√	√	√	√		
8		防水、防腐	√	√	√	√	√	√	√	√	√	√	√		
9		管缝（变形缝）	√	√	√	√	√	○	√	√	√	√	√		
10		进、出洞口	√	○	√	√	√	√	√	√	√	√	√		
11		工作坑（井）	√	√	√	√	√	√	√	√	√	√	√		
12		管道线形	√	√	○	√	√	√	√	√	√	√	√		
13		附属构筑物	√	√	√	√	√	√	√	√	√	√	√		
14	抽升泵站	下部结构													
15		地面建筑													
16		水泵机电设备、管道安装及基础支架													
17		防水、防腐													
18		附属设施、工艺													
观感质量综合评价		好														

结论： 　工程观感质量综合评价为"好"，可以验收。 施工项目经理：××× 　　　　　　　××年××月××日	结论： 　工程观感质量综合评价为"好"，同意验收。 总监理工程师：××× （建设单位项目专业技术负责人）　××年××月××日

注：地面建筑宜符合现行国家标准《建筑工程施工质量验收统一标准》（GB 50300—2013）的有关规定。

《单位（子单位）工程观感质量检查记录表》填表说明

关于工程观感质量验收，这类检查往往难以定量，只能以观察、触摸或简单的量测方式进行。

1.表头部分

工程名称、施工单位：按项目填写。

2.项目

本栏的项目是外观可查主要项目，除记录表格内已固定的项目外，可根据工程特殊性增减。

3.抽查质量情况

检查质量情况是参加验收人员的客观评价，质量检查情况不能给出"符合要求"或"不符合要求"；而是对外观质量好的打"√"；外观质量一般的打"—"、外观质量差的打"×"。

4.质量评价

参加验收人员应对各检查项目进行质量评价，但评价结果不能给出"合格"或"不合格"，同样也以好"√"、一般"—"、差"×"来标注。

5.外观质量综合评价

外观综合评价是在各检查项目质量评价的基础上进行的，由验收小组商榷。

6.结论

在各项质量评价及综合评价完成后，由施工单位项目经理提交总监理工程师或建设单位项目负责人组织审查，并在验收结论栏内，填上"通过验收"。施工单位项目经理和总监理工程师（建设单位项目负责人）亲自签认，并负质量责任，以示本工程外观质量检查已通过验收。

参 考 文 献

[1] 中华人民共和国住房和城乡建设部. 建筑工程施工质量验收统一标准（GB 50300—2013）[S]. 北京：中国建筑工业出版社，2014.

[2] 中华人民共和国住房和城乡建设部. 建设工程监理规范（GB/T 50319—2013）[S]. 北京：中国建筑工业出版社，2014.

[3] 中华人民共和国建设部，中华人民共和国国家质量监督检验检疫总局. 建筑地基基础工程施工质量验收规范（GB 50202—2002）[S]. 北京：中国计划出版社，2004.

[4] 中华人民共和国建设部，国家质量监督检验检疫总局. 混凝土结构工程施工质量验收规范（GB 50204—2002，2011 年版）[S]. 北京：中国建筑工业出版社，2011.

[5] 中华人民共和国住房和城乡建设部. 砌体结构工程施工质量验收规范（GB 50203—2011）[S]. 北京：中国建筑工业出版社，2011.

[4] 中华人民共和国住房和城乡建设部，中华人民共和国国家质量监督检验检疫总局. 建设工程文件归档规范（GB/T 50328—2014）[S]. 北京：中国建筑工业出版社，2014.

[6] 中华人民共和国住房和城乡建设部，中华人民共和国国家质量监督检验检疫总局. 工程测量规范（GB 50026—2007）[S]. 北京：中国计划出版社，2008.

[7] 北京市住房和城乡建设委员会，北京市质量技术监督局. 市政基础设施工程资料管理规程（DB11/T 808—2011）. 北京，2011.

[8] 《市政基础设施工程施工技术文件管理规定》城建〔2002〕221 号文件.

[9] 《房屋建筑工程和市政基础设施工程实行见证取样和送检的规定》（建建〔2000〕211 号）.